国家社会科学基金项目（18BJY163）

"精准脱贫后中国农村相对贫困识别机制构建与治理政策创新研究"最终成果

浙 江 师 范 大 学 出 版 基 金

浙师大经管学院学科建设运行经费　　　资助出版

浙江师范大学乡村振兴研究院经费

精准脱贫后农村相对贫困治理路径与政策探索
——以浙江实践为例

葛深渭　魏月皎　张萍　著

中国财经出版传媒集团
经济科学出版社
Economic Science Press
北京

图书在版编目（CIP）数据

精准脱贫后农村相对贫困治理路径与政策探索 ： 以浙江实践为例/葛深渭，魏月皎，张萍著. -- 北京：经济科学出版社，2024.7. -- ISBN 978 - 7 -5218 -6157 -0

Ⅰ. F323.8

中国国家版本馆 CIP 数据核字第 20240XG974 号

责任编辑：李　雪　高　波
责任校对：齐　杰
责任印制：邱　天

精准脱贫后农村相对贫困治理路径与政策探索
——以浙江实践为例

JINGZHUN TUOPIN HOU NONGCUN XIANGDUI
PINKUN ZHILI LUJING YU ZHENGCE TANSUO
——YI ZHEJIANG SHIJIAN WEILI

葛深渭　魏月皎　张　萍　著
经济科学出版社出版、发行　新华书店经销
社址：北京市海淀区阜成路甲 28 号　邮编：100142
总编部电话：010 - 88191217　发行部电话：010 - 88191522
网址：www. esp. com. cn
电子邮箱：esp@ esp. com. cn
天猫网店：经济科学出版社旗舰店
网址：http://jjkxcbs. tmall. com
北京季蜂印刷有限公司印装
710 × 1000　16 开　22 印张　316000 字
2024 年 7 月第 1 版　2024 年 7 月第 1 次印刷
ISBN 978 - 7 - 5218 - 6157 - 0　定价：110.00 元
（图书出现印装问题，本社负责调换。电话：010 - 88191545）
（版权所有　侵权必究　打击盗版　举报热线：010 - 88191661
QQ：2242791300　营销中心电话：010 - 88191537
电子邮箱：dbts@ esp. com. cn）

目　　录

第一章

绪　　论

本章从中国贫困治理性质发生变化、绝对贫困标准不适用于精准脱贫后时代相对贫困治理的客观需要、精准脱贫后收入差异化特征依然显著、人民追求美好生活需求日益强烈四个方面分析了本研究的背景，以及本研究的理论和实践意义，简要阐述了本研究的基本思路、研究内容和使用的主要研究方法，探讨了本研究可能的创新之处及存在的不足。

一、研究背景

2020 年，中国农村绝对贫困问题得到根治，相对贫困问题成为国家贫困治理的主题；浙江省是全国第一个于 2015 年率先宣布高标准完成精准脱贫任务的省份①。因此，本研究以浙江省为核心样本，研究精准脱贫后农村相对贫困治理的机制、获得成就的路径与经验启示，对 2020 年以后中国开展高效的农村相对贫困治理工作有重要的理论和现实意义。

---

① 董碧水．浙江在全国率先完成脱贫攻坚任务［N］．中国青年报，2016 - 01 - 25（05）．

（一）中国贫困治理性质发生变化

1. 贫困治理的侧重点发生了转换——由绝对贫困治理转向相对贫困治理

自中华人民共和国成立以来，特别是改革开放以来，新中国一直在着力解决广大农村地区农民的绝对贫困问题，即基本生存问题，截至 2020 年底，该问题已经得到基本解决。但基本生存问题的解决并不意味着所有贫困问题的彻底消除，根据发达国家的发展经验和我国贫困治理的现状，脱贫群体的返贫压力和可持续发展问题依然严峻。同时，因为中国绝对贫困的解决标准具有相对性，如果随着社会经济的发展和人们观念认知的变化，贫困问题仍然会发生，但这种贫困并不是单纯的生存问题，更主要的是生活质量的提升问题、未来的发展问题等，这些问题归根结底是一种相对贫困问题。这一切表明，在新的历史时期贫困治理的重点应该瞄准这部分相对贫困群体，致力于增强他们可持续发展的能力，缩小贫富差距，以及转变贫富观念等问题。

2. 对贫困成因的研究逐渐由收入贫困因素转向多维贫困因素的探索

在长期的贫困治理研究和实践过程中，学者和管理者们发现，贫困是一种复杂系统下的多元社会表象，具有多种层次、多重维度的明显特征。一方面，表现为单一的个人或家庭的收入与支出的匹配，造成入不敷出的现象；另一方面，表现为多种社会资源的匮乏，呈现出相对贫困的明显多维性。一直以来，中国政府想方设法通过提升农民的收入来解决农村的绝对贫困问题，虽取得了极大的脱贫效果，但在贫困的农村地区因病、因学等社会资源缺乏带来的贫困问题时有发生。因此，截至 2020 年底，虽然解决了绝对贫困问题，但相对贫困问题仍然不可忽视。2020 年后，政府关于贫困治理政策的制定应从多维视角出发，聚焦于提升相对贫困人口的生活质量和以发展自身能力为重心。

（二）绝对贫困标准不适用于精准脱贫后时代相对贫困治理的客观需要

1. 绝对贫困标准对相对贫困的辨别力不足

2020 年以前，中国政府制定的贫困标准始终是围绕着绝对贫困人口的生存状况展开的，关注的重点则是找寻农村贫困人群提高收入的路径和方法。2020 年以后，中国政府基本解决了绝对贫困问题，根据学者们的研究和探索，相对贫困问题的解决将是新时代政府农村贫困治理的关键和核心，要解决农村相对贫困的问题，除了继续寻找收入增加的路径外，更需在此基础上减少收入差异，提供相等的发展机遇，构建公平公正的环境。因此，原有的绝对贫困标准将不能适应新时期对农村相对贫困问题的精准辨别，从而满足农村相对贫困的治理需求。

2. 绝对贫困标准不能精细和具体应用于相对贫困治理

截至 2020 年底，中国虽然通过精准扶贫基本解决了全国农村地区的绝对贫困问题，但在进入相对贫困治理的新时代，贫困治理的标准仍然沿用全国统一的基准标准。针对这一基准标准国家虽然给予了各地一定的伸缩空间，但仍然无法与我国巨大的区域差异相适应。因此，全国统一的相对贫困基准标准也无法精准识别各地的相对贫困人群，这就需要政府在制订农村相对贫困识别标准时，必须充分考虑各地地方特色、文化传统、贫富认知等因素，在细节上设置能充分体现区域特性、行业特性、城乡特性等的多元化辨别机制，以满足不同区域时空因素的农村相对贫困治理需要。

（三）精准脱贫后收入差异化特征依然显著

1. 城乡居民收入比依然很高，城乡发展不均衡没有根本改观

中华人民共和国成立之初，由于特殊的国际国内环境压力，国家实施了优先发展重工业的战略安排，由此逐渐形成了城乡二元发展模式和社会结构。改革开放后，政府虽然特别重视乡村发展，使城乡二元格局获得了较大改善，但城乡发展不均衡的问题仍然没有得到根本改变。国家统计局公布的《中华人民共和国 2022 年国民经济和社会发展统计公报》显示，全国城乡居民人均可支配收入比值为 2.45，即使以农村居民人均可支配收入连续 30 余年名列全国省域第一的浙江省为例，2022 年的城乡居民收入比仍然达到了 1.90，说明城镇居民的收入远高于农村居民收入的状况依然明显，城乡相对贫困问题在精准脱贫任务完成后（浙江省于 2015 年在全国率先宣布完成精准脱贫工作）仍未解决（见图 1-1）。

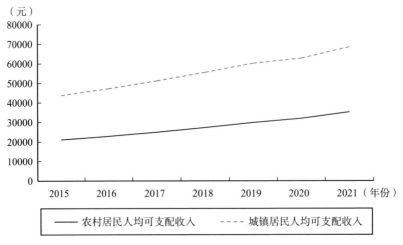

图 1-1 2015~2021 年浙江省城乡居民人均可支配收入变动趋势

资料来源：笔者根据历年《浙江统计年鉴》整理。

　　以浙江省为例，精准脱贫后农村居民收入虽然有了较大幅度增长，并且在城乡收入相对差距上有了明显缩小，但在其他层面上的差异仍然较大（见表1-1），这种城乡发展实质上的不均衡，决定了农村相对贫困治理的标准必然存在不同。

表1-1　　　　　　　2015～2021年浙江省城乡相关指标对比

指标		2015年	2016年	2017年	2018年	2019年	2020年	2021年
每百户拥有家用汽车（辆）	农村	25.41	30.17	33.35	28.78	28.90	33.00	35.55
	城镇	47.9	53.29	55.54	52.43	52.80	55.60	62.46
每百户拥有彩色电视机（台）	农村	161	170	176	176	176	176	180
	城镇	174	174	179	172	175	176	172
每百户拥有家用电脑（台）	农村	45.47	49.31	52.24	45.54	46.10	48.20	36.83
	城镇	95.68	93.01	95.60	86.43	85.20	86.00	75.81
居民消费水平（元）	农村	19561	21492	24207	26456	28607	24539	/
	城镇	33359	35159	39858	43283	45484	42065	/

资料来源：笔者根据历年《浙江统计年鉴》整理。

2. 区域之间农村居民收入差异依然巨大

　　改革开放为中国经济的发展带来了巨大机遇，中国东部沿海地区因其优越的地理位置，以及国家政策的大力支持，叠加其他因素的共同影响，取得了率先发展；广大的内陆地区则因受到不利的地理位置等因素的影响发展相对落后，最终造成中国不同地区之间的发展差异不断扩大。随着经济全球化的推进，中国抓住发展机遇，经济规模迅速扩张，带动了全体国民生活水平的不断提高，这在一定程度上加快了中国的扶贫进程。借助整体的发展趋势，中国不同区域的农村居民收入增长趋势显著，但这种趋势还是有着巨大差异的。整体而言，中、西部农村居民的收入远低于东部沿海地区的农村居民收入,2021 年西部地区农村居民人均可支配收入只有东部地区农民收入的 66.26% (见表 1-2),而且这种差异还有扩大的趋势 (见图 1-2),这种人均可支配收入差距不断扩大的趋势凸显了不同区域之间农村发展的相对贫困化,是精准脱贫后农村相对贫困治理必须充分关注的课题。

表 1-2
2015~2021 年东、中、西及东北部农村居民

人均可支配收入情况
单位:元

地区	2015 年	2016 年	2017 年	2018 年	2019 年	2020 年	2021 年
东部地区	14297.4	15498.3	16822.1	18285.7	19988.6	21286.0	23556.1
中部地区	10919.0	11794.3	12805.8	13954.1	15290.5	16213.2	17857.5
西部地区	9093.4	9918.4	10828.6	11831.4	13035.3	14110.8	15608.2
东北地区	11490.1	12274.6	13115.8	14080.4	15356.7	16581.5	18280.4

资料来源:笔者根据历年《中国统计年鉴》整理。

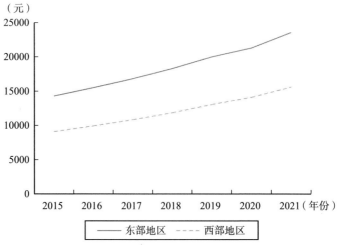

图 1-2 2015~2021 年东、西部地区农村居民人均可支配收入变动趋势

资料来源:笔者根据历年《中国统计年鉴》整理。

3. 区域内部农村发展的不平衡状况依然显著

根据国家统计局发布的统计数据显示，中国农村居民收入按五等分分组的人均可支配收入差距还比较明显（见表1-3），假如把农村低收入组人口归类为相对贫困人口，以2021年中国农村人口5.56亿人计算，农村相对贫困人口规模约为1.112亿人；若把低收入组和中间偏下收入组人口归为相对贫困人口，则中国农村相对贫困人口规模将达到2.224亿人。不仅如此，农村低收入人口与高收入人口的收入差距也十分巨大，2015年为8.43倍，2021年扩大到了8.87倍，这种收入差距5年来不降反升，相对贫困程度在持续扩大，这种状况如果不能得到有效抑制，将会进一步加剧贫富分化，激化社会矛盾和阶层撕裂，给社会带来不安定因素，将非常不利于经济的稳步增长和社会的和谐进步，也不利于共同富裕的实现。农村相对贫困的治理任务艰巨，形势严峻。

表1-3　　2015~2021年农村居民收入按五等分分组的可支配收入

组别	2015年	2016年	2017年	2018年	2019年	2020年	2021年
20%低收入组家庭人均可支配收入（元）	3085.60	3006.50	3301.90	3666.20	4262.60	4681.50	4855.90
20%中间偏下收入组家庭人均可支配收入（元）	7220.90	7827.70	8348.60	8508.50	9754.10	10391.60	11585.80
20%中间收入组家庭人均可支配收入（元）	10310.60	11159.10	11978.00	12530.20	13984.20	14711.70	16546.40
20%中间偏上收入组家庭人均可支配收入（元）	14537.30	15727.40	16943.60	18051.50	19732.40	20884.50	23167.30
20%高收入组家庭人均可支配收入（元）	26013.90	28448.00	31299.30	34042.60	36049.40	38520.30	43081.50
20%低收入组家庭与20%高收入组家庭人均可支配收入相对差距（倍）	8.43	9.46	9.48	9.29	8.46	8.23	8.87

资料来源：笔者根据历年《中国统计年鉴》整理。

（四）人民追求美好生活需求日益强烈

党的十九大报告指出："中国特色社会主义进入新时代，我国社会主要矛盾已经转化为人民日益增长的美好生活需要和不平衡不充分的发展之间的矛盾。[①]"随着中国特色社会主义建设进程的不断推进，城市化的不断发展，中国的"三农"问题发展进入一个全新阶段，"三农"工作重心发生了深刻的变化，"三农"问题不再是单纯的农村发展、农业增产和农民增收问题，而是农村更加美好、农民生活更加幸福的问题，是农村居民日益增长的对美好生活需要的充分追求与农村还存在的不平衡不充分的发展之间的矛盾问题，这就要求乡村在发展过程中需要有新的创新、新的要求，不断解决相对贫困问题，在各个层面消除差别和差异的问题。

二、研究价值与意义

（一）理论价值

1. 梳理相对贫困研究的理论成果，厘清研究脉络

在本研究的前期研究（截至 2019 年底）过程中，我们查阅了国内外大量有关相对贫困治理的研究文献，从相对贫困的概念与内涵、相对贫困测度方法、相对贫困的归因、相对贫困的治理对策等方面，对相对

---

① 习近平. 决胜全面建成小康社会 夺取新时代中国特色社会主义伟大胜利 [N]. 人民日报，2017 - 10 - 28（01 - 06）.

贫困研究的成果进行了梳理，构建了相对贫困研究已取得的成果体系，基本厘清了相关研究进展和研究脉络。

2. 汇聚相对贫困研究相关理论，丰富相对贫困研究理论依据

相对贫困治理的研究与绝对贫困治理研究既有共性，也有区别，因此在相对贫困的研究过程中，既可以沿用绝对贫困治理研究的相关理论，也需要开拓新的研究视野，搜寻新的研究理论支撑。本项目在研究过程中，在汇聚传统贫困治理研究支撑理论的同时，开创性地尝试导入了诸如需求层次理论、网格化治理理论等相关理论，丰富了相对贫困研究的理论依据，开阔了研究视野。

3. 探索农村相对贫困治理的内涵、机制、经验启示等，补充相对贫困治理理论体系内容

在研究过程中充分吸取国内外学者的研究成果。一方面，从理论上总结了国外和国内沿海发达地区相对贫困的治理经验，结合浙江省先行的农村相对贫困治理模式，探索了农村相对贫困治理的机制、政策，分析了相对贫困成因和影响因素的区域特征，在农村相对贫困的内涵表述上增加了比较观思想等，这些研究与探索成果在一定程度上为农村相对贫困治理理论体系的完善作了有益补充。另一方面，浙江省于 2015 年在全国率先公布已完成精准扶贫任务，因而本研究以浙江省为样本，研究精准扶贫后农村相对贫困的测度与治理，为中国特色扶贫理论的完善起到一定的补充作用。

（二）实践意义

1. 为国家制定和完善相对贫困治理政策提供理论支持

本研究因为聚焦于精准脱贫后农村相对贫困问题的成因、影响因

素分析、测度、治理和政策创新等方面，其研究成果不仅可以为促进农村经济发展，实现共同富裕，共享改革开放成果；实现社会公平正义；维护社会稳定，实现国家长治久安等目标作出些许贡献；同时也可以为各级政府制定农村相对贫困治理政策的精准和完善作出有益参考。

2. 为地方政府完善农村相对贫困工作机制，提升农村相对贫困治理工作成效提供实践借鉴

本研究重点聚焦于浙江省农村相对贫困治理问题，有比较广泛与深入的问卷调查基础，又有建立在田野调查基础上的典型案例探索，因此研究成果具有较强的科学性和真实性，可以为地方政府完善农村相对贫困治理工作机制提供指导和借鉴；典型案例可以成为各地方政府开展农村相对贫困治理工作人员能力提升培训的优秀教案。

三、研究思路、内容与方法

（一）基本研究思路

本研究遵循"发现问题—分析问题—解决问题"的基本思路。首先，通过文献研究提出农村相对贫困治理需要及时解决的问题——精准扶贫政策必须有所突破；其次，分析相对贫困产生的原因和影响因素；最后，借助已有贫困和相对贫困治理经验、相对贫困治理的实践案例，探索相对贫困治理的政策建议。具体研究思路如图 1 - 3 所示。

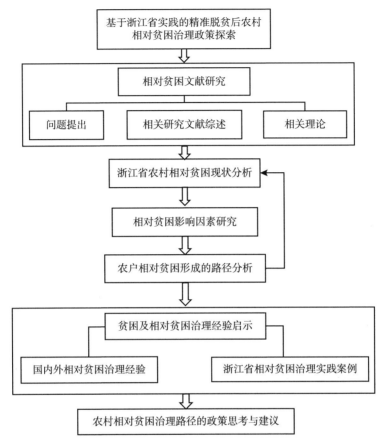

图1-3 基本研究思路

资料来源：笔者绘制。

（二）主要研究内容

本书研究内容共分十章。其中，第一章是绪论，内容包括研究背景，研究价值与意义，研究思路、内容与方法，以及创新点与不足；第十章是结论与展望，主要对本研究进行了简要总结，对进一步开展延伸研究作了简要阐述。

本书的主体内容共分八章，其核心思想分为三大部分，第一部分是理论研究，包括第二章、第三章；第二部分为调查与实证研究，包括第四章～第八章；第三部分为路径选择与政策创新思考，即第九章，专门阐述本项目研究的关键成果。现就本研究的主体内容作简要阐述。

第一部分为相对贫困治理的理论探索。

1. 国内外相对贫困治理研究成果梳理（第二章）

从国内外贫困治理实践和理论研究的进程看，在基本消除绝对贫困问题后，学者们都会把贫困治理研究的视角转向相对贫困的研究。从国内外相关研究成果的梳理过程中我们发现，与绝对贫困只关注低收入群体的实际状况相比，相对贫困更关注财富、收入和权利分配的不平等性，以及相对贫困群体在社会经济中的经济地位和体面生活。具体关于相对贫困治理的研究成果表现出如下特征。

（1）相对贫困的内涵不断变化、类别多样、特征各有千秋。最初，英国的汤森（P. Townsend）看到了发达国家在解决了一国的绝对贫困问题后，贫困问题并没有彻底消失，而是以一种新的形态继续存在（杨立雄和谢丹丹，2007）。随后，美国学者斯托弗在 1949 年把这种状态定义为"相对剥夺"，其后的研究者不断丰富其内涵，进一步把这种状况概括为相对贫困。国内学者在研究国外学者的研究成果的基础上，结合中国的实际情况，对相对贫困的内涵进行了多方面的重新解释。这些解释包括：①相对贫困是指与社会平均收入水平、消费水平或一般社会成员的生活水平比较而言相对偏低。②相对贫困被看作是与不同利益集团、不同群体之间的相互攀比，将自己的期望值与现状，或者是本人同自己曾经的收入最高峰相比较后产生的落差感。③相对贫困是基于一种主观的心理感受或价值判断，它不单单局限于生活水平，更强调人的主观心理感受。④从区域经济发展不平衡、地区经济发展差距不断扩大的视角来看待相对贫困问题。⑤将贫困看作一种相对现象，没有一个确定的标准与之相对应。⑥相对贫困常常与不平衡的经济增长、社会收入分配有关，财富、资源、权利越来越集中在少数人手中，社会成员彼此之间存在较大的收入差距，部分成员处于劣势地位。⑦从相对剥夺的角度把相对贫困定义为一定阶层的人因为遭到持续性的"剥削"而导致的社会不平等。⑧相对贫困特指由于中国经济体制的转轨和物价的上升，尤其是生活必需品价格的快速上升，低收入家庭的实际生活水平日趋下降，从而形成的社会相对贫困层，又称返贫层。

相对贫困的种类较多，李祯（2021）把它分成收入型、能力型、资源型、权利型、精神型、机遇型等6种类型。由于中国幅员辽阔，各地差异明显，农村相对贫困表现出了不同特征，有的学者提出了5个特征论（王国敏等，2021），也有学者提出6个特征论（袁江辉等，2021）。

（2）相对贫困测度的方法多样、标准各异。从已有的研究文献中，我们发现相对贫困的测度至少有10余种，具体包括定义法、收入法、恩格尔系数法、马丁法、生活需求法（又称"市场菜篮法"）、生活形态法、基尼系数法、贫困发生率、贫困缺口指数、Sen 指数、FGT 指数、扩展性线性支出模型（ELES）法、复合指数法、A－F 方法、模糊函数集等。上述测度方法之间并没有绝对的优劣之分，只是不同的测度方法依据的侧重点各不相同，如果依据相同的贫困标准，即使用不同的方法进行测度，结果也会基本相似。但这些不同的测度方法在数据的获得性和数据处理的难易程度上却存在较大差异。

在相对贫困的测度标准上，可简单划分为一维标准观、基本需求测度标准和多维标准观。一维标准观主要是沿用了绝对贫困标准的收入水平作为依据来测定农村的相对贫困。基本需求标准观是把人的基本生存需求及其变化态势作为制订相对贫困测度的标准。多维测度标准观为大多数学者所认同，主要是以家庭为单位，把收入作为基本要素，然后再考虑其他具体维度来测算相对贫困，当然在其他维度的选择上，不同学者会有差异。同时，也考察了国内外关于相对贫困标准确定的实践经验。

（3）农村相对贫困的产生原因纷繁复杂、治理不易。综合国内外学者们关于农村相对贫困形成原因的研究，大致可以概括出七个方面。一是交换权利的恶化论，主要是城市化过程中，农村、农民交换权利的逐渐恶化导致农民陷入相对贫困。二是社会剥夺论，其实质是社会分配制度及资源配置的失衡，造成公共资源的不公平、不均等配置，使一部分群体被排斥在应享有的国民待遇体系之外，从而造成相对贫困。三是资本与财富拥有量的差异，认为财富拥有量的不同，造成富者恒富，穷者更穷的状态，收入逐步分化，造成相对贫困。四是知识性贫困论，把农村相对贫困的产生归结为知识掌握和知识获取的差异。五是产业结构单一，工业化、城镇化水平低论，这一观点主要用来解释农村相对贫困产生的区域差异。六是财政支出结构偏向论，主要是强调二次分配不利于低收入群体的收入增长。七是制度结构论，阐述了因社会制度设置造成限制底层百姓参与制度变革的权利，从而造成有利于富人的财富积累的循环机制，穷人很少有机会去获取所需资源。

农村相对贫困的治理存在较大困难和不确定性，诸如如何解决相对贫困的多维性特性和相对贫困对象的可持续发展动力问题，如何解决相对贫困的动态调整问题，如何激发农村相对贫困群体的内生动力不足问题，如何构建相对贫困长效治理机制问题等，不同的学者都给出了不同的解释。

（4）农村相对贫困治理路径、机制与对策建议百花齐放。关于如何治理农村相对贫困问题，不同的研究者从各自的研究领域出发，提出了不同的思路和建议，概括起来有以下六个方面。一是强调制度创新，主要包括社会保障制度、收入分配制度、税收制度、土地使用制度等。二是继续强化产业扶贫，开拓农民增收渠道，达到农民可持续增收的目的，具体包括培植适合农村发展的支柱性产业、利用金融政策吸引优秀企业下农村、发展乡村旅游业、推进农村一二三产业融合等。三是引导鼓励有能力的农民非农就业，有创业意向的农民积极创业，打造农民致富的内生动力。四是增加财政投入，进一步扩大财政对社会保障的资金投入力度，尤其是要加大政府在农村建设方面的公共投入支出，加快社会保障建设，防止农村居民陷入相对贫困。五是提高人力资本，强调国家应该持续向乡村输入教育投资，建立公平教育机会，使农民的劳动力素质得到提高，提升生存能力，阻断贫困的恶性循环。六是从系统观念出发，综合运作、多方聚力、持之以恒，构建农村相对贫困治理的长效机制。

如何构建相对贫困治理机制，学者们在研究中提出了多种方案，有由五部分共同组成的整体治理体系观点（赵迪等，2021）；有相对贫困治理运行机制中的精准瞄准观点；有六个子系统构成完整治理体系观点；有构建以政府为主体的多主体协同的常规治理机制观点等，这些研究成果都可以成为研究借鉴。

（5）初步探索了农村相对贫困监测预警机制构建原理。精准监测预警农村相对贫困的发生是控制和治理农村相对贫困发生的基本前提和关键。李洪、蒋龙志和何思好（2021）等探索了基于农村人均可支配收入和多维相对贫困指数构建农村相对贫困监测预警机制路径。

2. 农村相对贫困治理概念辨识和理论依据（第三章）

本章主要阐述了农村相对贫困的内涵界定、相对贫困研究的经典理论和相对贫困治理理论，为后续展开的调查研究和实证研究提供理论支持。

（1）农村相对贫困内涵辨析。我们在研究梳理国内外学者关于相对贫困内涵的研究成果的过程中，通过对经济贫困与非经济贫困、静态贫困与动态贫困、贫困的绝对与相对等研究结论的辨析，发现相对贫困本质上是一种带有一定主观性的比较贫困。一方面，与自身的过去进行纵向比较；另一方面，进行横向比较，比较后如果发现差距不能满足认知标准，就会认为自己处于贫困状态，因此相对贫困并不是一种生存贫困，而是一种发展贫困。构成农村相对贫困的基本要素包括四个方面，即相对性、动态性、不平等性和主观性。

（2）农村相对贫困研究经典理论。本部分以文献研究为基础，阐述了相对贫困研究的经典理论，包括由英国管理学家朗特里最早提出和论证的收入贫困理论；阿马蒂亚·森首次提出的能力贫困理论；表现为人力资本匮乏导致贫困的人力资本的贫困理论；强调了个体自身特征所引起的能力缺失，以及由此产生贫困的社会排斥理论；强调由发展的速度快慢造成是否贫困的经济增长贫困论；制度安排和制度设计缺陷致贫的制度贫困理论。

（3）农村相对贫困治理相关理论。本部分主要从中国特色的农村相对贫困治理需要出发，梳理了适应中国特色的农村相对贫困治理理论，主要包括需求层次理论，家庭生命周期理论，强调跨域性公共事务必须进行协同合作才能有效治理的协同治理理论，网格化治理理论，社会比较理论等。

第二部分为农村相对贫困治理的调查与实证研究。

本部分在文献研究基础上，通过问卷、访谈、实地走访等方式获取第一手信息资料，运用科学的分析手段，研究了案例省份（浙江省）农村相对贫困的整体状况，农村相对贫困形成的影响因素，从家庭结构、劳动参与视角探讨了农村相对贫困的形成路径，总结了国内贫困与相对贫困治理的相关经验，深度剖析了一个相对贫困治理成就比较明显的县域样板。

1. 浙江省农村相对贫困基本状况分析（第四章）

本章主要运用文献调查、实地走访、问卷调查等方法和手段，广泛收集了有关浙江省农村相对贫困状况的大量资料，分析总结了浙江省农村相对贫困农户的认定、描述了浙江省农村相对贫困的基本特征、相对贫困农户的区域特征差异、现行农村相对贫困治理的主要路径，以及农村相对贫困治理的主要政策（部分），简要指出了治贫政策存在的不足。

2. 浙江省农村相对贫困的影响因素研究（第五章）

本章研究采用官方公开数据和实地调研数据相结合，通过聚类分析，识别出单个家庭个体是否处于相对贫困状态，再结合 Logistic 计量经济模型研究浙江省相对贫困的影响因素及其影响差异，对于计量模型的分析结果给以恰当理论解释。研究发现：一是户主年龄与相对贫困发生率之间存在"U"形关系。二是家庭固定资产的拥有量能够显著降低农村家庭陷入相对贫困的概率。三是从人力资本角度看，党员或乡村干部作为传统社会资本的指标在减低相对贫困发生率上不具有显著作用。四是户主良好的健康资本、较高的受教育水平和专业技术水平，以及家庭所有拥有的重要社会资本状况，都能显著降低农村家庭陷入相对贫困的概率。五是乡村区位特征和产业发展状况或距乡镇政府驻地较近的农村地区更有利于降低相对贫困发生的概率。

3. 基于家庭结构、劳动参与视角的农户相对贫困形成路径研究（第六章）

本章从家庭结构和劳动参与两个维度分析了相对贫困的发生机制。通过问卷调查获取相应数据，使用 Spss23.0 和 Amos24.0 统计软件对问卷调查的数据结果进行处理和分析，运用结构方程模型，系统全面地分析家庭结构和劳动参与对农户陷入相对贫困的过程。研究发现，家庭结构作为贫困主体的内部因素能够通过影响家庭的贫困脆弱性、家庭发展能力等途径进而影响家庭相对贫困的发生；家庭劳动参与则通过直接影响家庭收入、家庭地位，进而使农户坠入相对贫困状态。

4. 国内外贫困治理经验对中国农村相对贫困治理启示研究（第七章）

本章主要运用文献调查法，对中国式绝对贫困治理成就、部分发达国家与中国沿海部分省份相对贫困治理的主要经验进行了分析处理。认为绝对贫困治理过程中形成的农村体制变革理论（包括发展农村经济、增加农民收入的体制变革，科学构建人口增长与经济发展有机协调机制）、治贫路径的顶层设计理论（包括动态贫困线、政府主导下的扶贫计划、适合中国实际的扶贫政策、专门扶贫机构及扶贫体系构建、贫困监测机制构建等）、扶贫模式持续创新理论等精准扶贫理论对农村相对贫困的治理，依然具有理论研究的借鉴和指导作用。发达国家治理相对贫困的主要经验有七大方面，包括立法为先，强化制度供给；政府引导，多方深度合作；通过福利普惠，完善保障体系；分类帮扶，瞄准特殊群体；产业扶贫，发展合作组织；明确相对贫困标准；构建心理干预机制。中国沿海部分省份治理农村相对贫困取得的主要经验可以概括为四大方面，包括立足各省实际，科学确定衡量标准；通过精准帮扶，将扶贫措施精准落实到人；大胆探索，积极推动扶贫模式创新；通过积极引导，增强农村相对贫困户的脱贫信心。上述治贫经验可以为中国农村相对贫困治理带来四个方面的启示，一是制度建设是未来中国农村相对贫困治理的基本保障；二是政府始终是相对贫困治理的核心；三是相对贫困标准的确定非常重要；四是社会力量是相对贫困治理的重要补充。

5. 农村相对贫困治理取得较好成就的武义县域案例研究（第八章）

武义县原为浙江省 26 个贫困县中的一个，脱贫前是一个典型的农业县。该县在完成精准脱贫后，经过 20 余年的努力，从一个农业县转变为一个以工业与第三产业为主导，现代农业为补充的，城乡差别逐步缩小，农民收入快速增长的地方明星县，相对贫困典型表征，即"三大差距"明显缩小。通过深度访谈并结合文献研究，我们发现武义县的产业集群培育路径和相关政策举措所产生的经验，对中国农村相对贫困治理政策创新在相对贫困治理支点设置、相对贫困组织形式选择、相对贫困保障政策完善等方面有着重要的启示意义。

第三部分为农村相对贫困治理路径与政策创新思考（第九章）。

本章在总结前面研究成果的基础上，分析了农村相对贫困治理的必要性，总结探讨了农村相对贫困治理的路径选择范围，对农村相对贫困治理政策创新从创新现行农村相对贫困治理政策内容、制定并推出"共同富裕联合体"建设促进政策、开展农村相对贫困治理的立法工作、在县域重建相对贫困治理专门机构、科学设计相对贫困治理的保障政策体系五大方面提出了思考建议。

（三）主要研究方法

本研究主要采用了文献研究法、调查研究法和定量研究法。

1. 文献研究法

主要用于中外文文献数据库的查阅、分析，梳理收集了国外发达国家关于相对贫困研究的相关理论及其治理方法；通过国内一些期刊、论文、专著等途径整理了中国学者在研究农村相对贫困问题的研究成果，对相对贫困的概念及内涵、相对贫困的测度方法、相对贫困产生的原因及治理对策等进行了分析整理。在此基础上，构建了本研究的理论框架、研究模型和研究结果的理论分析基础。

2. 调查研究法

调查研究法包括调查法、深度访谈法、文献调查法。

（1）本研究主要采用问卷调查法，主要用来对浙江省11个地（市）农村地区的抽样调查，具体涉及杭州市、宁波市、温州市、嘉兴市、湖州市、绍兴市、金华市、衢州市、舟山市、台州市、丽水市。在问卷发放前期，对每个地区要发放的问卷按照分层抽样的方法进行分配，以保证样本的最佳合理性。

（2）深度访谈法主要用于对浙江省丽水市、宁波市、金华市、衢州市、湖州市部分农村的走访调研。在调研过程中，调查人员一方面，与乡镇干部、村民，特别是村干部，进行了深入交谈，了解基层管理者对于农村相对贫困治理的看法与思路；另一方面，选择武义县作为县域样板，与该县各部门深度接触，获取相关资料，深度刻画了武义县农村相对贫困治理的路径、做法与政策选择。

（3）文献调查法主要用于各类信息平台和数据文本中，广泛收集大量的相关数据信息，通过分析研究、筛选，构筑了项目研究所需的扎实论据。

3. 定量研究法

计量分析法主要用于对浙江省农村相对贫困影响因素的研究，以及对于家庭结构、劳动参与对农户相对贫困的影响的微观研究，具体涉及的工具包括 Spss23.0 和 Amos24.0 统计软件，信效度检验、描述统计、方差分析、探索性因子分析、验证性因子分析、结构方程模型检验等。

四、创新点与不足

（一）主要创新点

1. 把农村相对贫困的内涵解释为比较贫困

截至 2022 年底，对于相对贫困内涵的界定仍然没有取得完全一致的解释。研究者们分别从各自的研究领域出发，提出了相对贫困的内涵解释。这些解释包括绝对中的相对剥夺理论、收入消费偏低论、期望落差论、区域差异论、不平衡增长论、体制机制影响论、社会生活状态论等。本研究在总结、吸收国内外学者研究成果的基础上，把农村相对贫困的内涵定义为一种带有一定主观认知性的比较贫困，既有与自身过去状况的比较，也有与生活区域内其他人的横向比较，如果比较的结果超出了自身的认知期望值，则表示陷入了相对贫困状态，实质上是一种发展贫困。由此，个体就会产生不幸福、不满意感，就会寻求解决路径。

2. 把农村相对贫困治理的研究视角从宏观转向微观

对于相对贫困的治理，绝大多数文献研究主要关注宏观上的制度安排与顶层设计环节，以及中观上的市域、县域的案例分析，对于具体如何识别农村相对贫困存在多种说法，如何确保准确识别出农村相对贫困，并以此为基础构建有效的相对贫困治理体制机制，需要开展更深入细致的研究。正是基于这样的认识，本研究尝试从家庭这一微观视角，研究农村相对贫困主体的各种特征，并论证什么样的家庭更易陷入农村相对贫困、一旦坠入相对贫困该如何进行治理。研究认为，农村贫困主体的家庭结构可以通过影响家庭的贫困脆弱性、家庭发展能力等途径进而影响农村家庭相对贫困的发生；家庭劳动参与直接影响家庭收入和家庭地位的变动，由此对农村相对贫困的发生产生直接影响。这是对农村相对贫困治理研究的一种新尝试。

3. 在遵循绝对贫困研究支撑理论的基础上引入相对贫困治理理论

截至 2020 年底，传统研究中有关绝对贫困问题所依赖的收入贫困论、能力贫困论、人力资本论、社会排斥论、经济增长论、制度贫困论等，仍然被大多数国内外学者沿用到农村相对贫困问题的研究中。这种理论的沿用，在一定程度上不利于对具有中国特色的农村相对贫困问题进行更深入的研究。本研究在吸取绝对贫困研究所依据的理论精髓的基础上，尝试引入了需求层次理论、家庭生命周期理论、协同治理理论、网格化治理理论、社会比较理论等作为理论依据，更好地分析、把握中国特色农村相对贫困的特殊性和本质，为相对贫困治理政策的设计提供更坚实的理论支持，进一步开阔了农村相对贫困问题研究的理论视野。

4. 提出农村相对贫困治理的县域支点重建相对贫困治理专门机构、共同富裕联合体、相对贫困治理立法等政策创新建议

关于相对贫困治理对策的研究，研究者们在借鉴原有绝对贫困治理对策研究的基础上，结合国内外相对贫困治理研究的经验和成果，从各个角度、各个层面提出了很多很好的建议。但这些优秀的建议都有一个共同特点，就是在原来的政策基础上进行的修正、补充和完善。本研究在对浙江省大量实地调查研究的基础上，基于浙江省贫困治理实际，提出了农村相对贫困治理的县域支点重建相对贫困治理专门机构、共同富裕联合体建设和相对贫困治理立法等方面的政策建议，我们认为有一定的创新意义。

（二）研究不足

1. 研究深度存在不足

由于本项目课题组研究能力所限，再加上项目立项后恰逢重大疫情，无法展开大规模调研，只能在浙江省内开展有限调查，制约了调研的范围，导致某些研究内容不够深入，即使对于浙江省农村相对贫困的整体状况的研究也存在一定偏差，其演化趋势没有涉及。在相对贫困的研究过程中没有具体设定农村相对贫困线标准，同时，也没有对相对贫困的测度方法进行相应论证。因此，没有对浙江省农村相对贫困的发生率、相对贫困人口规模进行精准估算。

2. 研究角度比较狭隘

本研究虽然对浙江省进行了两轮全省范围内的乡村问卷调查和多次深度访谈，但样本数量和访谈范围仍然比较狭窄，对农村相对贫困的研究依然局限于通过静态角度来研究某一时点的农村相对贫困状态，未能从动态角度针对农村贫困群体进行较全面的追踪研究；即使是某一时点上的农村相对贫困问题，由于研究深度不足，仍然无法断定是属于短期相对贫困还是长期相对贫困，同时根据现有的研究思路也无法研究农村相对贫困群体进入或退出的整体状况。

3. 对农村相对贫困预警机制没有展开全面深入探索

相对贫困的预警机制对于农村相对贫困的治理至关重要。在本书研究过程中梳理总结了构建相对贫困预警机制研究的相关成果；通过文献研究和访谈了解了浙江省相对贫困治理的动态预警机制的运行模式，虽然通过研究发现了现有预警机制存在的不足，并提出了一些修正建议，但未能就农村相对贫困预警机制的重新构建展开深入探讨。

第二章

相对贫困研究文献综述*

关于相对贫困的研究并非始于绝对贫困治理结束之后，而是与绝对贫困治理相伴而来的。从已有的研究文献看，国外的相对贫困研究最早可追溯至 20 世纪 50 年代，国内的研究可追溯至 20 世纪 90 年代，相对贫困相关研究成果已经十分丰富。本章在梳理国内外相对贫困研究文献的基础上，从相对贫困的内涵、分类与特征，相对贫困的测度方法、标准与实践，农村相对贫困的成因及形成机理，农村相对贫困治理面临的困境，农村相对贫困治理原则、路径、运行机制及治理对策五大方面进行了全面梳理，为后续的调查和实证研究、模型构建、理论分析等提供了基础理论支持。

一、关于相对贫困的内涵、分类与特征研究

（一）国外关于相对贫困的界定

早在 20 世纪 50 年代，随着西方发达资本主义国家社会福利政策的

---

　　* 本章部分内容以"相对贫困理论及其治理对策的研究进展"为题发表在《贵州师范大学学报·社会科学版》（2020 年第 3 期）（魏月皎，葛深渭）。

相继建立，很多发达国家乐观地认为已经全面消除了贫困，当时英国的绝对贫困人口只占全体人口的 1.6%，可以说在绝对贫困几乎完全消除的时候，英国学者汤森穷其一生对英国当时的收入分配、公平与效率、民众就业率及社会福利等方面进行分析，发现贫困只是以一种新的形态继续存在。随后，伦敦经济学院的理论研究者蒂特马斯（R. M. Titmuss）、斯密斯（A. Smith）和汤森（P. Townsend）对贫困的概念进行了新的延伸和扩展，指出反贫困不再单单是为了满足生存的物质需求，而是具有人类社会发展的深远意义。这时出现了相对贫困的雏形①。

"相对剥夺"最早是由美国学者斯托弗在 1949 年提出的，后经过包括默顿（2015）在内的其他学者将其进行发展并应用，内容主要是指当人们将自己的处境与其他参照群体进行比较后的劣势会让人产生受剥夺的感觉，并用来解释贫困，指出相对贫困不全是指绝对意义上的客观物质基础缺乏，其包含着与他人比较后的主观心理因素，相对贫困实为一种被剥夺感②③。

1958 年，美国经济学家加耳布雷思（John Kenneth Galbraith）就曾指出，一个人贫困与否不仅取决于他拥有收入的多少，还取决于他周围其他人的收入水平。当周围其他人的收入水平在增加时，即使他的收入水平不变，这种收入差距也会使其感到比以前更贫穷。这种相对贫困感强调与他人相比较的主观感受。1971 年，英国社会政策学家彼得·汤森通过"绝对中的相对剥夺理论"系统阐述了相对贫困理论。他指出贫困不仅限于基本生活资料的不足，还在于资源的剥夺与缺乏，而正是这种资源的缺乏，导致穷人不能达到现存社会制度下正常的生活水平和不能获得有效参与正常社会活动的机会。资源分配导致穷人一开始拥有

① 杨立雄，谢丹丹."绝对的相对"，抑或"相对的绝对"——汤森和森的贫困理论比较 [J].财经科学，2007（1）：59－66.

② 付琳赟.相对剥夺感视角下的三峡库区城镇移民生存状态研究——云阳县莲花市场和水库路的个案分析 [J].科技与企业，2012（21）：230－231.

③ 默顿.社会理论和社会结构（2版）[M].南京：译林出版社，2015.

的资源就不足，进而导致其本该获取的机会和条件被剥夺，这种剥夺不仅在于客观物质条件的剥夺，更在于由于客观物质条件的缺乏而导致的规范或习俗剥夺、个体或群体剥夺。1998 年，诺贝尔经济学奖获得者阿马蒂亚·森用权利的缺失来说明贫困的本质，收入低下只是贫困的外在表现，权利的缺失进而造成贫困人口自我发展能力的缺乏才是贫困的本质，贫困人口因此而缺少获得和享有正常生活的能力①②。

1993 年，英国学者奥本默（Oppenhenin）试图从机会被剥夺的角度去定义贫困，他认为贫困是指人们的生存、身体健康、体面教育、安全住宅、退休生涯等机会被剥夺。2001 年，美国学者纳拉扬等从穷人的视角定义贫困，他们指出，在穷人眼里，贫困除了指物质的缺乏外，其核心要义是指缺乏发言权和其他权利。朗西曼通过职业结构中收入的差异来调查人们对相对贫困的感知，发现人们倾向于将自己的收入同那些与他们相当的人进行比较，或者说很容易把自己同那些与自己社会境遇差不多的人进行比较，当这个时候发现自己与其他人的差距时，这种差距很可能是个人因素造成的，把自己与处在同一个阶层体系的人去比较，这种有限的参照群体有利于减弱人们的相对贫困感③。

（二）国内关于相对贫困的界定

国内关于相对贫困的研究要晚于国外，兴起于 20 世纪 90 年代。从已有的文献来看，对相对贫困的概念和内涵主要有以下十种不同的阐释。

第一，相对贫困是指与社会平均收入水平、消费水平或一般社会成

---

① 董晓波，袁媛，杨立雄. 英国贫困线发展研究［J］. 世界农业，2016（9）：174－178.
② 黄忠晶."绝对贫困与相对贫困"辨析［J］. 天府新论，2004（2）：76－77.
③ 姜辉. 美国和英国的社会阶级［M］. 重庆：重庆出版社，2010.

员的生活水平比较而言相对偏低[1][2]。张殿发和王世杰（2003）认为，相对贫困是指个人或家庭与社会平均水平相比，其收入低到一定程度所维持的生活状态，表现为各个阶层之间或阶层内部的收入差异，这种差异会造成他们不能享有一般的生活资料或服务设施，不能享有所谓的"体面"生活和现代社会所具有的基本需求，如没有各种现代生活设施、子女不能接受好的教育、没有文化娱乐活动等[3]。厉以宁（2015）认为，相对贫困是指在与全社会人均收入的比较中，即使一些人的收入有了明显提高，其收入水平甚至高于本地区维持生活最低限度所必需的收入，但只要该收入与社会平均收入仍存在差距，人们也会有相对贫困感。李石新（2010）指出，相对贫困是偏离社会平均水平的差距状态，随着经济的不断增长，社会人均收入水平必然也在不断提高，这种与社会平均水平的差距也会呈现些许变化，相应的扶贫标准也应随经济状况的发展而作出调整[4]。

第二，相对贫困被看作是与不同利益集团、不同群体之间的相互攀比，将自己的期望值与现状，或者是本人同自己曾经的收入最高峰相比较后产生的落差感。除了个人本身能力的差异外，地理位置、自然条件、地区发展的不平衡，工种和技术水平的差别都会使个人与其他群体比较时存在差距，人的期望和现实一般也总是存在差距的，这些都决定了相对贫困感的持久性[5]。

第三，相对贫困是基于一种主观的心理感受或价值判断，它不单单局限于生活水平，更强调人的主观心理感受。李权超等（1999）指出，

---

[1] 蔡玲. 论清除绝对贫困减少相对贫困——基于实证的角度提出政策化建议 [J]. 现代商贸工业，2013（6）：35－36.

[2] 刘宗飞，姚顺波，渠美. 吴起农户相对贫困的动态演化：1998－2011 [J]. 中国人口·资源与环境，2013（3）：56－62.

[3] 张殿发，王世杰. 贵州反贫困系统工程 [M]. 贵阳：贵州人民出版社，2003.

[4] 李石新. 中国经济发展对农村贫困的影响研究 [M]. 北京：中国经济出版社，2010.

[5] 厉以宁. 厉以宁经济史文集工业化和制度调整西欧经济史研究 [M]. 北京：商务印书馆，2015.

贫困总是在特定的参照体系中相对于特定的心理群体而言，人们主观认定的可维持生存的水准在不同的国家或地区会有很大差别。即便在一个整体比较富裕的国家，如果社会居民内部贫富差距较大，也会有较多的人产生被剥夺感，相对贫困的问题也可能会比较严重[①]。黄晶忠（2004）指出，相对贫困不单单是相对于生活水平而言的，更强调人心理的主观感受，比如，就维持人生存的基本水准而言，在不同国家社会存在很大差别，在发达国家或地区被认为是生活必需品的物品，可能在欠发达国家或地区会被认为是奢侈品；但同时他也指出，相对贫困的主观心理感受还是来自生活水平处于一个相对较低状况的客观事实，是先有客观事实的差别，才有人的主观心理感受的，不存在盲目的单纯的心理感受。陈芳妹等（2006）用"RD 假说"研究农村劳动力的相对贫困对其迁移决策的影响时，指出农村家庭成员迁移，不只是为了提高自己的绝对收入，同时也是为了提高与其他家庭相对比较的相对收入，减轻与某一参照群体相比较后的相对贫困感。这种思想强调的是对于个人或家庭而言收入的提高给人带来效用的提升和心理的满足感，绝不仅仅在于绝对收入的多少，更多的是在于与特定参照群体相比较后的主观心理感受[②]；不同国家或地区、社会维持人生存的基本水准是千差万别的，但是即使是发达国家或地区，也会有人在心里产生相对贫困感，因为每个国家或地区对贫困的社会准则定义和个人看待问题角度和观点的不同，最终人们眼中的相对贫困也会出现不同。李石新（2010）认为，相对贫困还会受到主观因素的影响，一个处在中等生活水平上的人，如果总是和社会富有阶层相比较，他就会以为自己处在相对贫困的地位。

第四，从区域经济发展不平衡、地区经济发展差距不断扩大的视角

---

① 李权超，陆旭. 老年健康促进 [M]. 北京：军事医学科学出版社，1999.
② 陈芳妹，龙志和. 相对贫困对农村劳动力迁移决策的影响研究——来自江西的经验分析 [J]. 南方经济，2006（10）：62 – 68.

来看待相对贫困问题。洪华喜和马骏（1996）从区域经济增长不平衡的角度来说明内陆地区的相对贫困化已成为整个经济增长的主要障碍。虽然东、中、西部地区的收入保持着同步增长趋势，但是中、西部地区国民收入和人均国民收入年均增长率一直低于全国平均增长率，且落后于东部地区，国民收入比重也出现了由西向东集中的趋势，这种不断扩大的人均收入差距凸显了内陆地区发展的相对贫困化[①]。毛广熊（2004）在研究区域经济相对发达的苏南地区时，发现该地区存在农村相对贫困问题，虽然该地区农村居民的人均收入远高于全国平均水平，但却仍然存在着就业类型的传统化、贫困线水平的高端化、贫富差距扩大化和弱势群体"赤贫化"这样的相对贫困问题。朱姝等（2018）用层次分析法（AHP）与误差矢量幅度（EVM）组合赋权的方法，从行政村尺度识别发达省份的欠发达地区粤北山区66个相对贫困村的基本特征，进而研究该相对贫困地区的脱贫潜力[②]。

第五，将贫困看作一种相对现象，没有一个确定的标准与之相对应。其一，相对贫困是相对于社会上大多数人的正常生活水平而言的，人们倾向于将这部分相对贫困人口看作生活水平向负方向发展的群体；其二，相对于历史阶段和社会现象而言，贫困是与一国早期的生活条件及与其他国家比较而言的；其三，相对于不同地方、不同年龄层、不同社会群体而言，比如，学生的消费支出远低于一个有劳动收入的成年人，但人们并不认为学生贫困，东部沿海地区和西部地区的贫困线设定标准也应该是不同的[③]。王敏正等（2006）认为，相对贫困是指相对于一般社会成员的生活水平而言，在社会中被认为处于贫困状况的人或住户。相对贫困有两层含义，一是由于经济的动态发展，贫困线不断提高

---

① 洪华喜，马骏. 中国区域经济运行·模式·比较 [M]. 昆明：云南大学出版社，1996.
② 朱姝，冯艳芬，王芳. 粤北山区相对贫困村的脱贫潜力评价及类型划分——以连州市为例 [J]. 自然资源学报，2018（8）：1304–1316.
③ 图特维特. 挪威社会工作 [M]. 北京：中国社会出版社，2009.

而产生的贫困；二是在同一时期，由于地区差异、阶层差别，甚至同一阶层内部的收入差距而处在社会底层的群体①。

第六，相对贫困常常与不平衡的经济增长、社会收入分配有关，财富、资源、权利越来越集中在少数人手中，社会成员彼此之间存在较大的收入差距，部分成员处于劣势地位。吴海涛（2013）在《中国农村扶贫开发纲要（2011—2020）》中提出，未来 10 年，我国将基本消除绝对贫困现象，相对贫困将是未来贫困的主要表现形式，作为世界第二大经济体的中国所面临的最为严峻的挑战之一，在于不断拉大的贫富差距，这是相对贫困不断凸显的重要证据②。

第七，从相对剥夺的角度定义相对贫困。相对剥夺起源于国外，国内从相对剥夺的角度来定义贫困要晚于国外且并不多见。辛秋水（2013）指出，相对贫困的本质是指一定阶层的人在物质上或非物质上遭到持续性的"剥削"而导致的社会不平等③。

第八，纪德尚（1998）特指由于我国经济体制的转轨和物价的上升，尤其是生活必需品价格的快速上升，低收入家庭的实际生活水平日趋下降，形成了社会的相对贫困层，又称返贫层。受此影响最深的群体一般多为失业待业者、离退休人员、老弱病残人员④。

第九，王国敏和侯守杰（2021）认为，相对贫困是多因素叠加耦合后呈现的一种主客观感受状态，是客体评判和主体感受的综合体，具有明显的地方性和区域性特征。相对贫困是低起点的基本生存需要和社会比较的动态综合结果，是个人或家庭对自己所拥有资源的内在理性认知，具体表现为经济（收入与消费）、社会发展（就业、教育、社会保障）、自然生态方面等多维度匮乏状态。这种状态会因环境变化和时空

---

① 刘建华，张云松．节约型社会辞典［M］．北京：中国财政经济出版社，2006.
② 吴海涛．贫困动态性理论与实证［M］．武汉：武汉大学出版社，2013.
③ 辛秋水．辛秋水文集上［M］．北京：中国科学社会出版社，2013.
④ 纪德尚．世纪之交中国经济增长与社会发展的问题研究［M］．西安：陕西人民出版社，1998.

差异而产生动态变化。

第十，杨庆云和朱占荣（2021）认为，相对贫困是长期存在的、不能消除的一种社会生活状态，是由收入水平少于社会平均水平时，无法维持社会平均生活状态所表现出来的各个社会阶层之间和各阶层内部之间的一种收入差异表现方式。

（三）相对贫困的分类研究

相对贫困是一种精准脱贫后的可持续发展约束状态，因导致相对贫困的原因不同，相对贫困存在不同的类别。李祯（2021）通过对甘肃省定西市安定区相对贫困人口的实地调查，发现相对贫困至少存在六种类别。一是收入型相对贫困。这是由于家庭收入达不到社会平均水平或家庭收入结构不合理而形成的一种贫困状态。其原因在于脱贫标准缺陷或其他不可抗力因素致其脱贫后的收入增长缓慢所造成的约束状态。二是能力型相对贫困。能力是个人或家庭发展的重要条件。脱贫农户因为能力差异，诸如身患疾病、受教育水平不足、认知能力较低等原因，致使他们虽有意愿融入大市场、大社会环境，但却因能力不足而被社会排斥所形成的约束状态。三是资源型相对贫困。这是由于某些脱贫区域因环境资源匮乏、人力资源匮乏和产业资源少而散所形成的区域经济发展约束状态。四是权利型相对贫困。权利是国家治理与乡村文明的基础与保障，但在一些已脱贫的偏远地区，替代权利制度的乡规民约依然在发挥作用，村民的利益诉求渠道依然不畅，乡村人才流失很难逆转，由此形成阻碍乡村发展的约束状态。五是精神型相对贫困。精神相对贫困是由于脱贫地区农村长期普遍存在的基于传统小农思维惯性、信息不畅、交通不便和公共服务体系不完善等因素造成的一种约束状态。这种约束状态最明显的表现如争当贫困户、低保户，不认可基层干部的管理工作，总感觉社会对其有亏欠等认知偏差。六是机遇型相对贫困。这一种相对贫困是某些脱贫区域因为历史原因、超前谋划不足和传统发展惯性过强等原因造成的区域间发展不平衡、同质化竞争严重、特色产业作用不强、人才资源持续流失等约束状态。

（四）相对贫困的特征研究

1. 五特征观点

中国幅员辽阔，各地地理环境、资源条件、风俗习惯、发展程度、产业基础等各不相同，由此产生的相对贫困状态必然表现出不同特征。王国敏等（2021）通过研究小康时代中国的相对贫困现象，发现相对贫困具有五大主要特征。一是相对贫困的相对性特征。这一特征从主观上看，属于个体对期望生活标准和收入要求的期望落差（主观属性）；从客观上看，反映的既是个体实际生活水平的被平均，又是在时间和空间上客观存在的现象，脱贫后经历相对贫困是必然趋势，地域差异、行业差异也是不可避免的客观存在。二是相对贫困的分散性特征。精准脱贫任务的完成，意味着集中连片的区域性、群体性贫困不复存在，取而代之的是分散的相对贫困。精准脱贫的某些路径（如产业化）使农村人口发生了较大规模的空间转移，这种空间格局变动造成特殊贫困群体演变为新的相对贫困者，进而被分散转移到不同的地域（城市与乡镇），相对贫困群体内部的结构性分散也是客观存在的。三是相对贫困的多维性特征。相对贫困不是单一的收入贫困，而是一种发展贫困，除了收入剥夺外，还涉及个体发展的其他方面的剥夺，这些剥夺涉及医疗、教育、住房、发展机会等多重方面。四是相对贫困的发展性受阻特征。这一特征的集中表现是相对贫困人口的发展性需求受到相应阻碍，这种阻碍主要来自贫困群体的能力资本不足和文化资本的薄弱。五是相对贫困的脆弱性特征。这种脆弱性主要根源于相对贫困群体的经济脆弱性、社会脆弱性和生态脆弱性。

2. 六特征观点

袁江辉（2021）等通过对黄河流域相对贫困状况的研究，发现相对贫困具有双重特征，具体表现在六大方面。其一，相对贫困与绝对贫困相互交织而存在。精准脱贫虽然解决了绝对贫困问题，但脱贫成果参差不齐，返贫风险依然存在。所以从长期看，返贫治理将着重解决相对贫困问题，但短期内绝对贫困问题依然存在，并会不时显现。其二，相对贫困从整体上具备综合性和整体性特征。相对于绝对贫困治理阶段主要解决生存问题目标不同，相对贫困治理的目标同时包含解决收入、能力和权利等多重方面的问题，这就意味着相对贫困治理更具复杂性和综合性。其三，相对贫困标准是一个从二元性走向统一性的过程，也就是说既具有二元性又具有统一性。就目前而言，因为城乡二元结构依然存在，城乡相对贫困的标准有差异，但随着城乡一体化的推进，将来相对贫困标准必然走向城乡一致。其四，相对贫困人口不仅多维性还有多元性特征。因为相对贫困不同于绝对贫困，它不是单一的收入贫困，而是多维度的综合贫困，同时相对贫困也不像绝对贫困一样仅限于农村，而是普遍散布于各个层面、各类群体之中，治理难度也更复杂。其五，相对贫困具有长期性和动态性双重特征。由于相对贫困带有比较强的主观性，因此其可能长期存在，从某种意义上看可以被缓解但很难被彻底消除。同时相对贫困的评价标准也会随着社会环境的变化而发生改变，因而相对贫困又会表现出动态性。其六，相对贫困治理政策具有稳定性和衔接性。这一特征主要源于中国长期贫困治理工作中形成的稳定的反贫困政策体系所具有的惯性及其可借鉴性和精准脱贫后相对贫困政策与后续乡村振兴政策的相互衔接。

二、相对贫困测度方法、测度标准研究与实践探索

（一）国内外关于相对贫困测度方法研究

1. 定义法

定义法又称比重法，是从生活水平的高低、贫富是个相对概念的角度出发，把全部人口中一定比例的低收入者定义为贫困人口，然后根据这个百分比，利用家庭收支统计资料，求出贫困标准，如国家统计局就把5%的最低收入者定位为贫困人口，其平均消费支出即为最低生活费用标准。

2. 收入法

考虑平均收入和偏斜度来考虑贫困线，即以社会收入集中趋势的一定比例作为相对贫困线，如以一个国家或地区的中位数或平均收入的50%或60%为贫困线。

3. 恩格尔系数法

根据营养学的标准调查一定数量家庭的基本生活消费，由此确定居民的基本食品支出费用，而低收入家庭食品消费支出占生活消费总支出的比重即为恩格尔系数，用贫困人口的基本食物支出比上恩格尔系数即为所求贫困线。

4. 马丁法

主要是将贫困标准分成食物贫困线和非食物贫困线，食物贫困线主

要是指维持人体生存需要的基本食物量的价值，非食物贫困线同样是指满足基本生存所需的所有支出，包括衣着、住房、医疗等，但不包括食物支出。

5. 生活需求法

生活需求法又称"市场菜篮法"。用这种方法确定贫困线，首先，根据当地维持生活所需的物品和服务，列出一份清单，包括物品和服务的种类和数量；其次，根据市场价格，计算拥有这些物品和服务需要多少现金，这样确定的现金金额，即为贫困线。

6. 生活形态法

首先，从人们的生活方式、消费行为等生活形态入手，提出一系列有关家庭生活形态的问题；其次，选择若干剥夺指标，即在某种生活形态中舍弃某种生活方式和消费行为；再次，根据这些剥夺指标和被调查者的实际生活状况，确定哪些人属于贫困者；最后，分析他们被剥夺的需求和消费以及收入，从而计算出贫困线。

7. 基尼系数

通常通过洛伦兹曲线来刻画每个百分比的家庭人口所拥有的收入百分比，经济学家用它来衡量一个国家或地区居民收入分配的公平程度。

8. 贫困发生率、贫困缺口指数、森（Sen）贫困指数、FGT 指数

贫困发生率指贫困人口数量占总人口的比例，主要用来反映贫困发生的广度，用公式表示为 $H = q/n$；贫困缺口指数是贫困缺口率，即每位贫困者的收入与贫困线之间差额的总和与理论最大贫困缺口总额的比值，反映的是贫困的深度，用公式表示为 $I = G/qz$；Sen 贫困指数将

贫困发生率与贫困缺口率都考虑了进去，能够在一定程度上反映穷人群体内部的收入分配状况，用公式表示为 $P = H[I + (1 - I)G]$；FGT 指数是一个反映全社会人口平均贫困程度的综合性指标，用公式表示为

$$FGT = \frac{1}{n} \sum_{i=1}^{q} \left(\frac{z - y_i}{z} \right)^a。$$

9. 扩展性线性支出模型（ELES）法

扩展性线性支出模型法是以消费者的各类消费支出来反映需求量，并用收入和价格的函数来表示，它将人的需求分为基本需求额及根据个人偏好选择的超额需求。

10. 复合指数法

复合指标采用 40% 最高收入组的加权收入水平与 60% 以下收入组的加权平均收入水平之间的比率来衡量社会相对贫困程度，同时利用位于社会平均收入水平 60% 的人口数量占总人口数量的比率来衡量社会相对贫困发生率，用二者的乘积作为度量相对贫困的指数。具体计算公式为：

$$RPE = \left[1/(n - m + 1) \sum_{i=1}^{n} y_i \right] \left[1/(m - 1) \sum_{i=1}^{m-1} y_i \right], RPR = (1/n) \sum_{i=1}^{n} y_i \times$$

60%，$RPI = RPR \times RPE$。其中，RPE、RPR 和 RPI 分别表示相对贫困程度、相对贫困发生率和相对贫困指数；n、m 和 y 分别表示农村总人数、按收入水平排序 40% 的最高收入组的人数、农村人口的收入水平。

11. 多维贫困指数（A－F 方法）、模糊函数集

A－F 方法的核心在于，首先确定各个维度的贫困临界值；其次，判别个体在单个维度下是否遭受剥夺；最后，综合所有维度的贫困临界值判断个体是否处于多维贫困状态。模糊函数集方法主要是根据权重函数和隶属度函数来构造个体的多维模糊指数，权重函数是用来衡量单一

维度指标对整体贫困的影响，权重的大小代表了各个维度的贫困指标在多大程度上会影响某一个体陷入贫困，隶属度函数值在 0～1 之间，代表了贫困的程度，数值越大代表越贫困。

贫困测度方法是贫困程度测量和进行贫困研究的基础和前提，测量结果会直接影响到人们对贫困的认识，甚至是国家反贫困政策的制定与实施。根据以上对贫困测度方法的描述，几种测度方法之间并无绝对的优劣之分，不同的测度方法依据的侧重点不同，在依据统一贫困标准使用不同方法进行贫困测度时，会得出基本相似的结论，即中国农村的绝对贫困是持续下降的，但相对贫困有持续扩大趋势。贫困测度方法的选择在微观上取决于数据的可获得性和数据处理的复杂性，在宏观上也取决于学术界对贫困问题研究的层次和国家或地区经济发展的不同阶段，随着贫困问题研究的不断深入和国家或地区在不同时期经济发展水平的提高，人们自然会从经济视角转向非经济视角、从一维贫困转向多维贫困视角来测度贫困。

纵观上述相对贫困测度方法，在数据的可获得性和数据处理的难易程度方面，定义法直接将一定比例的最低收入者定位为贫困人口，收入法是将收入集中趋势的一定比例定位贫困线，这两种方法操作起来最简单，且考虑了贫困者收入的相对性，但只考虑了收入单一因素指标，更偏重于绝对贫困层面；恩格尔系数法同样由于其简明、操作简单常被广泛应用于贫困理论研究和扶贫实践领域，但是其只考虑了基本生活需要的食物支出层面，未考虑到人们其他层面的消费支出需求。马丁法、市场菜篮法、生活形态法对前面三种方法进行了补充，扩大了人们的基本生活需要，不再只停留在食物消费支出层面，共同点是将人们的基本需要折算成现金金额作为贫困线，但这需要耗费更多的人力去调查人们多个层面的基本生活需要，并且研究还是停留在物质层面的需求。基尼系数超越了收入层面本身的意义，开始考虑社会收入分配的不平等程度，也被经济学家广泛应用。贫困发生率、贫困缺口指数、Sen 贫困指数、

FGT 指数之间是一脉相承、层层递进的，贫困发生率、贫困缺口指数分别衡量的是贫困发生广度、贫困发生深度，Sen 贫困指数是由公理推导而成的，结果较为客观，可以更好地刻画度量一个地区的贫困程度，但由于其本身操作的复杂性限制了其应用；FGT 指数是在 Sen 贫困指数的基础上推理而成，综合统一了前面三种测度方法的优势，能够较为全面地反映贫困发生的广度、深度、强度，其独特的优势还在于可以将各类贫困指标进行分解，但依然停留在经济或物质层面。

在研究视角上，扩展性线性支出模型（ELES）法和复合指数法从绝对贫困视角转向了相对贫困视角，分别从消费支出和收入分配角度对中国农村相对贫困状况进行测度，扩展性线性支出模型法的核心是依靠居民自己选择生活必需品来计算贫困线，而不是政策制定者主观认为的生活必需品；复合指数法除了考虑财富分配的不平等程度，更能够精确计算社会中相对贫困人口发生规模和相对贫困程度，但是仍然没有跳开物质层面的单一局限性。A－F 方法、模糊函数集从单一贫困指标转向多维贫困层面，除了考虑人们物质层面的需求外，更将贫困广泛扩展到人们的就业、安全、能力和权利剥夺等体面生活的多层面，较为全面地考虑了人们的发展需要，但是 A－F 方法在单个指标确定贫困临界值时是否会存在人为的主观性判定及模糊函数集在确定各个贫困指标的权重时是否合理等问题仍然有待研究。由于区域经济发展水平的差异、各个地区影响贫困的主要因素的差异，以及造成贫困指标权重的赋值差别和人们主观认为的贫困剥夺差别等原因造成了相对贫困视角下，多维贫困的测度在反贫困的实践应用领域存在更多需要克服的困难，需要学者在理论和实践需求中进行更多的探索。

（二） 相对贫困测度标准研究

关于相对贫困测度标准的研究，国内学界在研究过程中，探索了测度标准的划定思路，主要形成了三种观点，即一维测度标准、多维测度标准和需求测度标准，其中多维测度标准认可度最高。

1. 关于测度标准的制定思路研究

王国敏和侯守杰（2021）认为，设置中国的相对贫困测度标准既要参考发达国家的经验，也要考虑中国国情。因此，中国的相对贫困测度标准必须考虑城乡关系，采取国家与地方相结合并区分城乡差异设置的划定思路。具体而言，相对贫困测度标准应该分为东部、中部、西部和东北部四个区域，分别就其城乡差异设置一般性国家相对贫困标准和各地区相对贫困标准；同时在绝对贫困和相对贫困之间设立过渡性相对贫困标准，过渡性贫困标准必须与中国2035年和2050年的阶段性贫困治理战略目标紧密衔接。相对贫困测度标准必须是多维的、动态的，充分反映中国经济发展层次差异、人口分布特征、减贫理念变化、财政承受能力和社会对贫困的普遍认知状态。何莉琼（2021）等研究者在认同相对贫困测度标准设置多维性、动态调整性、全国城乡统一性测度标准和区域差异性测度标准相结合的思路基础上，增加了必须设立绝对贫困与相对贫困测度标准并存的设计思路。曲延春（2021）则提出了农村相对贫困测度的复合测度思路模型（见图2-1）。

2. 测度标准划定观点

（1）一维测度标准研究。坚持一维测度标准的学者们基本沿用了绝对贫困标准的收入水平测定依据法。例如，李实和沈扬扬（2020）等提出，精准脱贫任务完成后，相对贫困测度标准可以对城乡分别制定方法，具体可设定为某一个时期（如2021~2025年）居民中位收入的40%，并进行周期性调整。吴振磊和王莉（2020）等提出，采取绝对贫困标准相对化作为相对贫困测度的标准，即以绝对贫困标准为依据，设置一个合理的浮动区间作为相对贫困标

准，确定后的标准以 5% 固定速率每五年上调一次，不断更新相对
贫困识别体系。

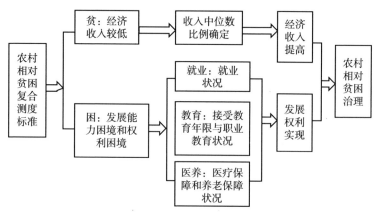

图 2-1　农村相对贫困测度的复合测度思路

资料来源：曲延春. 农村相对贫困治理：测度原则与路径选择［J］. 理论学刊, 2021（4）：142-149.

（2）基本需求测度标准研究。部分学者在相对贫困测度标准问题
上，基于国外各国扶贫经验，既不承认一维测度标准论，也不接受多维
测度标准论，认为应该根据人的基本生存需求及其变化态势来制定相对
贫困测度标准，这样的标准既符合中国国情，又符合大多数发展中国家
的常用做法。这一测度标准制定的关键在于科学合理地确定全社会公认
的基本需求水准，并转换成相对应的价值量。汪三贵和曾小溪（2018）
是坚持这一观点的典型代表。

（3）多维测度标准研究。在相对贫困测度标准问题上，绝大部分
学者都认同以家庭为单位测算的多维测度标准论，它们的共同点都是接
受收入（经济）维度为基本的要素，但在其他具体维度和各个维度的
具体上衡量指标上（包括收入维度）各有不同看法，部分研究者的多
维测度标准设想如表 2-1 所示。

表 2－1　　相对贫困多维测度标准设想（部分学者观点汇总）

序号	研究者	维度	衡量指标
1	龚华（2019）	收入水平	家庭人均年收入
		教育水平	家庭劳动力人口受教育程度
		健康水平	医疗保险、慢性疾病、额外医疗保险、近期预防性健康检查
		日常生活水平	饮用水方式、家庭卫生设施、照明、做饭燃料
		家庭资产水平	住房、交通工具、彩色电视
2	雷霆和张浩帆（2021）	经济状况	家庭人均年纯收入
		健康状况	家庭灾难性医疗支出
		教育水平	家庭有无失学儿童、家庭青年（18～29岁）受教育水平
		生活水平	住房价值、家具耐用品价值
		社会发展能力	劳动力水平
3	徐藜丹、邓祥征、姜群鸥和马丰魁（2021）	经济资本	人均国内生产总值（GDP）、农村居民纯收入、地区财政收入、居民存款余额、社会品销售总额
		人力资本	人口密度、中学生人数占人口比例、乡村从业人员占人口比例
		物化资本	机械总动力、粮食产量、道路面积占地比例
		社会资本	城镇化率、医疗床位数、夜间灯光数据
		自然资本	年平均降雨量、平均高程、植物净初级生产力（NPP）
		环境/脆弱性	坡度大于15°的面积占比、地形破碎度
4	解安和侯启缘（2021）	身体健康维度	营养情况、儿童死亡率、食品及饮用水、安全和医疗保障
		教育水平维度	受教育年限、能否适龄入学
		生活质量维度	住房舒适度、卫生设施、财产性收入比重、工业耐用品消费、能源使用、文化娱乐支出比重、互联网入网情况
		社会排斥维度	就业歧视、制度排斥、社会其他成员歧视

续表

序号	研究者	维度	衡量指标
5	孙久文和张倩（2021）	收入	家庭人均可支配收入
		教育	义务教育的硬件设施和软件条件、农村儿童尤其是留守儿童的学习生活条件、贫困学生的职业教育率和高等教育率
		健康	村级、镇级及县级医院医疗硬件条件、医护人员的技术水平
		社会保障	新型农村合作医疗和新型农村社会养老保险的参保人数、比例
		对外沟通	道路建设和公共交通工具的普及；通信基站建设程度；移动电话拥有量
6	陶婧（2021）	生活保障	衣食无忧、做饭用水、居住房屋类型
		经济状况	人均家庭纯收入、转移性收入占比
		可行能力	户主受教育程度、劳动力人数、健康状况
		社会保障	对看病点条件满意度、医疗保险及救助、对学校的满意程度
		发展机会	待偿银行借贷、工作整体满意度、劳动力转移就业占比
7	董金鹏（2021）	收入	家户人均可支配收入
		教育	成人教育、儿童教育
		生活水平	炊用燃料、安全饮用水、住房、资产
		健康	成人健康、儿童健康、医疗保险
8	马莉和王广斌（2021）	经济维度	人均收入、就业
		社会保障维度	健康、医疗、保险
		文化精神维度	教育、致富心理
		生产经营维度	合作、技能
		生活质量维度	住房、饮用水
9	方迎风和周少驰（2021）	健康	健康自评、重疾状况、长期健康
		教育	教育年限、儿童入学
		收入	人均纯收入
		生活水平	生活燃料、用水状况、住房状况

资料来源：笔者根据资料整理。

（三）相对贫困标准的国外实践探索

相对贫困治理是一个世界性难题，其中的关键是确立一条相对合理的贫困标准线，这不仅关系到扶贫资源配置的公平问题，也关系到相关政策法规的合理与科学。截至目前，相对贫困标准的探索国外已有大量的实践探索先例，处于不同发展水平的国家或地区各有不同的相对贫困标准设立之法。

1. 发达国家的相对贫困标准

英国是全球最早进入发达国家行列的国家之一，也是最早面临缓解相对贫困问题的国家。英国运用法律手段来确立贫困线，先后于1601年和1948年颁布了《济贫法》和《国民救助法》，其中《济贫法》确立了贫困线，而《国民救助法》则用福利制度取代济贫制度，随之贫困标准也从绝对走向相对。当前，英国采用上一年度全国所有家庭平均可支配收入中位数的60%作为确定当年相对贫困标准。

美国采用绝对贫困和相对贫困相结合的方法来确定贫困标准。在实践中，则采用双贫困标准制。一个是适用于全美48个州（不包括阿拉斯加州和夏威夷州）的国家层面官方贫困线（相当于相对贫困线）。官方贫困线由美国人口调查局制定，但在实际执行中会根据具体情况（如居住区域、人口规模、家庭儿童数量等）进行调整，还会根据不同地理位置的住房成本进行调整。同时，还公布一个深度贫困线（相当于绝对贫困标准），即由美国健康和人类服务部门公布的主要用于评估公民是否有资格获得联邦补贴或援助的贫困指导线，作为政府作出相关贫困治理决策时的参考。

日本因为随着经济的快速增长带来的收入差距不断扩大的国情，采用了差距缩小的方式来制定生活救助标准，以此来保证相对贫困家庭的人均生活消费支出额的增长率高于低收入家庭人均生活消费支出额的增长率，从而使受助的相对贫困家庭人均生活消费支出额能够保证达到中等收入水平家庭的 60%。

2. 发展中国的相对贫困标准

发展中国家相对贫困标准的探索以拉丁美洲国家最有代表性。大多数拉丁美洲国家采用多维贫困测量标准，但由于受限于家庭调查数据的短缺，大多将基本需求法作为一个基本框架，然后从该框架内选取部分关键性指标，再通过人口普查路径获得贫困相关数据，最终制定相对贫困标准。其中，墨西哥是最先使用这一方法获得相对贫困标准的国家。墨西哥的多维贫困指数由经济福利和社会权利两个维度组成，两个维度被赋予同等权重（各占 50%），具体指标包括当前人均收入、家庭平均教育差距、健康服务、社会安全、住宅空间和住宅质量、室内基本服务、食物、社会融合度 8 个二级指标。在这一标准体系下，墨西哥政府把贫困分成两类，即贫困人口和绝对贫困人口，其中，贫困人口在社会权利维度上存在更多的约束。

（四）相对贫困标准的国内实践探索

2020 年底，随着中国在全国完成全面脱贫目标，相对贫困治理成为扶贫工作的主要目标。尽管全面治理相对贫困还没有在全国全面铺开，但率先提前完成精准脱贫目标的省份和经济相对发达省份对相对贫困的治理进行了有益的探索，提出了适应各省实际情况的相对贫困标准。

1. 浙江省的相对贫困标准

浙江省是全国最先（2015 年 12 月）宣布完成精准扶贫目标的省份，并且其脱贫标准高于全国 1 倍，即 4600 元（2010 年不变价计算，国家脱贫标准为 2300 元)①。此后,浙江省将扶贫工作重点转移到解决低收入群体,特别是刚脱贫群体的自我发展能力培育和缩小收入差距上面来。为此,浙江省专门出台了《低收入农户认定标准、认定机制及动态管理办法》,规定低收入农户对象由低保对象、低保边缘对象和"4600"低收入农户巩固扶持对象(指如无巩固帮扶措施,年均收入极易滑至 4600 元以下的农户)组成。低收入农户实行总量控制,动态调整制度,总量按照 2014 年农村人口的 5% 计算,但是部分后发地区(丽水、衢州、温州、台州、金华等市)总量可高于当地农村人口的 5%②。

2. 江苏省的相对贫困标准

江苏省于 2015 年底按照年均收入 4000 元标准完成了精准脱贫目标。此后,江苏省把减少相对贫困、缩小收入差距、促进共同富裕作为"十三五"时期的贫困治理总任务,进而在实际调研的基础上,结合国家扶贫标准、江苏省全面建设小康社会目标和民生需求变动情况,确定人均年收入 6000 元作为相对贫困的扶贫标准;主要帮扶对象为乡村低收入人口、集体经济薄弱村和苏北 6 个重点片区及革命老区。根据这一标准测算,江苏省需要帮扶的农村贫困人口大约占农村总人口的 6%,300 余万人③。

3. 广东省的相对贫困标准

广东省在 2012 年完成国家标准(农村贫困人口年人均纯收入 2300元)脱贫任务后,于 2013 年开启了新的扶贫工作("双到"工作),同时建立了相对贫困标准,即 2012 年全省农民人均纯收入的 33% (3300元),同时把农民人均纯收入未达到 2012 年全省农民人均纯收入 60%的村确定为相对贫困村,两者均予以重点帮扶。2016 年,根据中央精

---

① 董碧水. 浙江在全国率先完成脱贫攻坚任务 [N]. 中国青年报, 2016 – 01 – 28 (5).
② 黄珍珍. 浙江省首创低收入农户统一认定标准 [N]. 浙江日报, 2017 – 01 – 10.
③ 申琳. 江苏四百万低收入人口整体脱贫 [N]. 人民日报, 2016 – 02 – 01 (2).

准扶贫要求,结合广东省贫困人口规模、人均地方生产总值、人均财政收入等相关因素,调整了相对贫困标准为4000元(按2014年不变价计算);相应的相对贫困村标准调整为农村年人均可支配收入低于8000元(2014年不变价)的相对贫困人口占村户籍人口5%以上的标准。随着精准扶贫工作的推进,2019年又将相对贫困标准调整为有劳动能力的贫困户年人均收入达到8266元,无劳动能力的兜底贫困户年人均收入达到5808元①。

4. 四川省的相对贫困标准

2015年,根据中共成都市委出台的《中共成都市委关于坚持高标准推进城乡扶贫开发的实施意见》规定,成都市相对贫困村的标准是人均年收入低于10000元,相对贫困人口的标准是根据收入低于2014年同区县人均可支配收入的50%来划定的。

三、关于农村相对贫困的成因及形成机理研究

(一) 一般归因研究

1. 交换权利的恶化

阿马蒂亚·森(2001)在研究贫困问题时,首次将贫困与权利相联系。毛广熊(2004)把苏南农村地区的相对贫困问题归结为"苏南模式"城市化迅速推进过程中农村交换权利的恶化,主要表现在以生

---

① 张开云,赵梦媛,李倩. 广东减贫治理:理论诠释、基本经验与未来路径 [M]. 北京:社会科学文献出版社,2023.

产和贸易为基础的权利不断恶化、苏南农民自己的劳动权利不断恶化。在农业生产贸易方面，苏南农村地区传统的小农经济存在着劳动力、科技等经济要素缺乏、农产品交易成本高、农地被占用等情况；苏南地区工业化推进的过程中，农民失去了赖以生存的土地，也就失去了自己劳动的权利，加之乡镇企业改制，辞退部分在乡镇企业工作的农民，这部分农民被迫再转移或回流，加剧了劳动权利的恶化。

2. 社会剥夺

赵伦（2014）指出，在我国城乡收入差距持续扩大的过程中，农村居民内部收入差距也呈现扩大趋势，很多农村贫困群体难以获得体面且有尊严的生活，他们的生活水平处于相对下降阶段，但这种收入差距的持续扩大已经不是贫困群体个人的经济能力问题，而是社会归因，背后反映的是社会分配制度、资源配置的失衡、相对贫困群体被剥夺的社会问题。张彦等（2015）指出，现有的不合理的分配体系带来的多维度收入差距引发了社会分配正义的失序失衡。此外，公共资源的不公平、不均等配置导致的个人机会与能力差异更使相对贫困群体被排斥在应享有的国民待遇体系之外，而这种不正义又称为一种恶性循环再次诱发相对贫困。

3. 资本与财富拥有量的差异

冯素杰等（2006）将收入水平的差距造成相对贫困的成因归结为资本和财富要素拥有量的不同。这些研究者认为，我国的经济增长主要是靠投资拉动的，而高收入者通常都是资本和财富的拥有者，他们将手中的资本要素进行投资，并参与收入分配，在这一过程中产生了循环累计效应，财富不断积累和增加。而低收入群体缺乏这些生产要素，没有资本的原始积累，收入的绝大部分都用来消费性支出，几乎没有储蓄或闲钱用来投资，这种收入差距只会越来越大。林南（2001）是较早从理论上分析社会资本不平等影响收入分配不平等作用机制的，他认为不平等主要是通过资本欠缺和回报欠缺两个渠道形成的，朗西曼（Runci-man，1996）较早地运用贫困分析时，指出社会资本可能造成和加剧相对贫困，进而扩大收入差距。

4. 知识性贫困

李青丽（2007）指出，知识贫困不单单指人们的教育水平低下，更表现为在获取信息、掌握技能等方面的本领较弱，最终演变为人力资本的贫困。农村居民获取信息的能力与渠道缺乏，会使农民中的能力贫困者更容易陷入相对贫困，所以物质贫困存在于绝对贫困时代，在新时期，知识贫困将会成为相对贫困的又一新特征。宋福忠等（2010）发现，由于农民中文盲、半文盲的人数存在相当比例，普遍文化素质较低，加之市场观念淡薄，所以农业新技术、新品质在农村推广较慢，难以具备发展特色农业产业的知识技能。

5. 产业结构单一，工业化、城镇化水平低

张辉等（2009）在研究河南省粮食主产区相对贫困的现状时，发现根据不同时期国家制定的贫困线以及全省平均收入标准来看，该粮食主产区的贫困发生率都在不断提高，并且人均收入水平、地方财政预算收入同全省、全国相比，差距越来越大。造成这一相对贫困现象的主要原因之一在于，这些地区产业结构单一，主要靠农业生产来增加收入，而农业粮食生产经营的规模小、效益低，其他产业发展相对比较滞后，工业化、城镇化水平和全省乃至全国相比都处于较低水平。

6. 财政支出结构偏向

李永友等（2007）在研究财政支出结构、相对贫困与经济增长之间的关系时指出，相对贫困主要受收入分配影响，但在收入分配的再分配环节中，政府的财政支出对减缓相对贫困水平的作用非常有限，除了社

会保障支出具有一定的减缓作用外，基础教育支出与医疗卫生支出对相对贫困的减缓作用并不显著，不仅如此，医疗卫生支出在某种程度上还扩大了相对贫困的水平。秦建军等（2012）在研究财政支出结构对农村相对贫困的影响时，发现在再分配环节，教育性支出及农村救济对缓解农村相对贫困具有积极作用，而医疗卫生支出，存在瞄准偏差，一定程度上加大了农村的相对贫困程度，可见财政支出结构偏向对农村相对贫困的产生有重大影响。李盛基等（2014）指出，政府财政支出对农村扶贫的边际效果存在明显差异，教育和卫生基础的扶贫效果显著，而其他的支农建设支出由于滞后性和缺乏管理而使扶贫效果不明显，甚至是负影响。

7. 制度结构

霍艳丽等（2005）从制度因素视角分析我国相对贫困产生的原因，将我国目前的相对贫困归因于制度结构因素，富人在经济、文化、政治层面容易形成精英联盟，他们作为一个共同体为了自己的既得利益对一国制度的制定施加影响，而这一制度最终又是为富人阶层服务的，从而形成了财富积累的循环，而穷人则很少有此机会去获取资源，造成财富和贫困同步积聚，只有以社会公平来解决。

（二）中国特色特殊成因研究

由于中国社会环境因素的特殊性，相对贫困的成因也有自己的特殊性。近年来，很多学者探索了中国农村相对贫困的独特成因。

李祯等（2021）通过对甘肃省安定地区的实地调查，发现脆弱的生态环境、较为薄弱的农业基础设施、不够健全的特色产业体系、整体素质偏低的农村劳动力结构（2019 年初中及以下学历人口占全区农村人口的 43.7%）、不断加速的农村空心化（2019 年人口流失率 40.8%）与老龄化状态（2019 年 60 岁及以上人口占全区人口的 18.9%），以及缓慢的社会现代化发展进程是导致当地普遍存在相对贫困的主要原因。

刘愿理和廖和平等（2020）运用相对贫困指数法通过对重庆市长寿区的相对贫困问题进行深入研究后，发现导致相对贫困的原因有四个方面。一是区域政策。区域政策的差异和不平衡性通过发展战略、区域发展要素差异配置影响相对贫困形成，这是导致相对贫困的外部原因。二是经济因素。政府整合资金可以解决绝对贫困问题，但既无法保证大幅度提高和稳定脱贫户的收入增长，也不能保证深度贫困村的集体经济规模化发展，从而不能从根本上解决脱贫人口收入可持续增加。因此，经济因素成为相对贫困形成的关键。三是社会因素。相对贫困户多的地区一方面社会保障体系不够健全，不能形成合力，另一方面基本公共服务水平较低，供给不足，公平享受发展成果的机会较少，进而导致脱贫户必然陷入相对贫困，无法实现自身的全面发展。四是个人因素。这些因素包括思想素质、自身条件等方面，具体表现为薄弱的自我发展意识、基本缺乏的内生动力、较差的生产能力、相对低下的劳动技能水平和不高的文化程度等方面，这是相对贫困形成的主要内部原因。

袁江辉等（2021）在研究黄河流域相对贫困的测度时发现，导致中国农村相对贫困的原因可以从两方面把握。一方面，从全国视角看，造成农村相对贫困的原因有六大方面。一是区域之间的经济发展水平差异对相对贫困形成基础性影响；二是不公平的分配制度设计既扩大了相对贫困的广度，又加深了相对贫困的深度；三是中国东、中、西部区域发展差距无法短期内消除必然导致相对贫困的存在；四是以数据鸿沟的存在和信息与需求不匹配为特性的信息可得性导致信息不对称或选择错误，进而造成相对贫困；五是人力资本差异极易形成相对贫困；六是包括价值、道德、风俗、观念和意识形态等非正式制度是形成相对贫困的深层原因。另一方面，从黄河流域的视角看，产生相对贫困的原因主要有四个方面。一是黄河流域相对脆弱的自然地理环境和条件；二是与长江流域相对而言较差的基础设施和公共服务条件；三是不合理的生态转移支付制度设计制约相对贫困问题的解决；四是远高于全国水平的绝对贫困基数（2015 年黄河流域绝对贫困发生率为 17.7%，全国绝对贫困发生率为 10.2%）带来了较高的潜在相对贫困人口。

（三）中国农村多维相对贫困的形成机理分析

学界普遍认为，相对贫困是一种多维贫困，但对相对贫困的形成机理却有不同看法，陶婧（2021）等的研究成果具有一定代表性。他们认为相对贫困成因复杂，既包括经济因素、政策差别、社会因素和环境因素等外在因素，又有农户之间存在的自身差异方面的内在因素，并在进一步分析内、外因素的具体表现的基础上，结合国内外学者的研究成果，详细描述了多维相对贫困的形成机理（见图 2 - 2）。

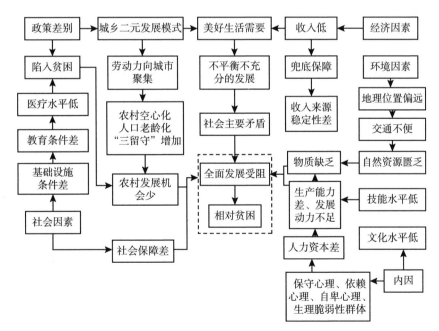

图 2 - 2　相对贫困形成机理

资料来源：陶婧. 多维贫困视角下农村相对贫困的测度研究——基于 CFPS2018 的实证研究 [D]. 南昌：江西财经大学，2021.

四、农村相对贫困治理面临的困难研究

研究相对贫困的最终目的是构建相对贫困的科学治理机制，参考国内外贫困治理的成功经验，可以发现相对贫困治理机制的建立和完善不是一件简单的事情，存在许多困难和不确定性。

陶婧（2021）从"转型中国"的时代背景和特殊性出发，研究发现中国农村相对贫困治理机制的构建存在三大难题。一是如何解决相对贫困的多维性特性和相对贫困对象的可持续发展动力问题。二是如何解决相对贫困的动态调整问题，因为相对贫困是多因素共同作用的结果，而对相对贫困农户来说，具体的要素变动力度和方向又是不一致的，因此最终作用的结果各不相同，这为相对贫困的辨别带来困难。三是如何解决农村相对贫困群体的内生动力不足问题，因为相对贫困群体内部有一部分人存在"等靠要"思想，主动脱贫动力不足，主动参与市场竞争意识薄弱，这种状态成为治理相对贫困的一大挑战。

王政武等（2021）在对广西壮族自治区的相对贫困问题进行考察的基础上，发现构建相对贫困长效治理机制面临三大现实困境。一是由于目前国家还未出台相关政策和文件，而国内外已经探索的成果各不相同，缺乏完善的借鉴意义，导致相对贫困群体和相对贫困标准确定难度较大。而在广西壮族自治区又存在诸如难以确定相对贫困标准的调整时间和调整幅度、多维度的贫困标准和不同区域、不同群体的相对贫困标准的把握及自身的特殊难点等问题。二是由于贫困治理的目标转向（由绝对贫困转向相对贫困）和区域转向（由农村为中心转向城乡统筹与协调）带来相对贫困治理政策与绝对贫困治理政策衔接困难。三是由于普遍存在的城乡发展不平衡、城乡二元结构短期难以消除所带来的建立相对贫困治理新格局约束因素多元化协调不易问题。

王国敏等（2021）在考察后小康时代中国相对贫困问题中发现，解决中国的相对贫困问题有三大难点。一是艰巨性，这是由中国规模庞大的相对贫困人口基数和困难的相对贫困识别所决定的。二是长期性，这是由于相对贫困背后的深层根源——贫富分化所决定的，这种分化在中国表现为区域性发展不平衡的相对贫困、农村内部贫富分化日益加剧导致的村庄社会内部分化和阶层化趋势，以及长期被忽视的城市内部的相对贫困——"富裕中的贫困"。三是系统性，与绝对贫困治理一样，相对贫困的治理也是一项系统工程，需要各方共同努力，但就目前情况看，相对贫困的治理碎片化现象极为明显，针对不同贫困类型、贫困规模、贫困程度的差异化，精准治理相对贫困的有效机制还未建立，因此无法准确反映某个阶段或地域的相对贫困全貌，从而缺乏整体系统性。

五、农村相对贫困的治理原则、路径、运行机制及治理对策研究

（一）治理原则研究

绝对贫困的治理关键在于坚持发展原则，但与绝对贫困相比，由于相对贫困原因更复杂，因此治理的难度也更大、更繁琐，因此需要坚持的原则也更多。李祯（2021）在研究甘肃省农村相对贫困人口识别和长效治理机制构建中提出，相对贫困治理可以借鉴精准扶贫的成功经验，坚持七大原则，即普惠性（相对贫困治理政策设计必须加大对非建档立卡户中相对贫困人口的扶持力度）、长期性（相对贫困治理制度要内嵌于地方党委和政府的日常工作）、协调性（要增加重大

项目在贫困地区非贫困村的占比，构建梯次化发展的新格局）、针对性（对相对贫困人口采取分类和有序推进治理）、治理手段与乡村振兴有效衔接、动态性（建立动态调整的评价和识别标准体系）和合理性（就全国而言相对贫困人口识别应以中西部农村地区平均发展水平或是农业发达县作为参照系）原则。曲延春等（2021）认为，相对贫困治理应采用复合测度标准，在构建农村相对贫困测度标准体系中必须坚持体现经济之"贫"、发展之"困"和农村相对贫困人口数量适度三大原则。

（二）治理路径研究

李祯（2021）等在结合实地调查研究的基础上，提出缓解农村相对贫困问题应该因地制宜，结合各地实际，设计发展路径。一是针对生态环境资源匮乏的乡村地区，可以采取各种搬迁方式先统筹解决生产生活问题，然后再结合城镇化和农业现代化完成脱贫。二是针对农业产业体系化程度低的乡村地区，可以通过优化农村农业布局—完善双层经营体制—壮大农业特色产业—大力发展乡村旅游和加大三产融合—拓宽增收渠道路径来缓解相对贫困。三是针对农产品市场对接程度低的乡村区域，要通过提升产业体系，增强与市场的对接能力路径来缓解相对贫困。具体措施包括：提升农产品加工能力，延伸产业链，实现农产品增值；通过对农村市场网络改造完善供应链；通过加大新型农业经营主体扶持力度建立农产品直供制度，实现农市对接；提高农业风险保障能力；进一步完善农产品信息发布制度，做好农村信息服务工作。四是针对社会保障程度不充分的乡村区域，要通过建立和完善统一的城乡居民医保制度、大病保险制度及医疗救助制度、低保标准动态调整机制、农村残疾人保障体系和扶持力度提升机制等乡村公共服务体系建设来缓解相对贫困状态。五是针对空心化、老龄化乡村区域，要在完善农村基本经营制度基础上，通过实行对外合作开放路径缓解相对贫困状况，具体方式包括：引导社会资本参加构建乡村产业发展共同体、通过完善利益分配机制培育发展农业新型产业化联合体、鼓励和支持优质的农村集体经济组织辐射带动相对落后的农村共同发展等。六是针对劳动力素质较低的乡村区域，要通过人才振兴路径缓解相对贫困。具体措施包括：吸收乡村实用型能人进村"两委"班子发挥带动作用、从省市机关选派优秀年轻干部下沉乡村做帮扶、结合新形势完善原有扶贫帮扶制度、继续发挥"三支一扶"、特岗教师等制度强化乡村就业项目开发。

曲延春（2021）等在分析相对贫困治理困境基础上提出，农村相对贫困治理应遵循四条有效路径，即通过提高相对贫困人口的工资性收入为重点，解决农村相对贫困人口之"贫"；通过大力推进城乡基本公共服务均等化改革来解决农村相对贫困人口发展权利之"困"；通过以"志智双扶"解决农村相对贫困人口发展能力之"困"；通过构建围绕"贫"与"困"为主要检测内容的返贫监测机制，做到早发现、早干预、早帮扶，防止相对贫困的发生。

（三）相对贫困治理机制设计研究

关于如何构建相对贫困治理机制，学界有不同的看法，不同的研究者从各自的研究视角出发，得出的研究成果虽有相似或相同的地方，但也存在一些差异。

赵迪等（2021）在梳理欧美国家的相对贫困治理经验过程中，发现他们的贫困治理运行机制由监测识别系统、就业扶持系统、社区治理系统、教育培训系统、防止返贫系统五部分共同组成一个整体的治理体系，每一个子系统分别治理不同的相对贫困子状态（见图 2-3）。

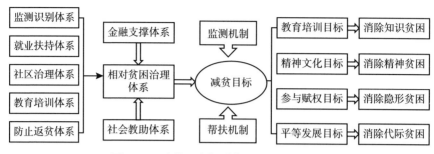

图 2 - 3   欧美国家相对贫困治理制度框架

资料来源：赵迪，罗慧娟. 欧美国家农村相对贫困治理的经验与启示 [J]. 世界农业，2021 (9)：12 - 26，67.

孙久文等（2021）探索了相对贫困治理运行机制中的精准瞄准问题，认为相对贫困治理对象的瞄准可以分成两个部分，即人口瞄准和区域瞄准。人口瞄准主要针对两类人口，一类是农村相对贫困人口，他（她）们是原来的绝对贫困人口脱贫而来，是农村脱贫人口中发展程度最低的人群中相对剥夺感最强的人群，是相对贫困治理的主要对象，主要包括农村建档立卡户、未进档边缘贫困户和因病因灾等致贫人口。另一类是城市相对贫困人口，主要包括以生活在城市的三无人员、下岗失业无业人员、在业低收入人员为代表的户籍贫困人口，以及以农民工为代表的城市流动贫困人口。区域瞄准建议从中国区域发展的实际情况和行政管理的区域稳定性视角出发，把相对贫困的区域识别继续沿用以县级行政区为基本单元，市级行政区为主要载体的传统思路。依据在于相对贫困人口仍然大量存在于农村，同时有利于与原来的贫困治理机制相衔接，而最终缓解农村相对贫困则需要更大的区域发展空间。栾文敬等（2021）在相对贫困瞄准机制构建上提出了社会工作介入的思路，认为作为第三方评估机构的社工组织介入对相对贫困目标的识别工作具有客观性、专业性与持续性的优势。

徐志明（2021）等依据多维标准，借鉴精准扶贫经验，在考察中国沿海发达地区相对贫困治理探索成果的基础上，构建了沿海发达地区农村相对贫困的治理机制（见图2-4）。该机制由包括精准识别、区域发展、产业扶持、就业扶持、社会保障、内生动力六个子系统构成的完整治理体系。

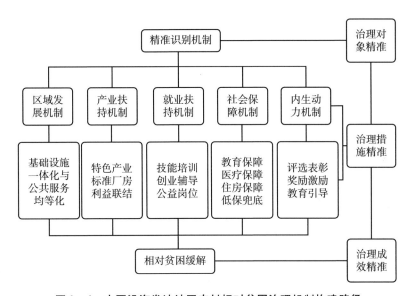

图2-4　中国沿海发达地区农村相对贫困治理机制构建路径

资料来源：徐志明．沿海发达地区农村相对贫困治理的实践探索与理论创新［J］．江海学刊，2021（5）：138-145．

王国敏等（2021）认为，既然相对贫困是能力贫困、制度贫困、文化贫困等多因素导致的综合体，所以治理相对贫困的机制构建应该跳出"运动式治理"的绝对贫困治理模式，建立以政府为主体的多主体协同的常规治理机制，整个治理机制由政府、社会、市场和个体四个子系统组成。在这种多方协同治理机制中，政府、市场、社会等各方参与者是一种平等协商关系，但在作用程度上则各有不同，具体表现为"政府主导、社会参与、市场促进、个体主动"。首先，政府主导机制主要有工作机制和制度安排两个方面，一是坚持相对贫困治理过程中，中央统筹、省（市）总负责和县（市、区）抓落实的工作机制，强化政府的负责和协调作用；二是加强相对贫困治理相关制度和政策的进一步完善与创新。其次，社会力量构成相对贫困治理的驱动力系统，驱动力的主体是各类社会组织、民营企业、各类高校和部分个体，这些社会力量既能发挥为扶贫供血和充当"毛细血管"的作用，又能真正下沉了解扶贫对象的真实需求，寻找实现长期发展和稳定脱贫的有效途径。再次，市场是相对贫困治理的"源动力"系统，核心是通过把市场的理念"复制"到贫困地区，达到激活贫困治理中的市场"源动力"的目的，这就需要全面引入市场主体和市场机制，完善与市场顺利运营相关的各项基础设施，同时还要构建防范化解市场风险机制。最后，相对贫困人口自身构成相对贫困治理的"主体力"系统。核心工作是引导贫困人口的脱贫主体意识，拓展其认知"宽带"，通过教育、技术输入、健康建设，提升贫困者的主动脱贫综合能力，最终达到缓解相对贫困的目标。

（四）农村相对贫困治理对策研究

1. 制度创新

所谓制度创新主要包括社会保障制度、调节收入分配的税收制度、土地使用制度等。胥爱贵（2017）将反贫困与社会保障兜底结合，对于丧失劳动能力、因病及其他不可控因素致贫的群体纳入社会保障范围，实行全面的帮扶，同时完善农村基本养老保险制度，有效减少和防控返贫。刘欢（2017）从贫困的精准识别出发，提出对于最贫困地区的循环贫困现象，已有的开发式扶贫不能惠及所有贫困人口，应该实行保障性扶贫，要靠社会救助来提高贫困人口抵御贫困风险的能力。张清霞（2011）、董金鹏（2021）等提出，由于不公平的收入分配在一定程度上抵销了经济增长的作用，使低收入者从经济增长中获益较少，因此首先应该在促进经济增长的同时，加大收入分配调节力度，完善与收入分配相关的税收制度与政策，实施针对性、倾向性的公共投资，运用经济、科技收入加大对种植业扶持力度；其次加快农村土地流转，加快农业现代化建设。这种合规适度流转一方面可以克服小农经营规模小的局限性；另一方面可以促进农村剩余劳动力向非农产业的转移，促进农民增收。

2. 产业扶贫

纪永茂（1995）在研究富裕村里相对贫困户的现状时提出，要通过调整产业结构，培植支柱型产业来实现相对贫困群体的增收，利用农业劳动力消耗量大、资金投入省的特点提出要主攻农业，开发高附加值农产品，与此同时尝试开发服务业；罗秀秀（2016）在研究中国农村居民家庭多维贫困的测度时提出，要改变传统的种植畜牧结构，发挥地区特有的比较优势，创新发展模式，利用优惠的金融政策吸引优秀企业入驻，逐步向第二、第三产业过渡，既可以解决当地人的就业问题，也可以多途径实现农民增收。

3. 引导鼓励就业和创业

打造农民致富内生动力，在劳动力市场激烈竞争的大环境下，有能力的高素质劳动力可实现非农就业，对于有创业意向的低收入群体利用政策引导，积极稳妥地确保相对贫困群体成为依靠自身劳动创造财富的社会主义劳动者，如利用政府创业补贴、贴息贷款发展挖掘乡村商机。

4. 增加财政投入

陈书（2012）认为，财政手段是政府优化社会福利水平的重要方式之一，政府应该加快社会保障建设，进一步扩大财政对社会保障的资金投入力度，尤其是要加大政府在农村建设方面的公共投入支出。曾晨晨（2010）在研究农村居民健康对我国农村人口相对贫困的影响时发现，疾病是导致农村居民贫困的主要原因，因此提出要加大财政支出在农村公共医疗卫生上的投资力度，逐步改善农村居民的健康状况，一方面可以减少因病致贫的人数，另一方面又可以预防农村居民陷入贫困。

5. 提高人力资本

罗秀秀（2012）提出，农村居民知识水平不高，不仅容易在个体身上形成贫困，这种贫困更容易通过代际传递，形成贫困的恶性循环。国家应该不断向贫困地区输入教育资金，让教育机会公平，农民的劳动力素质提高后，会增加获取其他方面能力的机会；汪燕敏（2009）在分析农村居民的身体健康状况和个人贫困发生概率之间的关系时提出，健康是人力资本一项非常重要的组成部分，所以减贫除了直接的经济杠杆作用外，提高相对贫困人口的人力资本也是反贫困的重要措施之一。朱荣皋（2010）提出，通过农村职教缓解农村家庭的相对贫困，主观上首先进行收入差距合理教育，使农民意识到中国经济在过渡转型期的贫富差距是正常现象，增强其对收入差距的心理承受能力；其次，通过培训教育学习农业知识，利用科技致富；最后，转变传统多子多福的观念，进行计划生育，提高人口素质。客观上可具体采取动员和培训先富者帮助贫困户的措施，学习国外农业先进经验，不断扩大农村中等收入阶层的比例。

6. 多管齐下缓解农村多维相对贫困

陶婧等（2021）在分析农村相对贫困多维性测度的基础上，认为治理农村相对贫困应该从不同维度构建三大机制，即以多方位、多途径发展经济为核心的持续增收机制，以政府、社会和市场等多元扶贫主体打造为核心的动态监测机制，以促进城乡一体化发展为目标的、有利于激发相对贫困群体主动脱贫能力的内生发展动力机制。

赵迪等（2021）在梳理欧美国家相对贫困治理经验过程中，结合中国农村相对贫困的实际状况，提出了推动中国农村相对贫困治理的政策框架。第一，要运用经济发展、社会发展、生态环境等多维贫困标准，参考欧美等国家基于人均家庭可支配收入中位数的一定比例设定相对贫困线，构建符合中国国情的相对贫困识别指标体系。第二，推广基于对脱贫人口充分"赋权"（让农民成为相对贫困治理主体，赋予其充分的参与权、决策权、执行权和监督权）的参与式相对贫困治理模式，改变政府主导的由"自上而下"扶贫模式改变为"自下而上"扶贫模式。第三，充分利用现有一切教育资源和教育设施，以各种形式、路径、手段，分层、分批提升相对贫困农户群体的自我脱贫能力与素养。第四，优化配置政府、社会、市场资源，构建多元主体参与的相对贫困治理体系。第五，从提升村民幸福感出发，运用心理干预等精神扶贫手段，强化农村相对贫困群体的正向心理预期，增强生活的满足感和幸福感。第六，将缓解相对贫困的减贫措施与乡村振兴政策措施结合起来，依托乡村产业发展，构建相对贫困可持续治理的长效机制，增加农民获得感、安全感，提升村民的主人翁意识。

7. 构建相对贫困治理的长效机制

随着精准脱贫任务在全国的完成，部分学者对贫困治理的研究转向对返贫防治的探索，其中，相对贫困治理长效机制的构建研究成为近年的一个研究热点，一些研究者已经取得了一定的研究成果。

袁江辉（2021）在研究黄河流域相对贫困测度的基础上，结合前人关于相对贫困治理相关研究成果和黄河流域农村的实际情况，提出了相对贫困治理长效机制构成体系，这个构成体系由一般性治理机制和长效治理机制两部分组成。一般性治理机制的核心是强化相对贫困治理的顶层设计，具体包括：第一，强化党对相对贫困治理的领导作用；第二，相对贫困治理理念转为帮扶常态化，目标转为兼顾防贫和能力提升相结合；第三，重点处理好发展和贫困治理、政府和市场、城镇贫困治理和乡村贫困治理、相对贫困治理和乡村振兴、整体贫困标准和区域贫困标准五对关系。长效治理机制由六个子机制共同组成，一是基于收入标准、多维标准、适当的区域差异标准、标准适时调整和完善的贫困人口数据库综合考虑的相对贫困动态识别机制；二是基于高质量的就业机会供给、优质就业环境塑造、分配制度完善和更合理的资源持续投入机制相结合的持续增收机制；三是基于偏向贫困地区的教育等公共服务均等化方面的资源投入、保障信息自由流动、重视基础教育和技能培训等应对农村相对贫困人口素质改进的能力提升机制；四是基于各类救助性政策整合、进行分类帮扶和城乡一体化社会保障机制构建的社会保障机制；五是基于"志智双扶"、脱贫正面榜样树立和适当惩罚相结合的代际阻断机制；六是从黄河流域生态保护实际出发，通过建立权责明确的制度体系、发展绿色产业、明确上中下游功能区定位、完善各级领导干部考核体系等路径构建的绿色发展机制。

钟海和卢芳许（2021）等认为，要解决相对贫困问题必须在坚持中国共产党的全面领导和核心地位的基础上，构建一个由常规性减贫与制度性治理相结合的、能够持续创新的相对贫困治理的长效机制，这个机制由相对贫困动态识别体检机制、自主发展能力建设造血机制、特色产业培育发展活血机制、兜底保障分类帮扶相结合的输血机制四大子机制共同组成。体检机制是长效治理机制的前提，由多元价值取向的相对贫困动态识别标准机制、运用现代信息技术与扶贫相关部门实地调研方式相结合的长期监测和动态预警机制共同组成。造血机制由职业技能培训、就业渠道拓宽、城乡教育资源结构优化、就业环境改善等具体路径组成。活血机制的核心是产业发展机制，关键在于培育产业，推进乡村振兴，这就需要基于地方资源优势选准特色产业、聚集融合和延伸相应产业链、做精叫响高质量农业产业品牌、抓关键加强技术创新。输血机制包括政策兜底保障机制和全社会兜底保障体系两部分，做到政策兜底要解决社会保障、进一步完善城市社会保障制度，以城乡社会保障一体化为目标，实现农村与城市社会保障的有效衔接。要完成全社会兜底保障体系，首先，要适时转变社会保障目标到相对贫困治理上来；其次，要在坚持政府为主体的基本社会保障体系下，重视社会力量的作用，通过引入市场机制，充分保障贫困群体的可持续增收，最终达成社会保障管理方式优化。

马莉和王广斌等（2021）对相对贫困治理长效机制构建的设想与其他研究者提出的设想内容基本相似，只是在用语上有些许差异。他们把相对贫困治理长效机制概括为由防返贫监测机制、相对贫困识别机制、产业治贫机制、城乡融合发展机制和社会保障机制五大部分组合而成的相互关联、相互制约的综合体。

8. 构建农村相对贫困监测预警机制

精准监测预警农村相对贫困的发生是控制和治理农村相对贫困发生的基本前提和关键。李洪、蒋龙志和何思好（2021）等基于农村人均可支配收入和多维相对贫困指数构建了农村相对贫困监测预警机制。该机制基于预警线和预警测度机制，将相对贫困程度划分成五个等级，一旦触发某个预警点，即发出信号，触发干预主体进行不同程度的干预（见图2-5），并以假设农村家庭人均可支配收入作为唯一预警线条件下，演示了相对贫困监测预警过程。

综上所述，贫困问题一直是学者研究的重要领域之一，并且研究也在不断深入。由于贫困问题有其特有的复杂性、相对性、动态性，所以学者对贫困问题的研究视角、研究方法、评价标准也随着经济社会的动态发展而发生改变。研究问题经历了从贫困识别、贫困度量、贫困产生的原因、贫困预警、贫困的治理对策等，直至扶贫效果的评价。在精准脱贫后，学者们将开始更多地关注相对贫困问题，已有的关于相对贫困的研究视角也开始从经济贫困转向能力贫困、知识性贫困、社会排斥、社会制度等角度看待贫困问题，由于相对贫困涉及的范围之广，尚未形成统一的标准来衡量相对贫困。且已有的关于相对贫困的研究大多还停留在定性分析上，偏重于对相对贫困现象的描述，强调缓解相对贫困对经济社会的重要性等方面，缺乏深入全面的定量分析。虽然已有学者开始从多维贫困的视角来识别农村贫困状况，主要是运用 A－F 方法或借鉴数学中的模糊集概念，虽然多维贫困的识别是未来相对贫困问题研究可以学习借鉴的地方，但由于制度、就业、社会剥夺、人们的主观心理等非经济指标的数据缺乏、可获取性难度大，是否能够真正有效识别多维贫困群体，并为扶贫实践提供理论支撑，尚缺乏实践检验，故已有的研究视角依然停留在绝对贫困层面，偏重于经济层面。虽然贫困是带有一定历史阶段性、地域性的综合问题，人们对贫困的认知也在不断深化，国内外学者对贫困的理解也有很多共同之处，贫困不再停留在能满足最低物质需求的层次，而是会随着社会发展进程呈现一定的动态性，涉及经济、政治、社会等领域。

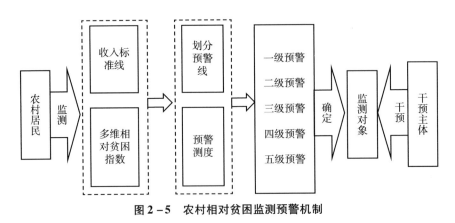

图 2－5　农村相对贫困监测预警机制

资料来源：李洪，蒋志龙，何思好. 农村相对贫困识别体系与监测预警机制研究——来自四川省×县的数据［J］. 农村经济，2020（11）：69－78.

六、文献研究简评

综上所述，虽然研究内容囊括了相对贫困问题的各个方面，研究的视角也丰富多样，但绝大部分研究都偏重于以理论探索为主，一方面，即使有许多研究者都提出了对策建议，但这些对策建议大多仍是针对一般性相对贫困问题，或者前人研究不足基础上的基于理论推导而得出的结论，与中国面临的相对贫困治理实际状况还存在一定偏差；另一方面，虽然有些学者进行了实证研究，但大多数研究也是基于面板数据展开的探索，研究结论阐述一般原理有余，解释特殊情况不足；只有少部分学者进行了田野调查基础上的实证研究尝试，这种研究能够真正反映中国特色，值得借鉴。因此，本研究将遵循田野调查的方法与基本思路，力图结合浙江省农村实际，调查分析浙江省率先推进的农村相对贫困治理实践，探索农村相对贫困治理的方法、路径选择，并在此基础上尝试农村相对贫困治理的政策创新。

第三章

相对贫困研究与治理相关理论

无论是科学研究还是科学实践的开展都需要理论的指导。相对贫困问题的探讨既是科学研究，又是科学实践。根据本书第二章的研究可知，学界对于相对贫困的内涵还没有形成明确而统一的界定。因此，本章根据学界研究的成果，结合农村相对贫困治理的实践经验，对相对贫困的内涵、特征等进行了明确界定。随后进一步阐述了相对贫困研究的经典理论，导入了适合中国乡村特征的农村相对贫困治理理论，为后续的实证研究提供理论分析支持。

一、相对贫困的界定

（一）贫困的绝对与相对

绝对贫困又称为生存贫困，主要是从满足个人或家庭基本生存需要的角度出发对贫困进行界定，而生存需要早期又被看成是人体的生理需要，具体是以满足人体所必需的热量标准或营养标准为基础进行的。由于贫困的阶段性和动态性，随着一国经济发展速度和人民生活水平的提高，社会公认且可接受的最低消费水准也会随之变化，且又出现了满足基本生活需要的非食物贫困线。英国的朗特里（Rowntree）和布思（Booth）是最早提出非食物贫困说法的学者，他们认为拥有一定数量的物品量和享有一定质量的服务对个人或家庭的生存是必要的，在这里经济学家已经突破了食物贫困的界限，倘若一个家庭或个体缺乏获得这些物品和服务的经济能力，那么表示他们正处于贫困的生活状况①。其中，西勃海姆在1899年对绝对贫困提出了最具代表性的定义，他认为贫困家庭最显著的生活状态就是该家庭在一定时期的总收入根本不足以维持家庭仅仅在物质上的生活必备所需。换句话说，绝对贫困是指在社会现有的生产生活条件下，个人或家庭获取收入的能力无法维持或保证其最基本的生存需要，从而陷入生存困境②。

国内外学者对相对贫困的界定尚未形成统一，但共同点在于相对贫困不完全指绝对意义上的物质生活水平。主流观点基于三个方面：其一，相对于平均水平而言，一个人或家庭的收入或生活水平低于社会平均水平所表现出来的贫困状态。相对贫困的个人或家庭所拥有的资源，虽然可以满足其基本的生活需要，即温饱问题已经解决，简单再生产能够维持，但低于社会公认的基本生活水平，缺乏扩大再生产的能力或能力很弱，通常只能维持远远低于平均生活水平的状况。其二，相对贫困研究视角从经济视角到非经济视角的转变，不再只是关注人们的物质生活水平，而是从社会排斥、相对剥夺、可行能力等视角来定义相对贫困，使相对贫困的测量、贫困成因的探究更加多样化。其三，是基于主观的心理感受或价值判断，认为相对贫困是一定社会的准则定义，每个人的角度和个人观点不同，个人眼中看到的相对贫困也不一样。

从逻辑关系上看，相对贫困比绝对贫困包含的范围要更广，因为相

① 王倩. 城市反贫困：政策比较与中国关怀［J］. 理论与改革，2020（3）：118 - 130.
② 王阳海. 西藏农牧区的贫困问题与反贫困财政政策［C］. 西部发展评论，2005.

对贫困包含了所有的贫困人口，而绝对贫困人口通常只包含了难以维持最低限度生活需要的社会底层群体，在相对贫困的人口中，总会存在一部分人，他们的收入水平与相对贫困人群相比收入更加有限、经济条件更加落后，但这部分暂时并未落入绝对贫困，属于"濒贫风险人群"，一旦经济状况往坏的方向稍有变化，这部分人群就可能陷入绝对贫困的境地，所以"濒贫风险人群"是属于在相对贫困与绝对贫困之间摆动的过渡层。

从研究范围看，绝对贫困把贫困单一锁定于经济范围，无论是把家庭还是个人作为贫困主体，都强调"生存必需"和最低限度的"必备需要"，绝对贫困在生活上的全部意义就在于维持生存；相对贫困将满足人们的需求和欲望从物质领域向精神领域和社会领域进行了拓展。从发展的角度看，随着社会生产力水平不断提高，以能否满足温饱问题为代表的绝对贫困必将是暂时的，而相对贫困必将是长期的，难以完全消除的。

相对贫困很难从与绝对贫困的紧密联系中剥离出来，相对贫困只是贫困问题存在的一种新形式，贫困的动态性是它永恒的特征，因此在贫困问题的研究上，相对贫困分析方法只能是绝对贫困分析方法的补充而不是替代。阿马蒂亚·森就曾指出，包括相对贫困在内的所有贫困的变形都不是贫困概念的唯一基础[①]。从发展的角度看，随着社会生产力和经济发展水平的不断提高，以能否满足包括温饱问题在内的基本生存需要为代表的绝对贫困必将是暂时的，而相对贫困问题必将是长期存在的，并且是难以完全消除的。截至2020年，从已有相关研究成果来看，经济发展水平更高的国家会采用相对贫困的定义，所以发达国家比我国更早经历了相对贫困的治理问题，我国正处于从已解决绝对贫困向缓解

---

① 杨立雄，谢丹丹."绝对的相对"，抑或"相对的绝对"——汤森和森的贫困理论比较 [J].财经科学，2007：64.

相对贫困过渡阶段，应该处理好绝对贫困与相对贫困的关系。

（二）相对贫困的内涵界定

结合前文对于相对贫困内涵及其评价标准的研究成果，我们认为相对贫困是与绝对贫困相对的概念，是在实现精准脱贫后整体上仍然处于发展弱势的群体，但该群体实际已经摆脱了全国扶贫层面上的绝对贫困境况，其人均收入、人均消费水平等可能已走在全国前列，能够满足现行生产生活条件下的基本生活需要，甚至能够进行简单扩大再生产，但其主观上认为自己仍然处于贫困状态，客观上则在一定社会区域内处在社会整体的末端的弱势群体，并且极易再次坠入绝对贫困。由此，我们把相对贫困定义为一个人或一个家庭在某一个计算区间内（通常为一年）的总体收益比社会平均收益水平少到一定程度所表现出来的贫困状况，它是根据低收益者与社会其他成员收益的差距来判定的贫困，本质上是一种比较贫困；比较的标准是相对剥夺，即在社会经济发展到一定阶段，家庭在基本生活需要已经得到满足的情况下，达到社会平均水平的物质和服务被剥夺的状态，被剥夺的程度反映了相对贫困的程度。这种比较一方面是与自身的过去进行纵向比较，如果达不到预期，则认为是贫困；另一方面进行横向比较，包括区域之间、行业之间、区域或行业内部之间的比较，如果差距不能满足认知标准，则视为仍然处于贫困状态。因此，相对贫困通常是将收益最低的一定百分比（比如5%、10%或者20%等）的家庭总收益与其他家庭的总收益进行比较，一般采取多维方法对收益进行衡量。

一个家庭总体收益的测量可以使用单一指标，如收入等，也可以采用多维指标，如家庭特征、家庭收入、消费、固定资产、就业、受教育程度、专业技能、社会关系、乡村区位、产业发展等。为了表述方便和便于理解，本研究在阐述相对贫困现状时采用了单一指标，即收入指标来进行相对贫困划分；而研究相对贫困影响因素时则采用多维标准，以便于更准确地揭示农村相对贫困产生的根源。

由此，相对贫困的基本要素至少包括以下四个方面。

第一，相对贫困的本质在于相对性。相对性是指与一定的变化着的参照系数相比较而言的，比较的对象是处于相同社会经济环境下的其他社会成员，比较的标准一般是多维的综合指标。

第二，相对贫困的动态性。相对贫困的标准会随着经济的发展、收入水平的变化以及社会环境的变化等而不断变化。

第三，相对贫困的不平等性。相对贫困描述的是社会不同成员的整体收益差距和分配上的事实不均等。

第四，相对贫困的主观性。由于相对贫困的比较性，它依赖于一定的主观价值判断。一般都会采用横向比较，而不是纵向比较。

二、相对贫困研究经典理论

（一）收入贫困理论

这一理论最早由英国管理学家朗特里于 1901 年对其进行了界定，收入贫困论中对贫困是这样界定的：它是从一个家庭经济状况的角度出发进行界定的，如果一个家庭在一定时期所有家庭成员收入之和即家庭总收入，不足以支付家庭所有成员最低生活需要的家庭开支，这样的家庭就是明显陷入了贫困，这也是朗特里首次从家庭总收入的角度来界定贫困和贫困线[①]。后来该理论被推及到个人收入贫困的度量上，从此收

---

① 朗特里. 贫困：城镇生活研究 [M]. 伦敦：英国伦敦麦克米伦公司出版社，1901.

入贫困理论作为衡量一个家庭或个人生活状况的重要指标，统计和测算起来也更为方便，因此在反贫困的实践领域也被广泛应用，也受到了许多经济学家和社会学家的认可，这种易于量化的经典理论至今仍被沿用。此后，又有不同经济学家对收入贫困理论进行了相似界定，如美国经济学家雷诺兹用收入贫困来界定绝对贫困，即指缺乏足够的收入维持一个家庭基本的生活水平的状态①。在实践应用领域中，世界银行、国际劳动组织、社会保障局及各国政府的贫困标准都将贫困看成是一种收入相对较少的状态，进而进行贫困标准的制定及贫困的测量。

（二）能力贫困理论

阿马蒂亚·森首次将贫困看成是一个人基本可行能力的剥夺，这也是他首创的能力贫困论②。在该理论中，阿马蒂亚·森将能力看成是一种自由，是一个人可以利用各种不同的功能性组合实现各种功能性活动的自由，通过各种功能性活动可以实现选择不同的生活状态。这种能力，或者说这种自由包含着丰富的内容，它包含着一个人通过个人选择实现基本食物供给的获取、健康资本的保持等其他基本生存需要的方面，更包含着人的发展能力的更高层面，例如，公民参与国家治理的政治自由、获得尊严与体面的自由、公平接受教育的机会等高层次需求。

（三）人力资本贫困理论

人力资本是指包含健康状况、专业技能、知识水平在内的体现在劳

---

① 雷诺兹. 微观经济学［M］. 马宾，译. 北京：商务印书馆，1999.
② 阿马蒂亚·森. 以自由看待发展［M］. 任赜，于真，译. 北京：中国人民大学出版社，2002.

动者身上的一种资本，属于非物质资本。该理论最早是在 20 世纪 60 年代由舒尔茨提出的，他首次将资本划分为人力资本和物质资本，并用于贫困问题的研究[①]。个人贫困的原因主要表现为劳动者健康状况堪忧、缺乏专业技能和知识水平等，这些根本原因都是人力资本匮乏的表现，而不仅仅是物质资本短缺。后来，以阿玛蒂亚·森为代表的研究者提出的"能力贫困论"与舒尔茨提出的"人力资本贫困论"有异曲同工之处，他们都认为解决贫困问题的根本途径是提高个人的发展能力，而发展能力的不足皆是人力资本匮乏的表现。因此，早期注重对个人能力的提升，即对人力资本进行投资，是反贫困的有效途径和理性选择。人力资本的投资具体可以通过加强医疗保健意识来增强健康资本，通过接受教育来提高知识水平，通过职业技能培训来提高劳动者就业能力，这些在无形中都可以帮助穷人摆脱贫困。

（四）社会排斥理论[*]

社会排斥的概念最早出现在法国，是指个体处在没有基本生活保障的状态不被社会所接纳（Lenoir，1974）。勒内在对法国进行考察时认为，受社会排斥的人包括身体有残疾或智障者、老年患病者、药物滥用者、过失者、单亲家庭或多问题家庭、边缘家庭和叛逆者等。继勒内之后，一些学者进一步扩展了受排斥的群体范围，如希尔福（Silver，1995）就指出，人们可能在诸多方面遭受到排斥，比如，就业、住房、信贷、教育、福利、法律和民主参与、种族、公共物品、尊重、理解等。

社会排斥和贫困有着密切的联系，人们因为缺乏包括金钱在内的

---

① https：//www.nobelprize.org/prizes/economc-sciences/1979/schultz/facts/.

* 黄佳豪. 西方社会排斥理论研究述略［J］. 理论与现代化，2008（6）：97 – 103.

物质财产而常常被排斥在社会之外。欧盟（EEC，1993）认为："贫困应被理解为个体或家庭因物质资源缺乏而被排斥在社会成员普遍接受的最低限度之外。"世界银行在其《2000/2001 年世界发展报告》中明确指出，"贫困不仅指人获取经济收入的能力不足，更表现在人在面临外部环境冲击时所表现的脆弱性，包括无发言权和受社会排斥等方面"。但是贫困与社会排斥并不完全是同步的，我们不能说一个人处于贫困状态就一定遭受了社会排斥，或者一个人因为遭受社会排斥我们就判断他处于贫困状态；而实际上也可能存在人们可能在没有被社会排斥时处在贫困状态，而在没有处于贫困状态时却被社会排斥的情况。

社会排斥思想的意义在于强调了个体自身特征所引起的能力缺失，以及由此产生的贫困，比如，查理斯·戈尔（Charles Gore）就把社会排斥视作社会能力的剥夺。社会排斥的方法侧重于观察个体和社会全体的关系，通过考察个体在社会活动中的基本活动来衡量其贫困的程度，如调查个体参与经济活动的情况、社会活动中的发言权和受尊重情况等。在政策方面，社会排斥强调消除群体歧视，给个体在经济福利待遇和社会生活上以平等的待遇，使个体更多地参与到社会活动中来，从而实现其自身价值。

（五）经济增长贫困论

经济增长贫困论强调经济发展速度的快慢是造成是否贫困的主要原因。发展中国家因为经济发展过慢，无法为人民提供足够的收入，所以陷入贫困；而发达国家因为资本充裕、物资充足、产出丰富，所以人均收入水平较高，贫困减少甚至消失。这一理论具体又有不同的分支，典型的有贫困的恶性循环理论（罗格纳克斯，1953）、低水平均衡陷阱理论（纳尔逊，1956）、临界最小努力理论（莱宾斯坦，1957）等。

（六）制度贫困理论

制度贫困理论也称为社会发展贫困论。该理论认为，一个社会的根本制度安排和相应的制度设计如果缺乏科学性，就会导致社会不公正现象的发生，进而引发贫困问题的发生。这一理论具体有卢梭的不平等理论、马克思主义的贫困理论和发展经济学与新制度学派的贫困理论等。卢梭的不平等理论认为，贫富悬殊的原因在于私有制及国家对私有制的维护与推动①。马克思主义贫困论认为，资本主义制度是造成贫困的主要原因②。现代发展经济学和新制度经济学贫困理论认为，贫困的主因在于国家管理的制度设计缺乏科学性，导致贫困地区和贫困人口不能享受经济发展的成果③。

三、相对贫困治理相关理论

（一）需求层次理论

需求层次理论是美国心理学家亚伯拉罕·马斯洛在 1943 年出版的《人类激励理论》一书中提出来的，故又称马斯洛需求层次理论。在这一理论中，马斯洛把人的需求分为生理、安全、爱与归属、尊重、自我

① 卢梭. 论人类不平等的起源与基础 [M]. 陈伟功，吴金生，译. 北京：北京出版社，2010.

② 卡尔·马克思. 1844 年经济学哲学手稿 [M]. 中共中央马克思恩格斯列宁斯大林著作编译局，译. 北京：人民出版社出版，2000.

③ 黄渊基. 贫困与反贫困的理论变迁和实施经验——一个制度经济学视角的研究 [J]. 云梦学刊，2017（38）：45–56.

实现五个层次，五大需求是逐级形成的并依次得到满足的。其中，生理需求是最低层次需求，依次向上，自我实现需求是最高层次。该理论揭示了如果人的低层次需求一旦得到基本满足，那么对于该层次需求的热衷度就会降低，个体行动的主要动因将变成满足自身更高层次需求的追求。需求层次论在社会发展中对于促进个体实现自己的个人目标和追求幸福方面发挥着重要的作用，这对研究相对贫困治理问题具有启示意义。精准脱贫解决了贫困群体的生存需要之后，将进一步追求更高的需求，但他们在获取人身安全权利、社会身份认同、他人尊重，甚至追求自我实现等方面的方式方法、途径机会等能力都可能弱于社会中的其他群体。因此，精准脱贫后的后扶贫时代，相对贫困治理仍需要在精准施策、全方位治理方面开拓新的思路。

（二）家庭生命周期理论

家庭生命周期的概念来自 20 世纪英国学者郎特里（Rowntree）的论述，该理论把家庭生命周期解释为个体离开家庭、通过婚姻进行家庭的联合与建立、拥有孩子、孩子离开家庭、接纳代际角色变化后进入生命晚期家庭的整个过程。家庭生命周期处于不同阶段，家庭的收入、支出压力也不尽相同，一定程度上会导致部分家庭陷入贫困或贫困的边缘。近年来，随着中国老龄化社会的到来，很多学者开始用生命周期理论来研究和解释社会保障、民生政策等诸多领域面临的问题。在贫困问题研究，特别是精准脱贫后时代的相对贫困问题的研究实践中，也受到了越来越多学者的重视。

（三）协同治理理论

协同治理是一门新兴的交叉学科理论，它把自然科学中关于系统的各个部分之间相互协调合作而产生集体效应的研究成果引入公共行政领域，强调跨域性公共事务必须进行协同合作才能有效治理，而单一政府部门难以实现。协同治理理论既强调多元主体之间有序合作的结果导向，也强调主体之间平等协商、协同合作的过程导向，以便使治理体系内部子系统实现有机结合，从而产生整体大于部分之和的系统性治理效果。相对贫困的治理对于以往的贫困治理模式而言是一项全新的挑战，其中涉及的多元主体如何在合作的基础上更进一步发挥作用是一个必须思考的问题。相对于绝对贫困治理来说，相对贫困的治理更加强调各个扶贫主体的内部和谐性，重视被帮扶对象的平等性，这与协同治理理论在内涵上有共通之处。因此，相对贫困的多维性和复杂性要求治理主体必须多元化，同时还要做好协同有序的合作，只有整合多方主体力量，通过协同治理提供现代化治理框架，才能确保相对贫困治理的整体治理效能。

（四）网格化治理理论

网格化治理兴起于20世纪90年代的网格技术应用过程中，该技术最初被广泛应用于电力和计算机行业，目的是消除资源和信息的不畅通，实现资源的互联互通和协同工作。此后，其出色的管理效果使网格化管理被广泛应用于社会治理领域，大大提高了治理效率和资源分配的公平性。网格化社会管理的核心是运用地理编码技术、信息技术、现代通信技术等把不同街道、社区划分为若干个网格，同时把街道社区的人、事、资源、组织等要素放在相应的网格单元内，进而再把网格单元形成多维信息系统，并借助反馈系统，将在区域内发现的各种问题及时传递到指挥管理平台，然后由平台及时通知相应职能部门解决问题，从而提升城乡社区全方位、高效率的管理效能。把网格化治理理论应用于农村相对贫困治理，可以实现优化和校准相对贫困治理的具体流程与靶向，防范和化解因相对贫困而产生的各种基层社会矛盾，从底层逻辑层面确保相对贫困识别、治理和预警的精准性，便利相对贫困治理主体的信息交流，有利于多元主体的有序合作和高效沟通。

（五）社会比较理论

社会比较理论最早是由美国心理学家利昂·费斯廷格（Leon Festinger）于1954年提出，主要指个体在缺乏客观依据的情况下，利用他人作为标准，进行自我评价。费斯廷格认为，通过社会比较可提高个体自信心，这种比较也能为自我完善构建合理基础[①]。社会比较理论认为，社会比较是一种普遍的大众心理，通过社会比较可以更好地帮助人们认识自身，激发行为动机。构成社会比较有三个基本条件，一是评价主体认为自己有能力、有必要进行自我评价，并且评价自己是有意义的；二是有可用于评价的客观的物理标准，否则就选择与他人进行比较；三是容易被选作比较对象的往往是与自己类似的人。把这一理论应用于农村相对贫困治理，可以很好地解释：一些农户实际上生活状态已经相当不错的情况下，为什么还会认为自己仍然处于贫困状态的原因，无论是经济发达地区还是欠发达地区，该现象都普遍存在。因此，把该理论应用到农村相对贫困治理政策的设计上，使政策更有客观性和实效性，也更易被农村居民所理解和接受。

---

① https：//baike. baidu. com/item/社会比较理论/537825？fv = ge_ala.

第四章 /

精准脱贫后浙江省农村相对
贫困基本状态分析[*]

　　浙江省在2015年底高标准（国家规定的脱贫标准为农村居民年人均可支配收入2300元，浙江省标准4600元）提前五年宣布全面完成精准脱贫任务后，贫困治理工作的重点转向确保原有贫困农户比较集中的26个贫困县的可持续发展和农村低收入群体的全面发展。由于浙江省的脱贫标准高于全国标准1倍，所以浙江省农村低收入群体实际上较全国来看并不贫困，只能看作是相对贫困。基于此种认识，本章着重从各个视角对精准脱贫后的浙江省农村相对贫困的治理进行多方位的阐述，目的在于全面展示浙江省农村相对贫困的认定、基本特征、区域差异、治理路径和主要政策。

一、浙江省26个原贫困县（市、区）农村居民收入增长概况（2015~2019年）

　　自2015年以来，在各级政府相关贫困治理政策的扶持下，浙江省

---

[*] 本章部分内容参考了杭州师范大学方湖柳教授研究团队的研究成果。

78

26个原贫困县农村经济实现了较快发展、农村居民生活条件得到明显改善（见表4-1）。

表4-1　2015～2019年浙江省原26个贫困县（市、区）城乡居民收入增长情况

指标		2015年	2016年	2017年	2018年	2019年
全省人均可支配收入（元）		35537	38529	42046	45840	49899
全省农村居民人均可支配收入（元）		21125	22866	24956	27302	29876
序号	县（市、区）名称	农村居民人均可支配收入（元）				
		2015年	2016年	2017年	2018年	2019年
1	淳安县	14632	16110	17721	19316	21074
2	永嘉县	16938	18391	20271	22190	24550
3	平阳县	17372	18861	20725	22730	24957
4	苍南县	17023	18470	20286	22166	24320
5	文成县	13174	14414	15859	17352	19128
6	泰顺县	12973	14230	15532	17018	18805
7	武义县	13672	14834	16261	17899	19656
8	磐安县	13400	14656	16160	17809	19461
9	柯城区	17780	19416	21260	23416	25810
10	衢江区	15154	16533	18153	19899	21888
11	常山县	15333	16713	18317	20184	22149
12	开化县	13124	14371	15736	17283	19001
13	龙游县	17099	18621	20502	22636	24856
14	江山市	18325	19956	21932	24082	26391
15	三门县	18188	20428	22241	24313	26601
16	天台县	17401	18947	20697	22468	24644
17	仙居县	15930	17453	19129	20970	22962
18	莲都区	19329	21260	23407	25701	28220

序号	县（市、区）名称	农村居民人均可支配收入（元）				
		2015 年	2016 年	2017 年	2018 年	2019 年
19	青田县	17103	18830	20713	22825	25222
20	缙云县	14772	16130	17711	19571	21489
21	遂昌县	14196	15545	17100	18811	20749
22	松阳县	13267	14501	15908	17546	19371
23	云和县	14018	15420	16900	18573	20467
24	庆元县	12973	14244	15626	17157	18856
25	景宁县	13663	14989	16503	18170	20005
26	龙泉市	15906	17497	19282	21249	23459

注：项目批准时间为 2018 年，项目开题时间为 2018 年底，故数据选取截至 2019 年。

资料来源：笔者根据历年《浙江统计年鉴》和《衢州市统计年鉴》整理。

根据浙江省统计局公布的相关数据显示：

首先，从浙江省 26 个贫困县人均可支配收入的绝对数值来看，2015 年浙江省 26 个贫困县中，农村居民人均可支配收入最低为 12973 元，最高为 19329 元；至 2019 年，26 个贫困县中，农村居民人均可支配收入最低为 18805 元，最高为 28220 元，说明随着浙江省一系列扶贫政策的实施，浙江省 26 个贫困县农村居民的生活条件得到了明显改善。

其次，从浙江省 26 个贫困县人均可支配收入与浙江省整体居民人均可支配收入及浙江省农村居民人均可支配收入的差距来看，2015 年浙江省 26 个贫困县中，农村居民人均可支配收入最低为 12973 元，与 2015 年浙江省人均可支配收入 35537 元及浙江省农村居民人均可支配收入 21125 元相比，分别相差 22564 元和 8152 元；2015 年 26 个贫困县中，农村居民人均可支配收入最高为 19327 元，与浙江省人均可支配收入和浙江省农村居民人均可支配收入相比，分别相差 16210 元和 1798

元。至 2019 年，26 个贫困县中，农村居民人均可支配收入最低为 18805 元，与当年浙江省人均可支配收入 49899 元和浙江省农村居民人均可支配收入 29876 元之间的差距分别为 31094 元和 11071 元；2019 年 26 个贫困县中，农村居民人均可支配收入最高为 28220 元，与浙江省人均可支配收入和浙江省农村居民人均可支配收入分别相差 21679 元和 1656 元。说明虽然浙江省 26 个贫困县的经济条件得到改善，但其与浙江省整体居民经济发展之间还存在着较大的发展差距，与浙江省整体农村居民经济发展之间也存在一定的差距。

最后，从 26 个贫困县农村居民人均可支配收入的发展趋势来看（见图 4－1、表 4－1），2015～2019 年，浙江省 26 个贫困县农村居民人均可支配收入均呈现出稳步上升态势，如淳安县的农村居民人均可支配收入由 2015 年的 14632 元增至 2019 年的 21074 元、永嘉县由 2015 年的 16938 元增至 2019 年的 24550 元、平阳县由 2015 年的 17372 元增至 2019 年的 24957 元、苍南县由 2015 年的 17023 元增至 2019 年的 24320 元等。通过数据可以看出，自 2015 年以来，浙江省 26 个贫困县农村居民的人均可支配收入在稳步增长，呈现出良好的发展态势。

截至 2015 年底，浙江省宣布完成绝对贫困治理任务后，贫困治理的主要议题将转至解决相对贫困、消除次生贫困、统筹城乡贫困等诸多新挑战上。"十四五"期间，由于浙江省受经济增速、产业结构、城镇化、国际环境、农民收入等的影响，其相对贫困总体格局将发生变化，相对贫困人群主要由"边缘"人群、进城农民工、老人、妇女、残疾人等重点群体构成。其中，低保人群成为主要的相对贫困治理对象。在区域分布上，浙江省的东北部地区压力相对较小，而其中部和西南部地区将成为主要的相对贫困人口集中区，压力相对较大。伴随外来人口数量持续增加，以及浙江省内的人口转移，相对贫困人口的区域分布也将发生变化。

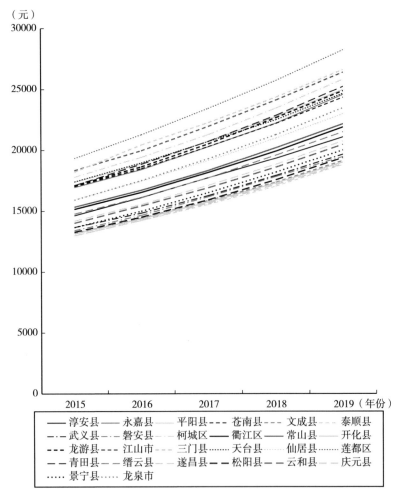

（元）

图 4 - 1　2015 ~ 2019 年浙江省原 26 贫困县（市、区）农村居民可支配收入变动

资料来源：笔者根据历年《浙江统计年鉴》和《衢州市统计年鉴》整理。

二、浙江省农村相对贫困农户的认定

如前所述，由于浙江省的脱贫标准高于全国 1 倍，因此低收入农户实际上就相当于浙江省的相对贫困农户，其认定比例基本控制在农村总人口（户）的 5% ~ 6% ，这一控制量符合国际上的通行标准百分比。

（一）相对贫困农户的界定

根据 2016 年 12 月 6 日浙江省农业和农村工作办公室、浙江省扶贫办公室和浙江省民政厅共同颁布的《浙江省低收入农户认定标准、认定机制及动态管理办法》规定，相对贫困农户是指农村居民（以户为单位）其人均可支配收入在当地农村居民中明显偏低、经县级以上人民政府认定的经济困难农户，包括"4600 元"低收入农户巩固扶持对象、最低生活保障对象、最低生活保障边缘对象和其他经济困难农户。

相对贫困农户的总量以最低生活保障和最低生活保障边缘对象为基础，县级以上人民政府根据本地实际和分类救助的需要，按上一年度农村居民总人口 5% 的比例确定相对贫困农户的总量，其中，丽水市、衢州市、温州市、台州市、金华市等分布原贫困县较多的市的相对贫困农户总量可以高于 5% 的比例。

（二）相对贫困农户的认定标准与收入、财产计算

相对贫困农户的认定收入由两部分组成，即家庭收入和拥有的财产。家庭收入包括农户及与其共同生活的其他家庭成员在某一期限内拥有的全部可支配收入，其中重点是扣除缴纳的个人所得税及缴纳的社会保障性支出后的工资性收入、经营性收入、财产性收入、转移性收入等。所拥有的财产主要包括存款、房产和生活用轿车等。在具体计算总收入过程中，再综合考虑各类贫困户的具体特征，参考某些扣除项，如中央确定的农村居民基本养老保险基础养老金、低于当地同期 6 年的最低生活保障标准之和的家庭货币财产等；有些收入折算计入总收入，如自住房屋或门面房出租收取的年租金、出租农田给他人耕种的租金收入、山林的年均产出经济收入、出租山林给他人经营的租金收入等，具

体如何测算由县级以上人民政府对上述情形作出具体规定。

（三）相对贫困农户的认定流程与规范管理

1. 认定流程

浙江省农村相对贫困的认定遵循"申请—受理—经济状况核查—镇街审核—民政局审批落实"的基本程序展开（见图4-2）。

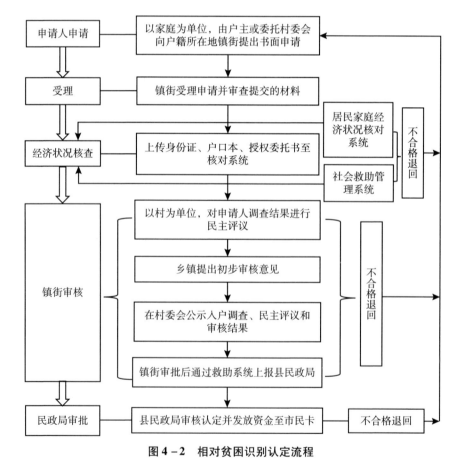

图4-2 相对贫困识别认定流程

资料来源：笔者绘制。

2. 相对贫困农户的管理

相对贫困农户的贫困状况评估采用多维贫困指数理论，综合调查家庭健康、教育、住房等与生活水平相关的情况来识别家庭贫困程度。对相对贫困农户，实行动态管理制度，对家庭成员发生死亡、增加和迁移等变化，在管理系统内进行及时增减。各地管理部门相互配合，及时收集、整理相对贫困农户家庭人员、收入、住房、健康等基本情况信息，确保数据真实可靠，做到不漏户、不漏人，每年对辖区内相对贫困农户复核调整一次。

三、浙江省农村相对贫困的基本特征

（一）扶贫对象多元化

伴随脱贫攻坚战获得胜利，2020 年将全面完成绝对贫困人口治理任务，贫困人口也将发生结构性转变。随着城镇化进程不断推进，更多的农村人口将会进入城镇，这些由农村进入城市的人口将会是相对贫困人口的重要组成部分。浙江省作为贫困治理的先行者，进入相对贫困时期，面对的治理对象也更加多元。2017 年，浙江省民政厅、省农业和农村工作办公室、省扶贫办公室联合制定了《浙江省低收入农户认定标准、认定机制及动态管理办法》，将"相对贫困"扶贫对象确定为低保对象、低保边缘对象和"4600 元"低收入农户巩固扶持对象三类，并明确前两类为主体。截至 2020 年 5 月底，全省在册低保对象 64.04 万人，低保边缘对象 23.26 万人，特困供养人员 2.87 万人，从数量上看，低保对象是相对贫困人群中的重点[①]。

---

① 浙江省民政厅，http：//mzt.zj.gov.cn/art/2020/7/30/art_1229569190_4949313.html.

随着老龄化程度的不断提高，农村青壮年的流出，留守农村的儿童、妇女和老人更易陷入贫困。浙江省过去的贫困人群构成只包含4600元以下低收入农户；"十四五"期间，贫困人群将转变成包含"边缘"人群、进城农民工、老人、儿童、妇女、残疾人等多类重要群体的复杂结构。这些"新贫困群体"的出现，将导致相对贫困治理难度加大。

（二）区域分布差异化

浙江省相对贫困不平衡的问题依然存在，2020年城乡居民可支配收入倍差高达1.96①，农村与城市间低保人数倍差高达5.13（见表4-2）。但随着城镇化的推进，浙江省呈现出农村贫困向城市贫困转移的趋势，城镇流动性贫困群体数量增加。2020年第一季度，台州市城市低保人数与特困人员救助供养人数已超过农村。过去农村中的绝对贫困人口以相对贫困形态转移到城市，由于能力和文化水平的限制使他们成为城市中的新贫困人口。城市贫困问题逐渐凸显，相应的治理措施亟待加强与创新。

表4-2　　　　2020年第一季度浙江省相对贫困人口分布情况　　　单位：人

地区	城市低保人数	农村低保人数	临时救助人数	城市特困人员救助供养人数	农村特困人员救助供养人数
浙江省	105752	542963	36988	2902	25840
杭州市	20037	8200	4856	205	2879

① 根据年度统计调查结果，2020年，浙江省城镇常住居民人均可支配收入62699元，农村常住居民人均可支配收入31930元，倍差1.96（http://tjj.zj.gov.cn/art/2021/2/3/art_1229129205_4445429.html）。

地区	城市低保人数	农村低保人数	临时救助人数	城市特困人员救助供养人数	农村特困人员救助供养人数
宁波市	7982	51457	3466	393	3067
温州市	10424	113135	3011	211	4472
嘉兴市	4980	20901	2545	184	1366
湖州市	3526	23786	1556	204	1274
绍兴市	5197	34316	1613	290	1433
金华市	2188	48359	4021	99	3503
衢州市	2863	59802	7743	50	3079
舟山市	1308	7662	743	55	611
台州市	44328	32022	3397	1091	1074
丽水市	2919	69487	4037	120	3082

资料来源：笔者根据浙江省民政厅统计数据整理。

由于浙江省内各市区位条件和资源禀赋存在较大差异，区域间相对贫困不平衡问题也较为严重。从浙江省各市每万人中的贫困人口分布看（见表4-2），浙江省内城市贫困人口主要集中于台州市，农村贫困人口主要集中在温州市、衢州市与丽水市，临时救助人口主要集中在衢州市与丽水市。从区域分布看（见表4-3、表4-4），2020年全省城市低保人口中，浙江省东北部地区每万人中城市占13人，农村占68人；浙江省中部地区，每万人中城市占27人，农村占92人；浙江省西南部地区，每万人中城市占11人，农村占245人。浙江省西南部地区和浙江省中部地区是低收入人口的主要分布区域，面临较大的贫困压力，也是将来相对贫困治理的重点区域。

表 4-3　　　　2020 年第一季度浙江省每万人中相对贫困人口分布情况　　　单位：人

地区	城市低保 人数	农村低保 人数	临时救助 人数	城市特困人员 救助供养人数	农村特困人员 救助供养人数
浙江省	17.99	92.36	6.29	0.49	4.40
杭州市	19.34	79.15	4.69	0.20	2.78
宁波市	9.34	60.24	4.06	0.46	3.59
温州市	11.21	121.65	3.24	0.23	4.81
嘉兴市	10.54	44.23	5.39	0.39	2.89
湖州市	13.20	89.05	5.83	0.076	4.77
绍兴市	10.32	68.15	3.20	0.58	2.85
金华市	3.93	86.98	7.23	0.18	6.30
衢州市	11.11	232.15	30.06	0.19	11.95
舟山市	11.20	65.60	3.36	0.47	5.23
台州市	72.21	52.16	5.53	1.78	1.75
丽水市	10.87	256.60	14.91	0.44	11.38

资料来源：笔者根据浙江省民政厅统计数据整理计算。

表 4-4　　　　　2020 年第一季度浙江省相对贫困人口区域分布情况　　　单位：人

区域	城市低保人数	农村低保人数	每万人中城市 低保人数	每万人中农村 低保人数
浙江省东北部	43030	220122	13	68
浙江省中部	56940	193552	27	92
浙江省西南部	5782	129289	11	245

资料来源：笔者根据浙江省民政厅统计数据整理计算。

（三）致贫因素复杂化

与绝对贫困相比较，影响相对贫困的因素更为复杂。浙江省作为我国东部沿海的发达省份，在经济领先的同时，其致贫因素也更具复杂性。既有市场波动等经济性因素，又有自然灾害、意外事故等非经济性因素；既有产业更替等周期性因素，又有技术进步等结构性因素；既有贫困人口自身的脆弱性等客观性因素，又有贫困文化融入、社会排斥等主观性因素，还有教育、医疗、社会保障等公共产品供给因素，且呈现出交叉融合的特点。现实中的风险也呈现多元化，包括自然风险、市场风险、技术风险、政策风险等。

（四）治理任务高标化

2020 年后，扶贫工作将进入相对贫困治理的新时代。由于相对贫困治理对象的多元性、致贫要素的复杂性，相对贫困治理体系需进行重塑，主要任务是完成以下转换：一是从单纯降低贫困发生率向建立持久的防返贫机制转换；二是从主要解决收入贫困向解决多维贫困转换；三是从"运动式"扶贫向常态化扶贫机制构建转换，形成动态和更高质量的扶贫体系。与绝对贫困相比，相对贫困消除没有明确终点，必将经历一个长期的动态过程。脱贫攻坚成果的巩固与防止返贫工作是相对贫困治理工作的重要组成部分，需要针对脱贫攻坚的后续工作即防止返贫与脱贫成效巩固等持续用力；四是应从"输血式"扶贫转向"造血式"，否则将面临脱贫人口的脆弱性和返贫风险等困境；五是从多头多方治理向集中统一管理转化。

四、浙江省农村相对贫困农户特征的区域差异

为了进一步了解浙江省农村相对贫困农户特征区域差异，课题组于 2019 年 6 ~ 8 月对浙江省 11 个地市的农村地区的部分农村开展了抽样调查（见表 4 - 5），具体包括杭州市、宁波市、温州市、绍兴市、湖州

市、嘉兴市、金华市、衢州市、台州市、丽水市、舟山市。为保证样本数据的代表性，剔除了样本数据不足的两个地区，分别是宁波市和湖州市。课题组在实地调研过程中采用问答式问卷访谈的方法收集农户数据。共发放农户问卷673份，回收有效问卷609份，问卷有效回收率为91.9%。问卷主要涉及个人及家庭基本特征、受教育状况及社会关系、乡村区位及产业发展状况、家庭生活条件。整个调查过程分为问卷设计、预调查、问卷修正、大范围调查、问卷分析五个阶段，保证了问卷的有效性。调查结果显示，浙江省农村相对贫困农户既有共同点，也有明显的区域差异。

表4-5　　　　　　　　　　　调研样本地区分布

地区	频数	频率（%）
杭州	80	13.2
温州	49	8.1
绍兴	86	14.2
嘉兴	62	10.2
金华	83	13.7
衢州	42	6.9
台州	97	16.0
丽水	62	10.2
舟山	45	7.4

资料来源：笔者根据调查数据计算所得。

（一）相对贫困农户区域分布存在明显差异

根据数据收集情况，我们把农户自评社会地位从1到5分为五大层次（分数越高，社会地位越高）。其中，将自评社会地位为1的农户确定为相对贫困农户，并据此进行相关分析。

1. 样本总体相对贫困状况

在被调查的浙江省农户中，相对贫困农户数量为 46 户，占调研农户总量的比重为 7.0%。这基本上与浙江省已全面消除贫困的数据结论相一致（见图 4 - 3）。

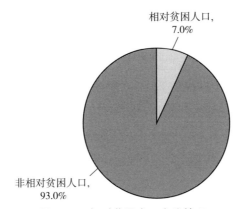

图 4 - 3 相对贫困人口占比情况

资料来源：笔者根据调查数据绘制。

2. 样本中各市相对贫困人口的比重

调查样本剔除了有效数据不足的三个城市，分别是宁波市、湖州市和衢州市。由调查样本可知，总体上来看，样本中各市相对贫困人口占该市调研人口的比重较低，但是不同地区相对贫困人口分布差异明显（见图 4 - 4）。嘉兴市相对贫困人口占该市调研人口的比重最高，杭州市、温州市、台州市、舟山市相对贫困人口占该市调研人口的比重均在5% 以下，金华市、丽水市、绍兴市相对贫困人口占该市调研人口的比重在 6% ~10% 之间。由此也可见，浙江省相对贫困人口的区域分布存在明显差异。

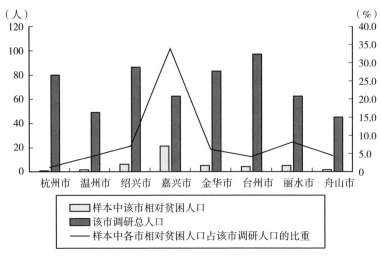

图 4 - 4 各市相对贫困人口占该市调研人口的比重（分布）

资料来源：笔者根据调查数据绘制。

（二）全省相对贫困农户共同特征分析

1. 相对贫困农户个人及家庭特征

（1）从年龄来看，相对贫困农户的年龄参差不齐。由调查样本可知，浙江省相对贫困农户的年龄分布在 27 ~ 90 岁这一年龄段，其中 45 ~ 70 岁这一年龄段分布最为集中。

（2）从婚姻状况来看，在被调查的农户中，71. 74% 的相对贫困农户处于有配偶状态，少部分无配偶。

（3）从健康状况及家庭的医疗保险购买情况来看，在被调查农户中，大多数相对贫困农户身体处于很健康或比较健康的状态，且相对贫困农户家庭成员基本购买了医疗保险，这与非贫困农户无明显区别。

（4）从固定资产拥有情况来看，根据调查样本，浙江省拥有固定资产的相对贫困农户所占比例不足一半，且明显低于浙江省农户整体水平。

（5）除上述特征外，被调查农户中相对贫困农户的个人及家庭的其他特征如家庭的人口规模、子女数量、劳动力数量、家庭的抚养比等并没有呈现出区别于非贫困农户的明显特征。

2. 相对贫困农户受教育状况

（1）从受教育程度来看，相对贫困农户的受教育程度普遍偏低。根据调研数据，相对贫困农户多为小学或初中水平，但极少数贫困农户的受教育程度达到高中或中专水平。

（2）从专业技能状况来看，家中不拥有具备专业技能的劳动力更容易使农户感知到相对贫困。根据调查数据，家中拥有具备专业技能劳动力的相对贫困农户占比仅34.78%。

（3）从接受职业教育或职业技能培训的情况来看，由调查样本可知，浙江省相对贫困农户呈现出与专业技能状况基本一致的特征。

3. 相对贫困农户的经济特征

（1）相对贫困农户收入特征。

①从总收入状况来看，如图4－5所示，浙江省相对贫困农户内部的总收入水平存在较大差异，且相对贫困农户的整体总收入水平显然比浙江省全体农户的整体总收入水平低。由调查样本可知，首先，浙江省相对贫困农户的最低总收入为8000元，最高总收入则达270000元，说明相对贫困农户内部收入差距明显；其次，浙江省相对贫困农户的整体总收入水平达98043.48元，明显低于浙江省全体农户的整体总收入水平（105822.2元）；最后，浙江省相对贫困农户中总收入大于105822.2元的占比达34.78%，说明浙江省部分相对贫困农户的总收入水平高于全省整体，这与普遍认知有所区别，也说明基于农户主观认知的相对贫困与官方以收入状况划分的相对贫困之间存在差异。

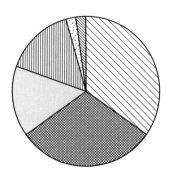

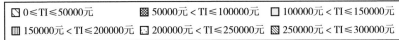

图 4 - 5 各总收入（TI）区间对应的相对贫困农户人数

资料来源：笔者根据调查数据绘制。

②从平均收入来看，如图 4 - 6 所示，浙江省相对贫困农户的平均收入集中分布在 20000 ~ 30000 元，且其内部差异突出。具体来看，由调查样本可知，浙江省相对贫困农户家庭平均收入最低值为 5000 元，高于浙江省农户平均收入最低值（2500 元）。相对贫困农户家庭平均收入最高值达 54000 元，虽远高于贫困农户内部的平均收入最低值，但远低于浙江省农户的平均收入最高值（125000 元）。

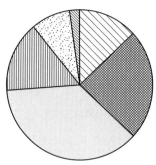

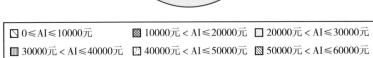

图 4 - 6 各平均收入（AI）区间对应的相对贫困农户人数

资料来源：笔者根据调查数据绘制。

（2）相对贫困农户消费特征。

①从总消费状况来看，如图 4 - 7 所示，浙江省相对贫困农户内部的总消费水平存在明显差距，但消费差距要略小于其收入差距，且相对贫困农户的平均消费水平与全省农户的整体总消费水平也存在些许不同。由调查样本可知，首先，浙江省相对贫困农户最低总消费水平为6000 元，最高总消费水平高达 213000 元，相对贫困农户内部的总消费水平差距较大，但略小于总收入水平差距；其次，浙江省相对贫困农户的整体总消费水平为 60586.96 元，与浙江省农户的整体总消费水平（69974.71 元）存在差距；最后，浙江省总消费水平大于 69974.71 元的相对贫困农户占比达 34.78%，说明浙江省部分相对贫困农户的总消费水平甚至高于浙江省整体水平，也说明基于主观认知的相对贫困与消费水平之间并不存在特别密切的联系。

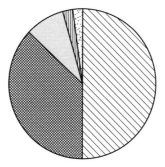

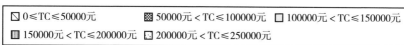

图 4 - 7　各总消费（TC）区间对应的相对贫困农户人数

资料来源：笔者根据调查数据绘制。

②从平均消费状况来看，如图 4 - 8 所示，浙江省相对贫困农户的平均消费水平集中分布在 10000 ~ 20000 元，且其内部平均消费差异较大。具体来看，由调查样本可知，浙江省相对贫困农户平均消费

水平最低值为 4333.33 元，高于浙江省全体农户最低平均消费水平。浙江省相对贫困农户平均消费水平最高值为 42600 元，虽远远高于其内部平均消费水平的最低值，但与浙江省整体平均消费水平的最高值相比差距较大。

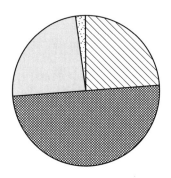

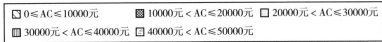

图 4-8　各平均消费（AC）区间对应的相对贫困农户人数

资料来源：笔者根据调查数据绘制。

（3）相对贫困农户收入来源特征。

根据调研数据显示，浙江省相对贫困农户的收入来源主要是以非农业为主或纯非农，其中以非农业为主的相对贫困农户占比最大，高达 47.83%。而浙江省全体农户的收入来源虽然也主要是以非农业为主或纯非农，但其主要收入来源为纯非农的农户占比最大，达 47.75%。说明浙江省相对贫困农户与浙江省农户整体的收入来源存在些许区别。

4. 相对贫困农户社会关系普遍较弱

根据调研数据，浙江省 91.30% 的相对贫困农户不属于党员或乡村干部家庭，且 84.78% 的相对贫困农户家中不存在具有重要社会关系的成员，说明相对贫困农户普遍社会关系较弱。

（三）分市（地级）相对贫困农户差异特征分析

1. 相对贫困农户个人及家庭特征差异分析

（1）杭州市、温州市相对贫困农户个人及家庭特征。

首先，由于杭州市、温州市接受调查的农户自我感知相对贫困的比例极低，所以在年龄、人口规模、子女数量、劳动力数量等方面并无显著特征，且没有呈现出明显的规律性。其次，从婚姻状况来看，由调查样本可知，杭州市的相对贫困农户均处于无配偶状态，而温州市的相对贫困农户有无配偶的占比相同。再次，从健康状况和购买医疗保险的情况来看，在被调查的农户中，杭州市相对贫困农户的健康状况比较良好，且相对贫困农户家庭成员购买了医疗保险，这与浙江省整体相对贫困农户呈现出的特征一致；温州市相对贫困农户家庭成员虽然也都购买了医疗保险，但其相对贫困农户的健康状况处于比较健康或患病但可独自外出的状态，健康状况相对较差。最后，由调查样本可知，杭州市、温州市主观感知相对贫困的农户均不拥有固定资产，这与全省呈现的整体特征比较契合。

（2）嘉兴市、绍兴市、金华市、台州市相对贫困农户个人及家庭特征。

①从年龄来看，由调查样本可知，嘉兴市、绍兴市、金华市、台州市内部相对贫困农户户主年龄差异较大。以绍兴市为例，其相对贫困农户户主年龄最小的为 41 岁，而年龄最大的则高达 90 岁，两者相差 49 岁，年龄差异较大。

②从婚姻状况来看，由调查样本可知，金华市、台州市大部分相对贫困农户出自户主无配偶的家庭，而嘉兴市、绍兴市相对贫困农户主要出自户主有配偶的家庭。其中，金华市 60% 的相对贫困农户出自户主

无配偶的家庭，台州市 75% 的相对贫困农户出自户主无配偶家庭。

③从健康状况及家庭的医疗保险购买情况来看，由调查样本可知，嘉兴市、绍兴市、金华市、台州市大多数相对贫困农户身体处于很健康或比较健康的状况，且相对贫困农户家庭成员基本购买了医疗保险。其中，嘉兴市的所有相对贫困农户均购买了医疗保险。

④从固定资产拥有情况来看，由调查样本可知，嘉兴市、绍兴市、金华市、台州市具有较大的差异性。其中，嘉兴市相对贫困农户家庭大部分均拥有固定资产，绍兴市大部分相对贫困农户家庭不拥有固定资产，而金华市、台州市的相对贫困农户家庭则均没有固定资产。

⑤从其他特征来看，如家庭的人口规模、子女数量、劳动力数量，由调查样本可知，嘉兴市、绍兴市、金华市、台州市没有表现出较大的区别，且与对浙江省整体的分析结论一致，在这几大特征上，相对贫困农户并没有呈现出与非贫困农户的显著差别。

（3）衢州市、丽水市、舟山市相对贫困农户个人及家庭特征。

①从年龄来看，衢州市与丽水市相对贫困农户年龄偏年轻化，而舟山市相对贫困农户年龄相对较大，但在浙江省居一般水平。根据调研数据，衢州市、丽水市相对贫困农户年龄位于 27～48 岁这一区间范围，与浙江省整体水平相比，偏年轻化；而舟山市的相对贫困农户年龄相较衢州市、丽水市偏大一些，但与浙江省的总体水平较为接近。

②从婚姻状况来看，由调查样本可知，衢州市的相对贫困农户处于无配偶状态，丽水市、舟山市相对贫困农户大部分均有配偶，与浙江省相对贫困农户的婚姻特征较为一致。其中，舟山市的相对贫困农户均处于有配偶状态。

③从健康状况及家庭医疗保险购买情况来看，由调查样本可知，衢州市、丽水市、舟山市相对贫困农户均处于比较健康的水平，且大部分相对贫困农户家庭成员购买了医疗保险，与前面对浙江省整体特征与上述研究的各市特征较为一致。

④从固定资产拥有情况来看，衢州市、丽水市、舟山市具有明显差异。其中，在被调查的农户中，衢州市、舟山市的相对贫困农户家庭拥有固定资产，而丽水市的相对贫困农户家庭则均不拥有固定资产。

⑤从其他特征来看，如家庭的人口规模、子女数量、劳动力数量，在被调查农户中，衢州市、丽水市、舟山市相对贫困农户家庭没有表现出区别于非贫困农户家庭的显著特征。

2. 相对贫困农户受教育状况差异分析

（1）杭州市、温州市相对贫困农户受教育状况。

①从受教育程度来看，杭州市、温州市相对贫困农户受教育程度在两市农户中均居一般水平，但杭州市相对贫困农户的受教育程度明显比温州市的高一些。在接受调查的农户中，杭州市相对贫困农户家庭户主受教育程度为初中，而温州市的为文盲、半文盲或小学水平。

②从专业技能状况来看，由调查样本可知，杭州市相对贫困农户家中拥有具备专业技能的劳动力，而温州市相对贫困农户家中则不拥有具备专业技能的劳动力。

③从接受职业教育或职业技能培训的情况来看，由调查样本可知，杭州市、温州市相对贫困农户家中均无接受过职业教育或职业技能培训的劳动力。

（2）嘉兴市、绍兴市、金华市、台州市相对贫困农户受教育状况。

①从受教育程度来看，嘉兴市、金华市、台州市相对贫困农户受教育程度多为小学或初中水平，这与浙江省整体受教育程度特征一致，而绍兴市相对贫困农户内部受教育程度存在较大的差异。由调查样本可知，绍兴市受教育程度最低的相对贫困农户为文盲水平，最高的为高中或中专水平。

②从专业技能状况来看，嘉兴市、绍兴市、金华市、台州市呈现出不完全一致的特征。根据调查情况，嘉兴市、台州市相对贫困农户家庭

中有无专业技能劳动力的数量基本平衡，而绍兴市相对贫困农户家中均无具备专业技能的劳动力，金华市80%的相对贫困农户家中没有具备专业技能的劳动力。

③从接受职业教育或职业技能培训的情况来看，在被调查农户中，除绍兴市相对贫困农户家庭中均不拥有接受过职业教育或职业技能培训的劳动力外，嘉兴市、金华市、台州市相对贫困农户家庭中有无接受过职业教育或职业技能培训的劳动力的数量大体持平。

（3）衢州市、丽水市、舟山市相对贫困农户受教育状况。

①从受教育程度来看，由调查样本可知，衢州市、丽水市、舟山市相对贫困农户受教育程度主要处于小学或初中水平，与浙江省农户整体受教育水平较为一致。

②从专业技能状况来看，由调查样本可知，衢州市、舟山市的相对贫困农户家中不拥有具备专业技能的劳动力，丽水市60%的相对贫困农户家中不拥有具备专业技能的劳动力。

③从接受职业教育或职业技能培训的情况来看，由调查样本可知，衢州市、丽水市、舟山市呈现出与专业技能状况基本一致的特征。

3. 相对贫困农户的经济特征分析

（1）杭州市、温州市相对贫困农户的经济特征分析。

①相对贫困农户收入特征。从总收入状况来看，由调查样本可知，杭州市、温州市相对贫困农户的整体总收入水不仅低于两市农户的整体总收入水平，也远低于浙江省农户的一般水平。同时，将杭州市、温州市相对贫困农户的总收入水平进行比较，我们发现杭州市相对贫困农户的总收入水平远高于温州市相对贫困农户的总收入水平，这可能与两市之间整体的经济发展水平相关。从平均收入来看，由调查样本可知，杭州市相对贫困农户的平均收入水平较高，且高于多数非贫困农户的平均收入水平；而温州市相对贫困农户的平均收入水平则较低，且低于该市

所有非贫困农户中的平均收入。

②相对贫困农户消费特征。从总消费状况来看，由调查样本可知，杭州市、温州市总消费水平均相对较低，且两市相对贫困农户的总消费水平均不大于非贫困农户的总消费水平。具体来看，杭州市、温州市相对贫困农户的总消费水平不仅低于两市非贫困农户的总消费水平，同时也低于浙江省农户的平均总消费水平。从平均消费状况来看，由调查样本可知，杭州市、温州市相对贫困农户的平均消费水平均较低。具体来看，杭州市、温州市相对贫困农户的平均消费水平不仅分别低于两市平均消费水平的平均值，也低于浙江省农户的整体水平。此外，杭州市相对贫困农户的平均消费水平高于温州市相对贫困农户的平均消费水平。

③相对贫困农户的收入来源特征。从收入来源来看，由调查样本可知，杭州市、温州市相对贫困农户的收入来源主要是以非农业为主和纯非农，这与浙江省整体特征一致。

（2）嘉兴市、绍兴市、金华市、台州市相对贫困农户的经济特征分析。

①相对贫困农户的收入特征。从总收入状况来看，由调查样本可知，嘉兴市相对贫困农户的总收入集中于100000～200000元，远高于绍兴市、金华市、台州市相对贫困农户的总收入水平。当然，这可能受到嘉兴市相对贫困农户相对较大的家庭人口规模影响。从平均收入来看，由图4-9～图4-12可知，嘉兴市相对贫困农户的平均收入高于绍兴市、金华市、台州市相对贫困农户的平均收入，且与嘉兴市整体平均收入水平差距不大。在接受调查的农户中，嘉兴市相对贫困农户的平均收入，基本保持在24000元以上，而绍兴市、金华市、台州市大部分相对贫困农户的平均收入都在24000元以下，与嘉兴市相比存在较大差距。其中，绍兴市、金华市相对贫困农户的平均收入远低于两市整体水平，而台州市部分相对贫困农户的平均收入水平却比其全市农户整体水平更高。

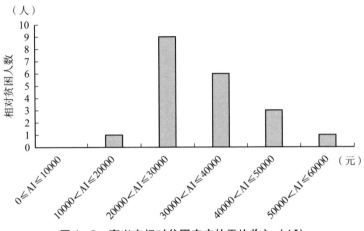

图 4 - 9　嘉兴市相对贫困农户的平均收入（AI）

资料来源：笔者根据调查数据绘制。

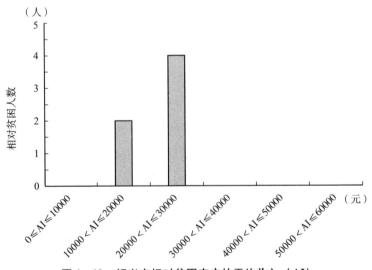

图 4 - 10　绍兴市相对贫困农户的平均收入（AI）

资料来源：笔者根据调查数据绘制。

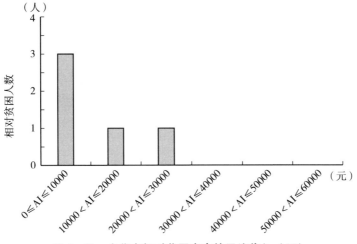

图 4 - 11　金华市相对贫困农户的平均收入（AI）

资料来源：笔者根据调查数据绘制。

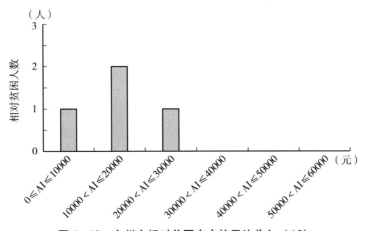

图 4 - 12　台州市相对贫困农户的平均收入（AI）

资料来源：笔者根据调查数据绘制。

②相对贫困农户的消费特征。从总消费状况来看，嘉兴市相对贫困农户的总消费水平较高，而绍兴市、金华市、温州市相对贫困农户的总消费水平相对较低。在接受调查的农户中，嘉兴市相对贫困农户的总消费水平大部分居于 60000 ~ 90000 元，整体高于绍兴市、金华市、台州

市相对贫困农户的总消费水平。同时，嘉兴市相对贫困农户的总消费水平与非贫困农户基本持平，而绍兴市、金华市、台州市大部分相对贫困农户的总消费水平要低于其所在市农户的整体水平。从平均消费状况来看，由图4-13~图4-16可知，嘉兴市和绍兴市的平均消费水平集中在10000~30000元这一区间，而金华市与台州市的平均消费水平则集中在0~20000元这一范围。具体来看，在接受调查的农户中，嘉兴市

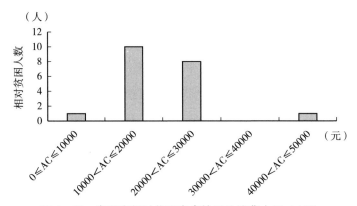

图4-13　嘉兴市相对贫困农户的平均消费水平（AC）

资料来源：笔者根据调查数据绘制。

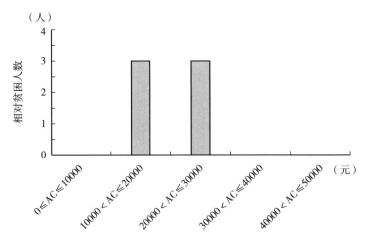

图4-14　绍兴市相对贫困农户的平均消费水平（AC）

资料来源：笔者根据调查数据绘制。

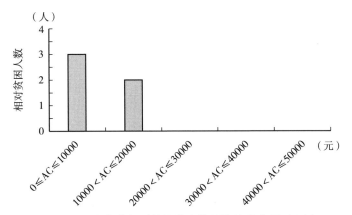

图4－15 金华市相对贫困农户的平均消费水平（AC）

资料来源：笔者根据调查数据绘制。

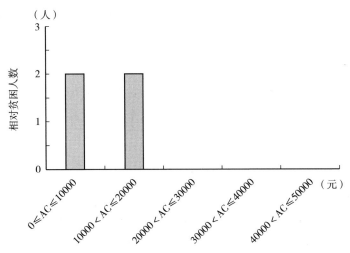

图4－16 台州市相对贫困农户的平均消费水平（AC）

资料来源：笔者根据调查数据绘制。

与台州市相对农户的平均消费水平与两市农户整体水平差异不大，但绍兴市和金华市的相对贫困农户的平均消费水平整体落后于两市的一般水平，且两市部分相对贫困农户平均消费水平远低于两市整体水平，如金华市相对贫困农户平均消费水平的最低值仅为4333.33元，台州市最低值也只有6000元。

③相对贫困农户的收入来源。从收入来源看，嘉兴市的收入来源主要是以非农业为主或纯非农，而绍兴市、金华市、台州市相对贫困农户内部的收入来源则存在较大差异。由调查样本可知，绍兴市相对贫困农户的收入来源包括纯农、以农业为主及纯非农；金华市相对贫困农户的收入来源包括以纯农、非农业为主和纯非农；台州市相对贫困农户的收入来源则包括纯农、以农业为主、非农业为主和纯非农。

（3）衢州市、丽水市、舟山市相对贫困农户的经济特征分析。

①相对贫困农户的收入特征。从总收入来看，由调查样本可知，衢州市、丽水市相对贫困农户的总收入总体低于两市农户的平均总收入水平，且丽水市相对贫困农户内部总收入水平差距较大，最低总收入水平为 30000 元，最高达 80000 元；舟山市相对贫困农户的总收入水平则高于该市农户的整体总收入水平。从平均收入来看，由调查样本可知，衢州市、舟山市相对贫困农户的平均收入水平在两市所有农户中居于中等水平，而丽水市相对贫困农户的平均收入在该市则处于较低水平，且衢州市、舟山市相对贫困农户的平均收入水平明显高于丽水市相对贫困农户的平均收入。

②相对贫困农户的消费特征。从总消费水平来看，由调查样本可知，与总收入类似，衢州市相对贫困农户的总消费水平远低于该市农户整体水平；丽水市相对贫困农户内部总消费水平差异大，且落后于全市农户的总消费水平；舟山市内部相对贫困农户总消费水平也存在巨大差异，且相对贫困农户的总消费水平高于或低于该市农户整体总消费水平的情形均存在。从平均消费来看，由调查样本可知，衢州市相对贫困农户的平均消费水平与丽水市、舟山市相比相对较高，但略低于该市整体水平；丽水市相对贫困农户的平均消费水平相对较低，且低于该市大部分非贫困农户的平均消费水平；舟山市相对贫困农户内部的平均消费水平较为接近，但也均低于该市整体水平。

③相对贫困农户的收入来源。从收入来源看，由调查样本可知，衢

州市相对贫困农户的收入来源为以非农业为主；丽水市 60% 的相对贫困农户主要收入来源为以农业为主，其余相对贫困农户的家庭收入来源为纯农或以非农业为主；舟山市相对贫困农户收入来源为以农业为主或以非农业为主。其中，丽水市相对贫困农户家庭的主要收入来源与其他市具有明显区别。

4. 相对贫困农户社会关系分析

（1）杭州市、温州市相对贫困农户社会关系分析。在接受调查的农户中，与上述对浙江省相对贫困农户社会关系的整体分析结果一致。杭州市、温州市相对贫困农户社会关系较弱，其相对贫困农户既不属于党员或乡村干部家庭，也不存在具有重要社会关系的成员。

（2）嘉兴市、绍兴市、金华市、台州市相对贫困农户社会关系分析。在接受调查的农户中，嘉兴市、绍兴市、金华市、台州市相对贫困农户社会关系弱，其中绍兴市与台州市的所有相对贫困农户既不属于党员或乡村干部家庭，也不存在具有重要社会关系的成员。

（3）衢州市、丽水市、舟山市相对贫困农户社会关系分析。在接受调查的农户中，与其他各市相对贫困农户呈现出的特征相似，衢州市、丽水市、舟山市的相对贫困农户均不属于党员或乡村干部家庭，且除舟山市部分相对贫困农户家庭存在具有重要社会关系的成员，三市的其余相对贫困农户家庭均不存在具有重要社会关系的成员。

（四）相对贫困存在多种类别

从调查问卷和访谈的结果分析中，我们发现浙江省相对贫困农户因为不同致贫原因可以分为多种类别。

1."贫困陷阱"制约型

调查问卷结果显示，除嘉兴市以外，其余各市相对贫困农户往往存在无固定资产、受教育程度低、收入水平低等某一方面或某几方面的劣势，也就是所谓的贫困陷阱，而这些劣势往往会影响其自身乃至其后代的发展能力。

2. 盲目攀比型

这种情况在嘉兴市的样本调查中显得尤为突出。通过对嘉兴市相对贫困农户的特征分析，我们发现嘉兴市相对贫困农户并不存在区别于一般非贫困农户的显著特征，说明其实际生活状况并不差。因此，我们认为嘉兴市相对贫困农户主观上的相对贫困感主要来自与周围农户，特别是生活条件整体较好的农户进行横向比较所导致的结果。

3. 社会关系薄弱型

社会关系是影响农户收入的一个重要因素。根据我们的调查问卷结果分析发现，相对贫困农户往往社会关系相对比较薄弱或单一，进而进一步导致其缺乏帮助其脱贫的外部力量。

4. 制度漏失（掩盖）型

在现实的帮扶政策实施过程中，基层政府往往按照传统方法，以收入线为主要标准来识别相对贫困农户，虽然该方法操作起来相对简单，但也存在部分问题。比如，部分农户由于子女早早辍学外出务工获得收入来源，短期内可以使其生活相对较富足，因而没有纳入相对贫困的关注重点之中，但该类家庭从长期来看是缺乏发展能力的，因而容易陷入相对贫困。

总而言之，浙江省相对贫困农户普遍具有如下共同特征：①个人及家庭特征。相对贫困农户无固定资产、健康状况良好且家庭成员基本均购买了医疗保险。②受教育状况。相对贫困农户受教育水平较低，且家中不拥有具备专业技能或接受过职业教育或职业技能培训的劳动力。③经济特征。首先，相对贫困农户内部收入水平、消费水平均存在较大差异；其次，不存在相对贫困农户的收入或消费水平必然低于非贫困农户的结论，这说明基于农户主观感知的相对贫困与根据官方划定的收入线来判定的相对贫困是有所区别的；最后，相对贫困农户的收入来源为以非农业为主或纯非农，这与浙江省非贫困农户的收入来源没有较大区别。④社会关系。大部分相对贫困农户不属于党员或乡村干部家庭，且不存在具有重要社会关系的成员，普遍社会关系较弱。同时，各市相对贫困农户又有自己的区域差异表现（见表4－6）。

表4－6　　　　　　　浙江省各市贫困特征汇总

地区	无配偶	无固定资产	健康水平相对较差	受教育程度低	总收入水平低	总消费水平低	平均收入水平低	平均消费水平低	社会关系薄弱
杭州市	√	√		√	√	√		√	√
温州市		√	√	√	√	√	√	√	√
嘉兴市									√
绍兴市		√			√	√	√	√	√
金华市	√	√			√	√	√	√	√
台州市	√	√		√				√	√
衢州市	√							√	√
丽水市		√			√	√	√	√	√
舟山市				√				√	√

资料来源：笔者绘制。

五、浙江省农村相对贫困治理的主要路径

（一）贫困识别走向“相对”与“动态”相结合

2015年底，浙江省全面消除家庭年人均收入4600元以下绝对贫困

现象，成为全国率先完成脱贫攻坚任务的省份。2016 年以来，浙江省开展低收入农户重新认定，按当地最低生活保障标准的 1.5 倍作为低收入农户的认定标准线。衢州市、温州市、丽水市等根据省里部署，开展"两线合一"工作，首推低收入农户统一认定标准，有效解决识别矛盾与帮扶失衡问题。浙江省各地已基本实现动态管理，全面部署人工与大数据相结合的低收入农户信息核查。对年人均可支配收入 8000 元以下的农户进行排摸，做到信息库内扶贫对象有增有减、有进有出；对有"异常信息"显示的救助对象，全部进行入户核查；开展家境调查与双随机问卷调查，多措并举确保低收入农户应纳尽纳，同时防范政策"养懒汉"。截至 2019 年底，浙江省在册最低生活保障对象 65.5 万人，新增低保对象 4.09 万户、8.15 万人，动态管理退出 8.38 万户、14.97 万人。

（二）工作机制走向"规范"与"专项"相结合

1. 高位推进扶贫开发工作

浙江省政府与各地市政府在"十三五"期间始终高度重视扶贫开发工作，严格落实扶贫工作领导责任制。成立扶贫开发工作小组，定期召开扶贫工作领导小组会议，开展扶贫工作研究和培训，建立健全各级党政"一把手"亲自抓、分管领导具体抓的工作机制，扶贫工作机制逐渐规范化。浙江省在扶贫工作中注重党建引领示范，党政主要负责人经常性调研扶贫。部分市县如衢州市开化县已实现组团联村全覆盖，"一长三员"帮扶服务不断加强。金华市开展村干部"素质提升"工程、指导员下派工程和乡贤回归工程，充分发挥农村基层党组织的战斗堡垒和党员先锋模范作用。

2. 规范完善扶贫政策体系

浙江省各地市委、市政府在每一时期依据扶贫工作开展情况出台综合性政策意见，提出主要目标和工作举措。认真贯彻落实省委、省政府文件精神，制定市级层面计划实施意见，并以此作为纲领性文件，出台多项扶贫专项政策，梳理汇总民政、人社、农林等部门的各项政策，以条目式编成扶贫工作手册，便于工作人员掌握和群众全面了解。各区、县（市）出台相应政策，构成系统的扶贫政策体系，从市、区（县、市）党委政府政策层面全面保障扶贫开发工作顺利进行。

3. 严格健全资金管理机制

浙江省切合基层和低收入农户实际需求，针对各种项目，设置各类财政专项资金，并建立财政扶贫资金专户。统筹扶贫专项资金管理使用，严格执行专项资金报账制，加强扶贫项目库建设，认真执行扶贫资金管理规定，做到扶贫资金专户储存、专账核算、专人管理、专款专用、封闭运行。落实扶贫资金项目公告公示制度，各扶贫项目、资金、建设内容、相关要求等都在村一级公示，及时向群众公布，以加大社会和群众的监督力度。

（三）脱贫动力走向"输血"与"造血"相结合

1. 输血帮扶力度持续加大

（1）启动结对帮扶工作。浙江省已开展新一轮扶贫帮扶，成立多个省级结对帮扶工作组、市级结对帮扶工作组和县级结对帮扶工作组，结对帮扶重点村，市直部门、事业单位、金融机构与省定扶贫重点村开展扶贫结对。因地制宜，启动"一户一策一干部"结对帮扶工作，实施"一村一档""一户一档"，精准建立扶持项目库，用好区领导定村联系结对，确保每个扶贫重点帮扶村与部门、企业结对，每名低收入农户都有机关企事业单位人员帮扶。此外，浙江省多地积极开展工作，全力吸引乡贤返乡助力农村脱贫，规范乡贤组织建设，健全重点乡贤联系制度，推动乡贤与经济薄弱村结对，助力实施"消薄"计划。如宁波市奉化区大堰镇成立乡贤联谊会，起到强化沟通联络、阵地建设和项目回归的作用。湖州市则注重借助乡贤群体的力量，深入挖掘"两山议事会""乡贤参事会"等基层依法治理新亮点。

（2）实施光伏小康工程。浙江省在衢州市江山市、龙游县、柯城区及丽水市莲都区等多个县（区）设立省光伏小康工程试点（实施）县。衢州市作为全省唯一一个所有县都列入光伏小康试点的地市，全面开展"金屋顶光伏富民"工程。项目建成后，带动特困低收入农户每年增收4000元。全市2019年共实现发电收益6846万元，省扶贫重点帮扶村每年增收6万元。

2. 造血扶贫能力大幅提升

（1）产业扶贫。浙江省把握美丽乡村建设的精髓，在改善农村人居环境的同时，引导低收入农户发展特色生态高效产业，因地制宜发展特色农产品、乡村旅游、来料加工、电子商务等主导产业项目。如温州市瑞安市已开发花椰菜、杨梅、马蹄笋、茶叶四大主导产业；衢州市开展"千户连万户、结对共致富"活动，发展民宿经济；台州市天台县已开发家禽、水果、茶叶、药材和高山蔬菜等主导产业；杭州市指南村利用开发旅游资源，村落景区化，实现农旅一体化，推动当地一二三产业融合发展；丽水市松阳县安排扶贫产业到村项目66个，"八个万元"系列富民增收项目带动多村低收入农户户均年增收1000元以上；宁波市奉化区建成董家岙白茶、湖边桥水蜜桃、岭下中草药等多个休闲观光农业综合体，实现生态农业优质发展。在此基础上，培育多家规范化"三位一体"农民合作组织，鼓励新型农业经营主体、龙头企业与合作组织合作，创新"公司（合作社）+低收入农户""财政资金折股量化"等模式，打造"龙游飞鸡""早田农业"等平台型经济模式。部分地区已实现行政村网站全覆盖,为产业扶贫创造良好条件。

(2)就业扶贫。实行公益就业,提供公益性岗位。各企业加大招聘力度,多次为低收入农户举办招聘会,促使低收入农户劳动力通过招聘会找到就业岗位。如嘉兴市多次组织开展"就业援助月""春风行动"等各类公共就业服务活动;温州市在农村保洁、环保、护林、公路养护等公益性岗位上降低就业门槛,将公益性岗位优先提供给有劳动能力和就业意向但无法离乡、无法就业的低收入农户。同时,依托现有农民学院、职业技术学校等平台,利用农民素质培训平台,每年为农民提供实用型技术培训。如温州市大力培养来料加工、休闲旅游、养生养老、乡村民宿、电子商务等方面的新型实用人才和转移就业技能人才;衢州市对低收入农户劳动力实行免费技能培训、职业培训制度,使低收入农户通过掌握实用技能激发脱贫内生动力。

(3)金融扶贫。2015 年以来,浙江省不断深化和完善扶贫小额信贷工作,全面采集农户信用信息,所建农户信息数据库覆盖所有低收入农户,并分别向低收入农户以及为低收入农户提供现金或生产资料帮扶的个人、为低收入农户提供就业的企业三类对象发放贷款。财政贴息扶持与创新抵押担保模式并行,为低收入农户发放小额信贷贴息贷款,并全额补助低收入农户贷款利息。如温州市发放丰收爱心卡,丽水市推进"政银保"合作小额贴息贷款项目,全力支持低收入农户增强自我发展能力,实现创业增收。

(4)消费扶贫。构建农产品新零售模式,挖掘更多的公司企业参与欠发达地区农产品定向直供直销,结合农村直播带货、"邻礼通"线上菜场等方式为低收入农户销售农产品。开展走访参观和消费扶贫体验活动,引导社会各方前往欠发达地区,带动当地农产品消费,帮助贫困人口增收脱贫。如湖州市长兴县和嘉兴市面向种植贫困户开展爱心企业认购活动,实现精准帮扶;衢州市柯城区依托全省山海协作平台,实施"消薄卡"助农项目,向余杭区推广用于购买援助村农产品的消薄卡,实现"以购代捐，以买代帮"的消费帮扶模式。

（5）物业扶贫。浙江省多地启动低收入农户抱团发展物业工作，利用物业收益帮助低收入农户找到持续增收的稳定途径。如杭州市临安区组建由村集体控股的物业管理公司，收取一定资源使用费用，以物业出租的方式促进村集体经济发展；台州市天台县利用多村合并的契机，整合公共场所，充分利用闲置资产，并多次对接中国供销农产品批发市场控股有限公司（以下简称"中农批"），打造绿色农产品物流园，投入扶贫资金购买"中农批"商铺，做到能租尽租，将获得的租金用于低收入农户增收，扶贫重点村物业经济得到大力发展。

（6）数字扶贫。浙江省大力推进数字化建设，激发新动能，使信息技术、智能技术广泛应用于农村各大特色产业的生产、经营、管理与服务。德清县在数字化平台建设过程中，成为数字农业发展先行区。平湖市依托多个专业化、信息化平台，已实现农业高效化生产。浙江省充分应用"地理信息＋人工智能"，不断健全基础网络和物流体系，农村电商迅猛发展。2018年，全国有淘宝村3202个，其中浙江省以1172个遥遥领先，全省农产品网络零售额达667.6亿元①。数字乡村建设的探索实践已拓宽了众多低收入农户的增收渠道，更有效地保障和改善了当地民生。

（四）社会保障走向"全面"与"精准"相结合

1. 全方位推进扶贫保障

浙江省城乡统筹的社会保障体系逐步完善，从医疗健康、教育助学、住房保障和基础设施等各方面，实现低收入农户全方位、全覆盖。

---

① https://zj.cnr.cn/zjyw/20190516/t20190516_524615073.shtml.

（1）医疗救助。初步建立基本医保、大病保险、医疗救助和临时救助相衔接的机制，已实现低收入农户基本医疗保险财政补贴全覆盖。为避免因病致贫、因病返贫，衢州市在浙江省首创扶贫健康保险，并在全省推广。政府与保险公司利用各自的资源配置优势构建"政保"合作平台，由省财政对"26＋3"县的每个保险对象提供150元补助，充分发挥保险的经济补偿和社会管理功能。针对理赔程序繁琐等问题，嘉兴市已实现医疗救助"一站式"结算全覆盖，减轻了困难群众的医疗负担。同时，政府财政对特殊群体的参保费用和医疗费用实行补助，并逐步推进低收入农户家庭医生签约服务，其服务费用由医保（城乡居民医保）基金、基本公共卫生服务经费和扶贫资金分担，宁波市奉化区的区域慢病管理项目和"大雁流动医疗队"推动优质医疗资源下沉，切实提供便捷的医疗保障服务，有效解决村民看病难的问题。

（2）助学救助。自2015年起，浙江省积极开展低收入农户家庭子女的职业教育家庭补助，全面排查家庭经济困难学生受助情况，落实爱心营养餐和"两免一补"政策，积极打造各具特色的学生资助文化品牌项目。杭州市临安区逐步调整完善"两免一补一助"的义务教育经费保障机制，对城乡义务教育学生免除学杂费、免费提供教科书，对家庭经济困难的寄宿生给予生活费补助；舟山市针对处于义务教育、普通高中教育和大学教育三个阶段的低收入渔农户子女，分别制定相应的助学政策；衢州市和金华市推动"雨露计划"全覆盖，引导和支持农村贫困家庭新成长劳动力接受职业教育；温州市瑞安市整合部门分散资金，各方联合牵头开展"资助贫困生上大学"活动，成为浙江省红十字系统公益品牌。

（3）住房保障。浙江省以"住房安全有保障"为底线，以缓解区域性贫困和改善低收入农户生存发展环境为导向，出台文件明确标准，由各乡镇街道负主要责任、各市住建局负指导责任，全面开展农村困难家庭危房无房摸排，将排查结果录入省农村房屋信息管理系统，实行

"一户一档"，并全程跟踪。易地搬迁与危房改造工作也摸排精准到每一农户，按照"政府引导、农民自愿、整体规划、分步实施"的原则和"搬得下、稳得住、富得起"的要求，再根据当地地貌特征与风俗习惯，分类实行零星分散、就近集中与集镇公寓三种安置方式，通过政策引导及市场运作，分步实施及逐年完善，集中安置及分散安置相结合的原则，各市县共同推进易地搬迁与危房改造，鼓励和引导农户向中心镇、中心村集聚。其中，衢州市龙游县创新了"整体搬迁、集中安置、补助补偿、同步改造（修缮）"等做法；金华市开展下山易地搬迁信访件办理工作，"一周一报制"分类解决问题；丽水市莲都区扎实推进"大搬快聚富民安居"工程，推进具有山区特色的"小县大城"集聚；宁波市奉化区建立"一名领导干部联系一个镇、一个靶向村、一个重点农村住房改造区块"模式，强化组织领导；嘉兴市开展"暖巢行动"，利用民政福利彩票公益金、慈善资金帮助困难家庭进行"一户一方案"居住环境改造。此外，政府还安排扶贫资金为低收入农户投保政策性农村住房保险。

（4）基础设施建设全面提速。2015～2020年，贫困地区水电路建设全面提速，全省建成大量新农村电气化村，农村饮用水达标提标与"四好公路"建设两项工作共同推进。丽水市松阳县深入实施农村饮用水达标提标三年行动计划，全县自来水普及率达100%，农村饮用水达标率达85%以上，道路基础设施进一步完善，建成美丽经济交通走廊152公里[1]；金华市共建成农村供水工程1480处，新增农饮水达标提标人口9.8万人[2]；奉化区大堰镇推进省级污水零直排区创建，并顺利通过国家集中式饮用水源地环保专项督查；温州市瑞安市已实现城乡主干公路网络、农村公路交通网全覆盖。在此基础上，逐渐将县域建成美丽

---

① 松阳县人民政府办公室提供。
② 笔者调研所得。

景区，沿线发展为风景长廊，把村庄建成特色景点，使田园城市与美丽乡村建设相得益彰，达到布局优美、环境秀美、产业精美、生活恬美、社会和美以及服务完美的新要求，将加快基础设施建设与注重保护田园风光、村落文化以及精神文明建设相结合，发挥地方特色，形成具备自身特定的文化符号和标志的美丽乡村。

2. 分类分级精准推进保障

由于低收入农户致贫原因各不相同，浙江省扶贫保障相应分类分级实行。如针对低收入农户贫困特征，推出精准扶贫救助责任保险，分类提供扶贫保险；医疗救助工作中，参保费用补助主要针对"低五保"人员（指最低生活保障、五保供养和临时救助对象）、优抚对象、残疾人、特困人员、三无人员（指民政部门收养的无生活来源、无劳动能力、无法定抚养义务人或法定抚养义务人丧失劳动能力而无力抚养的公民）、低收入户主等群体，医疗费用补助则主要针对"低五保"人员和医疗费用达到一定金额的人员，并为残疾人建立"两项补贴"制度，对困难残疾人提供生活补贴，对重度残疾人提供护理补贴。

（五）督查整治走向"从严"与"抓实"相结合

浙江省持续开展扶贫领域腐败和作风问题专项治理，将从严执纪与抓实整改有效结合，确保低收入农户增收各项工作落到实处。

1. 从严执纪

持续开展自查自纠与警示教育工作。各级扶贫办在梳理2016年以来扶贫领域项目清单之后，围绕相关治理重点，聚焦扶贫资金管理、低收入农户救助、村县脱贫摘帽等重点领域，多次开展自查自纠。金华市在开展"村级组织换届回头看"中及时解决了前期工作完成不力等问题。同时，结合自纠自查工作情况，开展重点抽查、联动督查、集中督办三方联动。省委重点抽查，实地走访巡视，查看项目进度、专项资金管理情况；建立"镇街纪（工）委与审计部门联动监督"工作机制，镇街纪（工）委开展集中督查，实地勘察各项目、政策落实情况，审计部门发现问题即移送区纪委相关部门，由纪委及时约谈相关负责人并督促整改；全省各级纪检监察组织认真开展问题线索排查，对 2016 年以来扶贫领域问题线索进行大起底，分类建档分析，集中对弄虚作假等严重问题进行督办。

2. 抓实整改

针对低收入农户增收扶持资金使用绩效不明显、低增收扶持项目执行效率低下等问题，同时推进全面整改与干部培养工作。在整改的同时，不断开展干部培训教育工作，进一步提高扶贫干部能力素质、健全村级项目管理体系、落实村级制度。同时，抓实小微权力规范运行，督促职能部门加强履职监督，制定相关办法，细化违反村级小微权力运行规定行为责任追究制度。针对发现的扶贫工作共性问题，采用"双抄告"制度，由相关职能部门制定专项整改方案，推进问题系统整改，严厉打击侵害群众利益的腐败作风问题。其中，信息公开始终是整改的关键，根据国家相关规定中的政务公开要求，市、县（市、区）两级扶贫办必须认真做好扶贫信息公告公示。凡是涉及扶贫对象认定、扶贫项目安排、扶贫资金安排以及扶贫政策等，都要采用报刊、网站、微信公众号、村级政务公开栏等多形式多渠道向社会公开，接受社会监督。

（六）山海协作走向"多点开花"与"高质量"相结合

1."多点开花"

以工业项目合作为中心的首批 9 个省级山海协作产业园，自 2015

年来实现了造血式双赢。在此基础上，多地共建山海协作生态旅游文化示范区，开启第三产业合作带动欠发达地区发展的新模式。2016年，全省首个跨行政区域的创新"飞地"——衢州海创园在杭州市开园，短短两年时间招引项目164个。2019年，丽水市松阳县48个村入股余姚市"飞地"项目，113个村入股嘉兴市"飞地"项目，为村集体增加经营性收入高达百万元，推动了区域协调发展，壮大了村级集体经济。山海协作在浙江省内多点开花，合作关系从过去的少数地区结对逐渐发展到现在的网络化联结。

2. 质量升级

浙江省聚力打造山海协作工程升级版，贯彻"绿水青山就是金山银山"的理念，进一步充分挖掘山区开发潜力，建设起多个协作发展新平台。2018年，嘉兴市启动遂昌县与南湖区山海协作的升级版，打造兼具文化园和产业园特色的山海协作样板项目，促进区域协调高质量发展。2019年，鄞州区、衢江区率全省之先启动山海协作乡村振兴示范点建设项目，作为山海协作"再升级"的具体实践，两地以治理创新为关键，高效率推动乡村组织振兴，有效缩小地区差距，形成更高质量的山海协作模式。

六、浙江省农村相对贫困治理主要政策
（2016~2019年）*及不足

浙江省于2015年完成农村精准脱贫任务后，为了保证脱贫对象的

---

* 本项目于2018年立项后开题，本部分资料收集到2019年，故数据信息截至2019年，后续没有再行补充。

可持续发展，防止农村相对贫困状况的扩大，从立足浙江贫困治理的客观实际出发，开始持续不断地探索适合浙江特色的农村相对贫困治理政策，形成了由中央政策和地方政策相互补充的相对贫困治理政策体系，构建了科学的政策执行机制，保证了农村相对贫困治理取得较大成就，为2023年被国家选为全国唯一一个获批建设共同富裕示范区的省份打下坚实基础。在此，从四个方面加以简要汇总。

（一）相对贫困管理类政策

浙江省各扶贫相关部门为了加强对全省扶贫工作的指导、管理和规范，共出台发布各类政策文件7项（见表4-7），内容涉及农民易地搬迁项目和资金管理办法、财政扶贫资金管理、低收入农户产业发展项目管理、扶贫小额信贷管理、来料加工项目管理、财政专项扶贫资金管理、扶贫资金项目公告公示制度、低收入残疾人扶持、中央财政扶贫资金预算指标确定、扶贫实绩考核和农户增收致富短板工作考核制度等多个方面，这些管理制度的出台保证了扶贫工作的有序推进。

表4-7　　　　　　　　相对贫困管理类政策汇总

序号	发布时间	名称	主要内容
1	2016.09	关于2015年度淳安县等26县发展实绩考核结果的通报	仙居县、天台县等13县（市、区）考核结果为一类县；淳安县、磐安县等13个县（市、区）考核结果为二类县；要求排名靠后的县（市、区）查差距、补短板，迎头赶上
2	2016.11	关于印发《补齐低收入农户增收致富短板工作考核评分细则》的通知	详细规定了考核内容；规定了低收入农户增收情况、产业促进项目、易地搬迁工作、健康促进工作、教育促进工作、低保兜底工作的考核内容和评分方法等

序号	发布时间	名称	主要内容
3	2017.08	浙江省农业和农村工作办公室、浙江省财政厅、浙江省民政厅、浙江省扶贫办公室关于浙江省低收入农户认定、复核及动态管理有关事项的通知	规定了低收入农户的定义、认定标准、认定工作机制、收入财产及其他事项认定；明确了低收入农户的动态管理办法；强调各地要高度重视低收入农户认定、复核和动态管理工作
4	2017.08	关于印发《浙江省低收入农户认定操作细则（试行）》的通知	明确了低收入农户认定的基本原则、农村低收入人群的控制比例；规定了开展低收入农户认定工作的相关要求、组织机构、部署培训；提出了低收入农户的认定工作机制；明确了家庭收入的认定标准
5	2018.03	浙江省扶贫开发领导小组关于开展扶贫领域作风问题专项治理的实施方案	明确了开展扶贫领域作风问题专项治理的总体目标、基本原则、治理内容、时间安排、工作措施及组织领导工作
6	2018.12	关于提前下达 2019 年中央财政专项扶贫资金预算的通知	此项资金作为一般性转移支付，纳入 2019 年度省及市县财政年终结算
7	2019.04	关于下达 2019 年第二批省财政专项扶贫资金的通知	规定资金实行因素法分配；明确此次下达的资金与浙财农〔2018〕78 号文件提前下达的 2019 年省财政专项扶贫资金统筹安排使用

资料来源：笔者根据相关文件整理。

（二）相对贫困治理计划类政策

为了确保相对贫困治理工作的有序推进，浙江省相关部门从 2016 年开始陆续制定和发布了 8 项相对贫困治理相关计划（见表 4-8）。这些计划涉及中央补助欠发达地区发展资金分配、欠发达地区易地搬迁项目、国有贫困林场扶贫资金项目实施、低收入农户收入倍增、省贫困地区和革命老区实施第二轮重点欠发达县特别扶持、易地搬迁项目实施、"光伏小康工程"和欠发达县特别扶持项目实施等多项扶贫计划的推出与控制。

表4-8   相对贫困治理计划类政策汇总

序号	发布时间	名称	主要内容
1	2016.04	关于下达2016年易地搬迁项目计划的通知	公布了2016年度计划搬迁人数为46521人,其中地质灾害人口764人,涉及淳安县等31县(市、区)
2	2016.06	关于印发《浙江省"光伏小康工程"实施方案》的通知	支持淳安县等29个县建设光伏电站或分布式光伏发电系统。对"4600元"以下低收入农户和省级结对帮扶重点村的建设投资,省财政给予补助。各地农户和村镇既可以在荒地荒坡、沿海滩涂架设太阳能电池板,也可以利用村级公共建筑、易地搬迁小区屋顶搭建光伏发电系统。光伏小康工程采用财政补助折股、农户自筹购股、企业入股等方式。各级财政的补助款,折算为低收入农户和扶贫重点村的股份,实行分户收益。光伏小康工程总投资为108亿元,将带动120万千瓦光伏建设规模,受益农户年均增加毛收入4000元,村集体每年将增加毛收入6万元
3	2016.10	关于确定2017年"光伏小康工程"实施县(区)的通知	确定泰顺县、柯城区、衢江区、开化县、缙云县为2017年"光伏小康工程"实施县(区)
4	2017.08	关于下达2017年扶贫开发项目和易地搬迁计划任务的通知	明确了重点建设项目;低收入农户直接增收的项目资金补助要求占扶贫产业资金(除省级易地搬迁和"光伏小康工程"补助资金)的50%以上;做好易地搬迁工作;加快"光伏小康工程"实施;进一步加强扶贫小额信贷工作;加强项目管理、报备和录入工作
5	2017.12	关于印发浙江省健康扶贫工程实施方案的通知	要提高农村低收入人口医疗保障水平,切实减轻农村低收入人口医疗费用负担;实施对农村低收入人口分类帮扶;提升基层医疗卫生服务能力水平;强化低收入人口公共卫生保障
6	2018.05	人力资源社会保障部办公厅中国残联办公厅关于开展农村贫困残疾人就业帮扶活动的通知	此次活动的主要内容包括组织一次政策宣传活动、举办一次专场招聘活动、开展一次入户送岗活动、组织一次就业需求登记活动及推动建立帮扶贫困残疾人就业长效机制
7	2018.08	关于进一步做好闲置扶贫资金专项清理和整改工作的通知	明确了清查资金范围、清查整改内容及整改工作要求

续表

序号	发布时间	名称	主要内容
8	2019.12	关于印发浙江省低收入农户医疗补充政策性保险工作实施方案的通知	参保对象为列入全国扶贫开发信息系统的浙江省建档立卡低收入农户；医疗补充政策性保险参保对象患大病的住院医疗费用在剔除基本医疗保险、大病保险报销和医疗救助后的个人承担部分纳入赔付范围。按照"以收定支、收支平衡"的原则，合理确定赔付比例

资料来源：笔者根据相关文件整理。

（三）相对贫困治理资金类政策

扶贫资金来源和管理是相对贫困治理的关键，为此从2015年底开始，浙江省各相关部门在4年内持续发布了5项相关政策（见表4-9），其政策内容集中围绕着资金的运用和控制，在资金的分配使用上提出和规定了详细的细则与严格的禁止性规定，以确保扶贫资金的专款专用，不被挪用。

表4-9　　　　　　　相对贫困治理资金类政策汇总

序号	发布时间	名称	主要内容
1	2015.10	浙江省提前下达2016年中央财政扶贫资金预算指标的通知	中央财政一般性转移资金，用于淳安县等35个县（市、区）扶贫支出，分为消除"4600元"发展资金和革命老区发展资金，总额3264万元
2	2016.03	关于下达2016年第二批省财政专项扶贫资金的通知	此资金实行因素法分配，主要用于扶持农户易地搬迁、产业发展等支出，总额5118万元
3	2018.08	关于进一步做好闲置扶贫资金专项清理和整改工作的通知	要求对扶贫资金和项目的管理情况再次进行全面清查，从作风建设、管理制度、工作流程等方面查找并解决导致资金闲置的"肠梗阻"问题

序号	发布时间	名称	主要内容
4	2019.04	关于下达 2019 年第二批省财政专项扶贫资金的通知	此项资金实行因素法分配；此次下达的资金与浙财农〔2018〕78 号文件提前下达的 2019 年省财政专项扶贫资金统筹安排使用
5	2019.06	浙江省财政厅 浙江省农业农村厅 浙江省扶贫办公室关于下达 2019 年中央财政专项扶贫资金的通知	此项资金作一般性转移支付，纳入 2019 年度省与市县财政年终结算；此项资金实行因素法分配

资料来源：笔者根据相关文件整理。

（四）其他相对贫困治理政策

除上述政策外，2017 年 1 月和 2019 年 3 月，浙江省人民政府办公厅还专门发布了《关于进一步健全特困人员救助供养制度的实施意见》和《关于开展 2018 年度低收入农户动态调整有关工作的通知》（见表 4 - 10），内容涉及相对贫困人员的范围、低收入农户的认定及调整等，以确保帮扶的公平公正。

表 4 - 10　　　　　　　　其他相对贫困治理政策汇总

序号	发布时间	名称	主要内容
1	2017.01	浙江省人民政府办公厅关于进一步健全特困人员救助供养制度的实施意见（目前已废止）	界定了特困人员的范围，明确了救助供养的内容和标准，要求做好制度衔接、强化规范管理、提升服务质量、加强组织保障
2	2019.03	浙江省扶贫办公室关于开展 2018 年度低收入农户动态调整有关工作的通知	要求按照 2018 年底确定的本县（市、区）低收入农户认定标准，调出已不符合低收入农户认定标准的农户，调进新出现的低收入农户，并按要求完善低收入农户有关信息

资料来源：笔者根据相关文件整理。

（五）扶贫政策存在的不足

上述政策在确保农村相对贫困治理有序、有效开展的同时，也存在一些不足。比如，相关政策在强调针对性的同时（专门针对原 26 个贫困县），忽视了非原贫困县中也有大量的相对贫困农户存在，从而可能带来贫困治理的不公平嫌疑；再如，产业扶持政策中，由于明确规定了扶持产业的范围，可能带来产业发展的同质化，从而影响扶贫效率，直至影响扶贫对象的收入增长。

第五章

浙江省农村相对贫困形成的
主要影响因素

已经高标准完成农村精准脱贫目标任务的浙江省，为何还会有许多人认为自己仍然处于贫困状态？是什么原因（因素）导致了这种状况的发生？本章在梳理浙江省精准脱贫后农村发展面临的宏观环境变化的基础上，通过问卷调查，运用聚类分析方法先行识别出处于相对贫困的单个家庭个体；然后再结合 Logistic 计量经济模型对这些相对贫困家庭进行深入研究，我们发现浙江省农村相对贫困的存在主要受户主及家庭特征、家庭经济状况、人力资本及社会资本、区位特征和产业发展状况等因素的影响，并且这些因素对农村相对贫困的影响作用也存在差异。

一、精准脱贫后浙江省农村发展的宏观环境

（一）经济增速下降，挤压政府支出空间

伴随我国经济从高速增长转向高质量增长，浙江省经济增速由

2015 年的 8.0% 下降到 2019 年的 6.8%（见表 5-1）。"十四五"期间，经济增长仍可能进一步降速，将导致政府财政收入不足、就业率下降、社保水平变化，这些均会通过影响农民就业和收入，对已有相对贫困问题的解决产生较大阻力。一是政府财政收入下降对农村投入的影响。各级政府对乡村振兴及解决相对贫困的相关支持将受到财政收入不足的限制，向农业农村增加公共投入变得越来越困难。二是经济增速下降影响农民工就业。2015~2019 年，浙江省经济总量虽明显增长，但增速明显下降。伴随经济增长减速，浙江省的就业尤其是农民工就业量有可能出现明显下降。三是对社会保障兜底人群的影响。经济增长减速，必将会使依赖社保兜底人群的生活质量受到影响，并可能会使其迫近相对贫困边缘。

表 5-1　　　　2015~2019 年浙江省地区生产总值及增速情况

年份	地区生产总值（亿元）	经济增速（%）
2015	42886	8.0
2016	47251	7.6
2017	51769	7.8
2018	56197	7.1
2019	62352	6.8

资料来源：笔者根据历年《中国统计年鉴》数据整理所得。

（二）产业结构变动，冲击农民工就业

自 2014 年以来，浙江省就业总人数保持增长，但用工数量出现持续下降趋势。2014~2019 年，规模以上工业企业在减少的同时流出了大量劳动力，制造业、建筑业与租赁和商务服务业就业人数出现明显的下降趋势，大多转向批发零售和交通、仓储等行业。"十四五"期间，

一方面，在企业成本上升条件下，还会有企业和人员迫于压力退出制造和建筑等行业，转向其他行业；另一方面，智能化、信息化的领先，将会使工业进一步减少劳动力需求。在企业成本上升和智能化的背景下，城乡贫困居民由于缺乏现代化的工作技能，无法获得稳定的就业岗位，造成相对贫困进一步加剧。当然，作为互联网和电商产业发达程度领先全国的浙江省，"互联网+"、第五代移动通信技术（5G）和电商服务业及新兴产业等正在逐渐代替传统行业，造成传统行业的衰退。服务领域新行业虽崛起替代传统服务业，但对劳动力的需求却远远不及传统服务业。"十四五"时期，如何充分利用服务业增长解决浙江省低收入居民特别是农民工就业问题，使他们获得稳定的收入来源以缓解相对贫困，仍面临诸多难题。

（三）城镇化减速，影响农业适度规模经营

实现农业适度规模经营，提高农业劳动生产率，在很大程度上依赖于农业剩余劳动力的不断转移。只有农业部门劳动力减少到一定程度时，农业适度规模经营、农业劳动生产率提高才具备条件。城镇化是转移农业部门剩余劳动力的主要途径。城镇化最快的时期一般是人均国内生产总值（GDP）处于中上等收入阶段，但是伴随浙江省近几年出现的产业更新、人口收缩、地方政府的不当干预、城镇化中上等阶段提前减缓等，城镇化速度被严重影响。这些都可能阻碍农业转移人口市民化，农村人口无法享受同等程度居民的待遇，城乡的相对贫困也会加剧。

（四）国际环境变化，制约农产品贸易

随着国际经济环境不确定性增大，以及中美贸易战叠加新冠疫情冲击，浙江省经济运行受到较大影响，主要经济指标数据出现明显下降。

2020 年第一季度全省生产总值 13114 亿元，同比下降 5.6%，一二三产业同步受到冲击，同比分别下降 0.7%、11.0%、1.5%。浙江省是中国农业对外贸易最活跃的省份之一，目前与全球 200 多个国家和地区进行农产品贸易，2019 年农副产品进出口总额达到 1500 亿元人民币。浙江省包括茶叶、水果等农产品的出口受国际市场的深刻影响，随着发达国家对浙江省农产品的需求变弱，将严重影响农民就业和收入增加，从而导致返贫的可能性增大。

（五）农民增收趋缓，城乡差距依然较大

浙江省城乡居民人均可支配收入差距较大（见表 5-2），农民收入增速放慢，城乡、农村内群体间差距扩大的趋势将会延续到"十四五"时期。一方面，因为农业生产成本仍处在不断上升阶段，必然引起农业收益下降，加大农民增收难度；另一方面，随着经济增速降低，工业结构转型升级将会降低对劳动力的需求，减少农民外出打工机会的同时使农民获得非农领域收入的空间变小。在实施乡村振兴战略大背景下，充分发挥农民的自主性，在"十四五"期间努力解决好城乡差距扩大问题，将会有效缓解相对贫困问题，否则相对贫困将会有持续扩大的趋势（见图 5-1）。

表 5-2   2012~2019 年浙江省城乡居民人均收入差距变化

年份	城镇居民人均可支配收入		农民人均可支配收入		比值	城乡收入差额（元）
	绝对数（元）	增长（%）	绝对数（元）	增长（%）		
2012	34550	11.6	14552	11.3	2.37	19998
2013	37080	7.3	17494	10.7	2.12	19586
2014	40393	8.9	19373	9.0	2.09	21020
2015	43714	8.2	21125	8.2	2.07	22589

年份	城镇居民人均可支配收入		农民人均可支配收入		比值	城乡收入差额（元）
	绝对数（元）	增长（%）	绝对数（元）	增长（%）		
2016	47327	8.3	22866	9.1	2.07	24461
2017	51261	8.4	24956	9.4	2.05	26305
2018	55574	8.3	27302	9.4	2.04	28272
2019	60182	8.3	29876	9.4	2.01	30306

资料来源：笔者根据历年《浙江统计年鉴》整理计算。

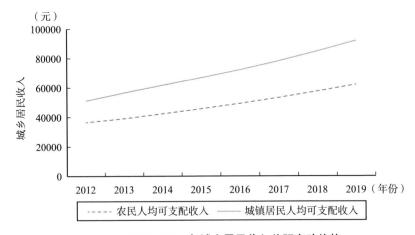

图 5-1　2012～2019 年城乡居民收入差距变动趋势

资料来源：笔者根据历年《浙江统计年鉴》数据绘制。

二、浙江省农村相对贫困的识别与测量

（一）研究方法选取

本章基于第二章、第三章梳理收集的国外发达国家相对贫困研究的相关理论及其治理方法和经验，以及通过一些期刊、论文、专著等资料整理我国学者在研究相对贫困时，在对相对贫困的概念解释、相对贫困的测度方法、相对贫困产生的原因及治理对策的基础上，运用计量分析方法，先以农村居民人均收入水平和人均消费水平的典型经济指标来进行相对贫困的聚类识别分析。其中，相对贫困与否是模型中的被解释变量，即因变量。首先，使用聚类分析，识别出单个家庭个体是否处于相对贫困状态。其次，在识别判断单个个体是否处于相对贫困后，再结合Logistic计量经济模型研究浙江省相对贫困的影响因素及其影响差异。最后，对于计量模型的分析结果给予恰当理论解释。

（二）研究数据来源

本研究以浙江省为核心研究样本，在数据上采用官方公开数据和实地调研数据相结合[①]。官方公开数据包括历年《浙江统计年鉴》、浙江省三次大规模农业普查数据，以及引用浙江省统计局研究课题里的数据。将客观数据和通过访谈得到农村居民对贫困的主观认知和判断、将调研数据和官方统计数据有机结合，全方面地准确把握浙江省农村的相对贫困状况。调查涵盖浙江省农户个人及家庭特征、物质资本及经济状况、人力资本及社会资本、区位特征及产业发展状况等方面。

1. 问卷设计

本研究的问卷主要是根据2019年《浙江统计年鉴》的官方数据和参考已有的关于贫困问题研究的文献进行设计。其中，浙江省农村居民

---

① 调查问卷详细内容见附录1。在此需要特别说明的是，在附录1问卷第四部分关于农村居民家庭的基本生活状况的内容，虽然做了实地调查，但最后发现涉及的基本生活条件几乎在浙江省农村地区都达到了普及，所以这些问题不足以作为区分农户家庭是否陷入相对贫困问题的指标，所以在后续研究浙江省农村相对贫困影响因素时不再涉及研究农户基本生活状况对相对贫困的影响。

个人及家庭维度涵盖户主年龄、婚姻状况、家庭人口规模、抚养比四个方面，物质资本及经济状况涵盖固定资产拥有量、家庭经济收入来源、人均收入、人均消费状况，人力资本及社会资本涵盖户主健康状况、受教育程度、专业技能掌握状况、党员或乡村干部家庭、社会关系、自评社会地位六个方面，区位特征及产业发展状况涵盖村庄距离乡镇政府驻地距离、特色产业发展和乡村旅游开展状况。同时，考虑到相对贫困也是一种基于主观的心理感受或价值判断，在问卷问题设计时也设置了受访主体主观判断家庭贫困状况的题目，从而使问卷题目设计尽可能全面完善。

本研究在问题设置上尽可能涵盖课题研究所需要用到的所有数据，在问卷问题的设计上，如果只是参考已有的关于贫困研究的文献，可能会存在偏差，且容易偏离浙江省农村的实际状况。因此，在问卷问题设计初步结束后，在浙江省农村地区进行了小范围的问卷预调查，先通过小样本数据来及时了解并发现问卷设计上存在的不合理之处，如可能存在的问题选项存在遗漏、问题设置不利于理解、区间值过大或过小等不利于被调查者如实填写问卷的情况，通过反复对问卷进行推敲思考，及时进行修改，以保证问卷问题的设计不偏离浙江省农村实际又能满足研究主题需要。在不断修改、不断进行问卷预调查的过程中，发现在小样本下问题设置不存在较大偏差时，再将问卷真正投放到浙江省农村地区。

2. 实施调研

本次调研预备将问卷投放到浙江省各个市的农村地区，包括杭州市、宁波市、温州市、嘉兴市、湖州市、绍兴市、金华市、衢州市、舟山市、台州市、丽水市。在问卷发放前期，将每个地区要发放的问卷按照分层抽样的方法进行分配。如表5-3、表5-4所示，首先，根据全省各个市的城镇化率来求得各个市农村常住人口所占比例。其次，用各个市的总人口乘以该市的农村常住人口所占比例，既得各个市区的农村常住人口数量,最终得到浙江省 11 个市的农村人口比例为 11∶10∶16∶8∶6∶9∶10∶7∶2∶14∶7,进行实地调研时将这 1000 份问卷也按照该比例进行问卷的发放。但最后由于客观实际因素,最终浙江省宁波市和湖州市的农村地区没有进行问卷发放,问卷数据只涉及浙江省的 9 个市的典型农村地区。最后,将各个地区的问卷回收,进行分类汇总。向这 9 个市的农村地区共投放 760 份调查问卷,回收问卷 685 份,有效问卷 609 份,问卷总体有效率为 88.91%。其中,杭州市农村地区发放 110 份,回收 100 份,有效问卷 80 份,问卷有效率为 80.00%;温州市农村地区 60 份,回收 55 份,有效问卷 49 份,问卷有效率为 89.09%;嘉兴市农村地区发放 80 份,回收 70 份,有效问卷 62 份,问卷有效率为 88.57%;绍兴市农村地区发放 90 份,回收 90 份,有效问卷 86 份,问卷有效率为 95.56%;金华市农村地区发放 100 份,回收 90 份,有效问卷 83 份,问卷有效率为 92.22%;衢州市农村地区发放 70 份,回收 50 份,有效问卷 45 份,问卷有效率为 90.00%,舟山市农村地区发放 50 份,回收 50 份,有效问卷 45 份,问卷有效率为 90.00%,台州市农村地区发放 130 份,回收 110 份,有效问卷 97 份,问卷有效率为 88.18%,丽水市农村地区发放 70 份,回收 70 份,有效问卷 62 份,问卷有效率为 88.57%。

表 5 – 3　　　　　　　　浙江省各市农村问卷预投放数量设计

地区	城镇化率（%）	农村常住人口所占比例（%）	全市总人口（人）	农村常住人口（人）	各市农村人口占全省农村人口的比重（%）
杭州市	77.4	22.6	7538771	1703762	11
宁波市	72.9	27.1	5969307	1617682	10
温州市	70.0	30.0	8245470	2473641	16
嘉兴市	66.0	34.0	3563714	1211663	8
湖州市	63.5	36.5	2661413	971416	6

地区	城镇化率（%）	农村常住人口所占比例（%）	全市总人口（人）	农村常住人口（人）	各市农村人口占全省农村人口的比重（%）
绍兴市	66.6	33.4	4464803	1491244	9
金华市	67.7	32.3	4855198	1568229	10
衢州市	58.0	42.0	2578084	1082795	7
舟山市	68.1	31.9	971491	309906	2
台州市	63.0	37.0	6035313	2233066	14
丽水市	61.5	38.5	2692721	1036698	7

资料来源：笔者计算所得。

表5-4　　　　　　　　　　实际问卷发放数量与统计情况

地区	发放问卷（份）	回收问卷（份）	有效问卷（份）	问卷有效率（%）
杭州市	110	100	80	80.00
温州市	60	55	49	89.09
嘉兴市	80	70	62	88.57
绍兴市	90	90	86	95.56
金华市	100	90	83	92.22
衢州市	70	50	45	90.00
舟山市	50	50	45	90.00
台州市	130	110	97	88.18
丽水市	70	70	62	88.57

资料来源：笔者根据调研数据计算所得。

（三）相对贫困主要影响因素指标设计的确定依据

1. 个人及家庭维度

本研究主要是以家庭为研究单位，且是狭义的家庭概念，是指在同一个户口上有婚姻、血缘、亲属关系的社会生活单位，通过调查户主即可以了解家庭的贫困特征。从已有的文献研究来看，贫困家庭多发生在广大农村地区，而贫困群体通常是以家庭户的贫困为表现，故了解农村家庭基本特征是研究农村贫困问题的开端。家庭状况一般涵盖户主的年龄、婚姻、健康状况及家庭人口规模、家庭劳动力数量等方面，这些都是影响一个家庭是否陷入贫困的显著因素。一般来说，不完整的家庭结构（包括未婚、离婚、丧偶）比已婚的家庭结构更容易陷入贫困，没有劳动能力的农村老人更容易陷入贫困，未成年子女或没有劳动能力的人口数量越多家庭越容易陷入贫困，即说明该家庭抚养比较高。

本研究从家庭特征维度对农村居民家庭的以上几个方面进行调查，其中通过家庭人口数量和劳动力数量来计算单个农村居民家庭单位劳动力抚养比。如图 5-2 所示，浙江省农村居民家庭抚养比在 2010 年以前保持相对较低水平并趋于平稳，且在 2010 年抚养比达到最低水平；在 2010 年以后农村居民家庭抚养比开始逐渐上升，在 2012 年以后家庭抚养比在较高水平上保持增长，其中 2012~2013 年农村单位劳动力负担数增长幅度最大，农村单位劳动力负担数从 2012 年的 1.37 增长到 2013 年的 1.54，单位劳动力抚养比增长了 12.4%。这主要是由于劳动力年龄人口比重下降造成的人口抚养比提高。实际上，根据浙江省统计局对浙江省人口统计信息可知，2010 年，浙江省 15~64 岁劳动年龄人口占全部常住人口的比重为 77.5%，达到峰值，所以 2010 年单位劳动力的抚养比才会最低。从 2011 年开始，劳动年龄人口呈现逐年下降态势，导致农村家庭单位劳动人口抚养比呈现逐年增长的态势。实际上，在社会福利保障制度不健全的背景下，农村家庭非劳动力数量的上涨，势必会给家庭成员带来更多的负担，所以单位劳动力抚养比也是本研究考察相对贫困影响因素的重要指标之一。

图 5 - 2　2008~2017 年浙江省农村居民家庭抚养比

资料来源：笔者根据调研数据整理。

　　由于农村家庭处于不同的生命周期，其陷入相对贫困的概率也会存在不同。一般来说，处于起步阶段和衰退阶段的农村家庭陷入相对贫困的概率更大，而处于成长期阶段和成熟期阶段的家庭陷入相对贫困的概率相对偏低。彭继权和吴海涛（2019）在家庭生命周期视角下研究贫困问题时，发现家庭在不同生命周期阶段的贫困与多维贫困贡献率之间呈现"U"形关系。鉴于此，本研究在变量设置上以户主年龄作为衡量家庭处于不同生命周期阶段的指标，并加入户主年龄的平方项。

2. 经济维度

　　（1）收入、消费和固定资产。本研究的经济维度除了考虑典型的收入、消费这样的经济指标外，还考虑了农村家庭耐用消费品的拥有量情况、包括房产在内的固定资产等指标。收入指标不论是在研究绝对贫困还是相对贫困时，学者们都会把收入作为判定贫困与否的重要指标。但从经济学的购买力角度出发，收入只是代表了消费者购买商品或劳务时的支付能力，但更要从消费角度出发，消费支出结构一定程度上除了能够反映消费者的支付能力外，同时也能反映消费者的购买意愿。现阶段的生活水平理所应当取决于现阶段的消费，而且消费在一定时期内具有稳定性，不如收入波动频繁。在中国，大部分人消费低于收入，他们为未来的不确定性而习惯性储蓄，将当前消费维持在一个相对平稳的水平上。

本研究中的固定资产包括汽车、除自住以外的其他房产、可供出租的仓库、大型农业机械及其他与生产经营有关的设备、器具，家庭汽车和房产作为耐用品消费品，其拥有量在一定程度上是农村在物质层面城市化的表现，农村家庭是否拥有和享用这些物质资本，在一定程度上能够反映农村居民的生活质量。而可供出租的仓库、大型农业机械及其他与生产经营有关的设备、器具除了是物质资本外，它们更能够作为生产要素，这些生产要素带来的财富效应能够为农村居民带来永久性收入预期的形成，并且使农村的生存发展具有可持续性，因而会进一步刺激农村居民的消费。因此，固定资产能很好地反映农村居民的相对贫困状况。

（2）就业维度。农户兼业特征反映着农村家庭成员的就业结构和收入来源的重大情况，所以在宏观上可以反映社会经济政策的变迁，微观上可以在一定程度上反映个体家庭的贫困状况。从浙江省整体绝对数量上看，1996～2006年，非农户数量有了大幅度增加，纯农户、农业兼业户、非农兼业户都有了大幅度减少，其中非农户数量增加了近140万户，增长率为42.96%，纯农户数量减少了115万户，下降比率为46.68%，农业兼业户数量减少了近80万户，下降率为51.9%，非农兼业户数量减少了近34万户，下降比率为16.49%；从相对结构上看，1996年与2006年相比，非农户数量占全部农户的比重从1996年的34.61%增长到2006年的54.82%，2006年纯农户、农业兼业户、非农兼业户的数量占全部农户的比重分别为15.69%、8.73%、54.82%，与1996年相比，纯农户比重下降了10.88个百分点，农业兼业户比重下降了7.65个百分点，非农兼业户比重下降了

1.68 个百分点①。其中，非农户在 2006 年已成为浙江省农村劳动力类型中的主体，比重超过一半。并且以非农为主的兼业户和非农户的比重已经占据浙江省农村劳动力整体的 75.00%，可以推断出绝大部分农村家庭的收入来源已不再是农业生产了，这也符合经济高度发展的浙江省农业转型趋势，但仍然有将近 25.00% 的农村家庭的经济收入来源主要依靠农业生产。

由于浙江省市场经济的活跃程度和土地资源限制，加之农业生产的单位产出往往会低于非农产业的劳动报酬，这种农户兼业的就业特征也是劳动力资源合理配置的结果，虽然各个市区之间农业从业人数往非农就业转移的数量存在差异，但是这种符合浙江省社会经济发展特点的劳动力转移已是大势所趋。本研究对这四种不同方式的就业类型分别予以赋值，即纯农户 =1、农业兼业户 =2、非农兼业户 =3、非农户 =4，再根据农村劳动力的就业均值来计算浙江省 1996～2006 年这 10 年间农业劳动力就业贫困的演变和现状。如表 5－5 所示，1996 年浙江省就业均值为 2.65，将该年的就业贫困线设为 2 且包含 2，将位于就业贫困线以下的纯农户和农业兼业户的数量之和比上总农户数量，即得 1996 年的全省就业贫困发生率为 42.95%；2006 年的全省就业均值为 3.14，如果仍然以 1996 年的就业贫困线 2 为基准，则该年全省的就业贫困发生率 =（纯农户 + 农业兼业户）/全部农户 =24.42%，如果将 2006 年的就业贫困线设为 3，则该年全省就业贫困发生率 =（纯农户 + 农业兼业户 + 非农兼业户）/全部农户 =45.18%。综上所述，以不变贫困线来计算就业的贫困发生率，全省的就业贫困率是下降的，即农村劳动力中就业贫困的人数是减少的，但以动态贫困线来计算就业的贫困发生率，则不降反升。陈宗胜等（2013）在考察农村低收入人群的收入演化变动

① 笔者根据《浙江农户兼业状况研究》整理（https：//tjj. zj. gov. cn/art/2018/8/27/art_1569290_23331941. html. ）。

情况时，发现官方数据公布的我国农村贫困人口持续减少的主要原因在于贫困线未随经济发展程度变化进行调整，或者说以贫困线缓慢增长的扶贫理念是滞后于经济发展水平的。不论是以静态贫困线还是动态贫困线，这部分农业从业者在转入非农就业者前，这部分农村劳动力可能会陷入相对贫困状态。

表 5－5 浙江省两次农业普查期间农户兼业状况

类型	1996 年		2006 年		2006 年比1996 年增减变化（%）
	绝对数（万户）	比例（%）	绝对数（万户）	比例（%）	
纯农户	244.49	26.57	130.36	15.69	－10.88
农业兼业户	150.75	16.38	72.51	8.73	－7.65
非农兼业户	206.54	22.44	172.49	20.76	－1.68
非农户	455.39	34.61	455.39	54.82	20.21
就业均值	2.65	—	3.14	—	—

资料来源：笔者整理。

3. 人力资本和社会资本维度

（1）受教育程度与专业技能状况。本研究以户主受教育程度及家庭劳动力专业技能的拥有状况作为衡量人力资本维度的二级指标。户主的受教育水平、专业技能水平除了影响其本身的人力资本水平外，也会在一定程度上影响子辈发展能力，进而影响整个家庭陷入贫困的概率。在教育、人力资本与贫困的关系上，已有大量研究表明，人力资本投资的差异在很大程度上能够导致个体之间的收入乃至贫困差异，本书不再赘述。而在农村贫困家庭的代际传递问题上，对于已婚已育的农村家庭来说，不少文献研究表明，农村贫困家庭在贫困代际传递上是很明显的，林闽钢和张瑞利（2012）在研究农村贫困代际传递时，贫困家庭的父辈与子辈在受教育年限、收入水平等方面具有很强的相关性，贫困家庭子女很容易受到父辈教育、经济等方面劣势的影响。杨帆和庄天慧（2018）在研究父辈禀赋对新生代农民工相对贫困的影响时，发现父辈受教育程度显著影响新生代农民的多维相对贫困，且受教育状况、专业技能水平作为衡量人力资本的指标，是决定农民工是否会陷入相对贫困或摆脱相对贫困的关键因素。

从浙江省1996~2006年不同从业者劳动力受教育状况来看（见表5-6），农村劳动力中在农业从业者（包括纯农从业者、以农为主的兼业者、以非农为主的兼业者）比重大幅度下降和农村劳动力非农从业者的比重大幅度提高的前提下，农村劳动力中的农业劳动者和非农劳动者的平均受教育年限在原来结构稳定的基础上有了一定提高。结构稳定表现在：1996年纯非农业劳动者的平均受教育年限是最高的，以非农为主的兼业者平均受教育年限次之，以农为主的兼业者平均受教育年限更低，单纯从事农业的劳动者平均受教育年限最低；2006年，纯农从业者、以农为主的兼业者、以非农为主的兼业者、单纯从事非农业者的平均受教育年限虽然都有了一定幅度的提高，但是依然呈现出非农从业者的平均受教育年限高于农业从业者的平均受教育年限的特点。平均受教育年限的提高体现在：1996~2006年，单纯从事农业者平均受教育年限从5.27年提高到5.67年，绝对平均年限上提高了0.4年，提高了近8%，以农业为主的兼业者的平均受教育年限从5.97年提高到6.52年，绝对平均年限上提高了0.55年，提高了近10%，以非农为主的兼业者平均受教育年限从7.25年提高到7.49年，绝对平均年限上提高了0.24年，提高了近4%，单纯从事非农业者的平均受教育年限从7.89年提高到8.56年，绝对平均年限上提高了0.67年，提高了近9%。不同类型从业者的教育程度都得到一定提高，这也说明我国义务教育的改革发展取得了丰硕的成果。

表 5 – 6　　　　浙江省两次农业普查期间农户兼业者平均受教育状况

类型	比重（%）		平均受教育年限（年）		平均年龄（岁）	
	1996 年	2006 年	1996 年	2006 年	1996 年	2006 年
单纯从事农业者	33.18	24.86	5.27	5.67	44.31	53.33
以农业为主的兼业者	11.57	3.94	5.97	6.52	41.82	49.66
以非农业为主的兼业者	30.84	23.74	7.25	7.49	34.90	44.25
单纯从事非农业者	24.41	47.47	7.89	8.56	31.01	36.19

从年龄结构上看，单纯从事农业者、以农业为主的兼业者、以非农为主的兼业者、单纯从事非农业者这四种类型的农村劳动力的年龄逐渐趋于高龄化，单纯从事农业者的平均年龄最大，单纯从事非农业者的平均年龄最小，而这部分平均年龄偏大的恰恰是平均受教育年限最低的，平均年龄最小的恰恰是平均受教育年限最高的，一方面说明了义务教育的逐步普及的作用，另一方面也说明了文化程度相对偏高的青壮年能够逐步脱离纯粹的农业生产活动，成为文化素质越来越高的劳动者。

虽然农村整体劳动力平均受教育年限有所提高，但 1996～2006 年这 10 年间，浙江省全省农村劳动力的平均受教育年限是非常缓慢的，到 2006 年，全省农村劳动力的平均受教育年限是 7.06 年，相对于 1996 年的农村劳动力平均受教育年限 6.6 年，也只提高了不到 2 年，即使是平均受教育年限最高的纯非农从业者的青壮年，他们的平均受教育年限仅为 8.56 年，也仍然没有达到我国九年义务教育的要求，这部分青壮年本应该成为家庭中的主劳动力，并且是高素质的完全劳动力。受教育水平的限制，他们必将缺乏对新市场、新技术、新岗位的适应能力。本研究也将着重研究农村劳动力受教育年限对家庭陷入相对贫困的影响。

（2）社会关系。社会资本包含的维度比较广泛，在本研究中社会资本主要包括两方面含义，一方面是"地域型社会资本"，主要是指以熟人为主体，尤其以亲属、血缘和地域为典型代表的农村社会关系网络，在农村这个"熟人社会"的地域空间里，农民在长期相互交往中形成一种关系纽带，这种关系纽带可以成为良好的社会资本，帮助农民在整合调动人力资源、获取传播信息、资源配置、利益协调等方面占据优势；另一方面是"非地域型社会网络"，主要是指新型农民在劳动力流动实现非农就业过程中在就业选择空间、职业转换等方面具有广阔的业缘和人际关系。

本研究以"是否是党员家庭或乡村干部家庭"作为传统"地域社会资本"的指标，以"是否存在具有重要社会关系的家庭成员"作为新型"非地域型社会资本"的指标，以及受访者主观认为其所在家庭在当地的社会地位这3个指标考察农村家庭是否具有良好的社会资本。通常认为，农户家中如果有党员或村干部，这意味着该家庭具有较强的社会动员能力和较广泛的社会关系，并且如果一个家庭存在具有重要社会关系的成员，那么该家庭成员在非农就业上较传统居民具有更大的择业空间，可以有效避免陷入贫困。

已有不少文献研究社会资本在缓解农村贫困方面的作用，如周晔馨（2012）在验证"社会资本是穷人的资本"时，发现不论是低收入农户还是低水平地区的农户都普遍存在社会资本欠缺和资本回报欠缺的问题；车四方（2019）在研究社会资本、农村劳动力流动对农户家庭多维贫困的影响时，发现社会资本对农户多维贫困有着显著的负向影响，即农户家庭的社会资本越丰富，其对缓解农户多维贫困的作用越大；刘一伟和刁力（2018）的研究发现，一方面社会资本本身具有减贫效应；另一方面社会资本可以帮助促进农村劳动力的非农就业，通过实现这种非农就业可以有效降低农村家庭陷入贫困的可能性；王文涛（2017）指出，拥有新型的"脱域型社会资本"的农户比拥有传统的"地域型社会资本"的农户有更高的收入回报，但这种社会资本也会使农户之间收入差距扩大化。

4. 区位特征与产业发展维度

（1）乡村区位。本研究以农村居民家庭所在村庄离乡镇政府所在地的距离作为考察区位特征的指标，距离乡镇政府驻地越近，除了可以享受到便捷的公共服务外，更在于在区域流通经济发展中，地理空间距离会产生巨大的经济溢出效应。离乡镇距离近利于人口流动，可以加快促进农业人口的非农化，他们可以在就近实现农村劳动力离土不离乡的非农就业，这种短距离流动人口通常会在批发零售、餐饮、交通运输等劳动密集型产业就业，并且在劳动力流动中实现的非农就业有助于提高农村劳动力的人力资本，也会推动欠发达地区乡镇商业服务经济的发展，进而带动农村消费升级，并产生一系列的经济溢出效应。

（2）产业发展状况。通过前文有关农村相对贫困归因的文献综述，可以发现产业结构单一是农村地区相对贫困的主要原因之一，故产业扶贫带动贫困地区经济发展一直被运用于实际的扶贫工作中，且产业扶贫一直是国家扶贫的核心举措。通过产业扶贫这种开发式扶贫方式能够增强贫困地区和贫困群众的自我发展能力，培育农村产业发展的内生动力。本研究将农户家庭是否加入特色产业合作社、是否开展乡村旅游作为考察农村地区产业结构的重要指标。在经济影响方面，大部分研究表明，乡村旅游能够为贫困人口创造就业机会和收入，能促进小商业经营和提高贫困人口的生活水平。胡春丽（2018）在研究乡村旅游扶贫的实践依据和驱动机制时，提出乡村旅游扶贫作为一种造血式的扶贫方式，不但能够带动贫困地区的经济发展水平，还能够提升贫困人口的人力资本水平，对当地经济与文化发展都具有重大意义。吴靖南（2017）通过分析乡村旅游精准扶贫的实现路径，发现乡村旅游可以突破贫困村的资源环境限制，为农村地区劳动力提供更多的就业机会、劳动力资源可以得到优化配置，而且在旅游开发扶贫过程中能够在一定程度上提升贫困人口的素质水平。朋文欢（2018）运用理论与 Probit 模型实证相结合分析农业合作社的减贫效应，研究表明农业合作社作为与贫困人口联合的纽带，能够有效衔接贫困户与外界市场、资源的联系，在支撑贫困地区的产业发展方面发挥着举足轻重的作用。这种扶贫模式和乡村旅游扶贫一样都能有效地激发贫困地区的内生动力，是农村减贫道路上极为可取的路径。

耐用消费品的拥有量是农村在物质层面城市化的表现，农村家庭是否拥有和享用这些东西在一定程度上能够反映农村居民的生活质量。

（四）浙江省农村居民家庭相对贫困的聚类识别分析

1. 方法介绍

聚类分析指将物理或抽象对象的集合分组为由类似的对象组成的多个类的分析过程，就是在相似的基础上收集数据来分类，衡量不同数据源间的相似性，以及把数据源分类到不同的簇中。同一聚类中的对象相似度较高，而不同聚类中的对象相似度较小，聚类相似度是利用各聚类中对象的均值所获得一个"中心对象"来进行计算的。常用聚类分析法主要有层次聚类和迭代聚类，本研究使用迭代聚类（K-Means），先由分析者确定需聚类的类别数 K，然后确定每个类别的初始类中心点，逐一计算每个样本到各初始中心点的距离，按照距离最近原则把样本归入各个类别，并计算新形成的类中心点，以此迭代，直到达到一定的收敛标准或达到分析者事先指定的迭代次数为止。

2. K-Means 聚类结果分析

用 R 语言对 609 份浙江省农村居民样本数据的人均收入和人均消费进行聚类分析，根据人均收入和人均消费特征的相似性将样本数据分成了相对贫困和非相对贫困群体两大类，其结果如图 5-3 所示。根据最终聚类分析结果，分布于第一个聚类簇中的样本数据有 218 个，分布于第二个聚类簇中的样本数据有 391 个。由于每个聚类簇都会形成一个聚类中心点，位于第一个簇的聚类中心点代表的人均收入和人均消费均高于位于第二个簇的聚类中心点代表的人均收入和人均消费，故分布于第一个簇中的样本点代表的是非相对贫困群体，共有 218 人，分布于第二个簇中的样本点代表相对贫困群体，共有 391 个，同时将分布于第一个簇中的样本点，即代表非相对贫困群体赋值 0，将分布于第二个簇中的样本点，即代表相对贫困群体的赋值 1，从而就确定了因变量相对贫困，为下一节进行实证分析进行铺垫。

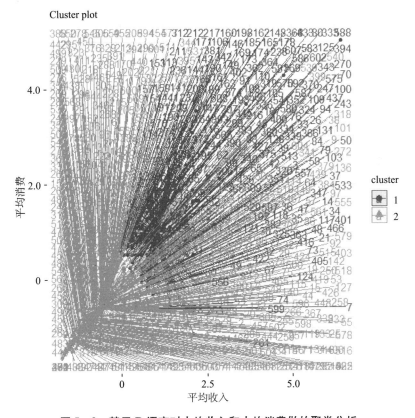

图 5 - 3 基于 R 语言对人均收入和人均消费做的聚类分析

资料来源：笔者根据调查数据绘制。

总体而言，相对贫困人数与非相对贫困人数之比为391∶218，故浙江省农村居民的相对贫困发生率约为64%，超过了没有陷入相对贫困的人数比例，但这与浙江省农村已取得的扶贫成就并不矛盾，浙江省虽然成为全国首个宣布全面消除绝对贫困的省份，相对贫困问题却依然严重，此次调研样本是将浙江省内部不同地区农村居民的平均收入和平均消费来进行参照对比，同一省份内部不同群体之间的对比，处于相对弱势的群体即为处于相对贫困状态，并不代表浙江省农村居民的贫困程度加深，生活水平下降，只代表了在同一内部比较时在人均收入和人均消费上处于相对弱势地位的群体。

本研究是在浙江省农村完成精准脱贫后，即全面消除绝对贫困后，用问卷调查对浙江省农村居民的生活状况进行实地调研，得到了609份有效数据，并根据其收入和消费特征将其进行分类。故本研究中相对贫困可大致分为两层含义。

（1）相对贫困是与绝对贫困相对的概念。宏观上讲，相对贫困是指在中国进行精准扶贫，在以全面消除绝对贫困的政策背景下，经济发展到更高水平、超前完成精准脱贫任务的一定区域人口，在精准脱贫后的新时期所表现出的贫困现象称为相对贫困。这部分相对贫困群体早已摆脱了全国扶贫层面上的绝对贫困境况，人均收入、人均消费水平走在全国相对贫困前列，能够满足现行生产生活条件下的基本生活需要，甚至能够进行简单扩大再生产。

（2）相对贫困是一种比较贫困。相对贫困群体指在区域经济发展水平大体一致的同一区域内部，不同农村群体之间，在经济或非经济状况上表现出的相对差异性，在进行相互比较时，处于相对弱势地位者即为相对贫困群体，这并不代表这部分相对贫困群体仍然处在生存贫困的绝对贫困之中，这正好验证了第三章中关于相对贫困的界定。

三、浙江省农村相对贫困影响因素的实证分析

（一）基本模型的设定

鉴于本研究的因变量是农村居民家庭是否处于相对贫困状态，即因变量属于二分类变量，取值只有两种情况，要么是处于相对贫困状态，要么没有处于相对贫困状态，符合二元离散选择模型的要求。一般的线性回归无法刻画变量之间的因果关系，因此本书在研究相对贫困的影响因素时，采用二元分类 Logistic 回归，当样本个体处于相对贫困状态时，将因变量赋值为1；当样本个体没有处于相对贫困状态时，将因变量赋值为0。在 Logistic 概率性非线性回归模型中，因变量相对贫困与否设为 Y，服从二项分布，取值 0 和 1，自变量为影响相对贫困的各因素，设为 X_1，X_2，$\cdots$，X_m。其基本模型为：

$$\text{Prob}(Y_i = 1) = P_i \tag{5-1}$$

$$\text{Logit}(Y_i) = \ln \frac{P_i}{1 - P_i} = \beta_0 + \beta_1 X_1 + \beta_2 X_2 + \cdots + \beta_n X_m \tag{5-2}$$

其中，P_i 为事件发生的概率，即为发生相对贫困的概率；$1 - P_i$ 为事件不发生的概率，即为没有发生相对贫困。$\dfrac{P_i}{1 - P_i}$ 即为事件发生与不发生的概率之比，成为优势比（odds ration），由于 $0 < P_i < 1$，故 $\dfrac{P_i}{1 - P_i}$ 的取值范围为（0，$+\infty$）。β_0 是常数项，β_i 是 $X_i(i = 1, 2, \cdots, m)$ 所对应的回归系数。

（二）影响浙江省农村居民相对贫困因素的描述性分析

根据以往关于贫困影响因素的研究，农村居民是否陷入相对贫困是多方面因素综合作用的结果。结合大量参考文献和浙江省农村实际状况，本书将从户主个体及家庭特征、经济状况及物质资本、人力资本及社会资本维度、乡村区位及产业发展状况四个方面对影响相对贫困的因素进行探究，其中户主个体及家庭特征包括户主年龄、婚姻状况、家庭人口规模、抚养比四个方面，经济状况及物质基本包括固定资产、家庭收入来源两个方面，人力资本维度包括户主自评健康状况、受教育状况、专业技能三个方面，社会资本维度包括党员或乡村干部家庭、社会关系、户主自评家庭社会地位三个方面，乡村区位及产业发展维度包括乡村距乡镇政府驻地距离、特色产业合作社、开展乡村旅游三个方面。表 5－7 对可能影响浙江省农村陷入相对贫困的因素进行了交叉分析。

表 5－7　　　　　　　　　影响相对贫困因素的描述分析

变量名称	变量说明	非相对贫困		相对贫困	
		频数	频率（%）	频数	频率（%）
户主年龄	30 岁及以下 ＝1	13	33.3	26	66.7
	31～40 岁 ＝2	53	49.1	55	50.9
	41～50 岁 ＝3	70	41.9	97	58.1
	51～60 岁 ＝4	43	30.5	98	69.5
	60 岁以上 ＝5	40	26.0	114	74.0
户主婚姻	有配偶 ＝0	204	39.2	316	60.8
	无配偶（离婚、未婚、丧偶） ＝1	15	16.9	74	83.1
人口规模	1～2 口人 ＝1	51	40.5	75	59.5
	3～4 口人 ＝2	116	36.9	198	63.1
	5 口人及以上 ＝3	52	31.0	116	69.0

续表

变量名称	变量说明	非相对贫困		相对贫困	
		频数	频率（%）	频数	频率（%）
抚养比	家庭人口全部为劳动力=0	65	58.0	47	42.0
	非劳动力不多于劳动力数量=1	135	35.9	241	64.1
	非劳动力多于劳动力数量=2	19	15.7	102	84.3
固定资产	是=0	182	44.4	228	55.6
	否=1	37	18.6	162	81.4
家庭收入来源	纯农=1	9	27.3	24	72.7
	以农为主=2	8	11.0	65	89.0
	以非农为主=3	65	30.4	149	69.6
	纯非农=4	137	47.4	152	52.6
户主自评健康	很健康=1	114	55.3	92	44.7
	比较健康，无大病=2	102	29.2	247	70.8
	患病，但可独自外出=3	3	6.7	42	93.3
	病情较重，行动不便=4	0	0.0	9	100.0
户主教育水平	文盲半文盲=1	8	11.3	63	88.7
	小学=2	47	26.0	134	74.0
	初中=3	57	32.9	116	67.1
	高中/中专=4	58	47.9	63	52.1
	大专及以上=5	49	77.8	14	22.2
专业技能	是=0	143	47.4	159	52.6
	否=1	76	24.8	231	75.2
党员或乡村干部家庭	是=0	67	52.3	61	47.7
	否=1	152	31.6	329	68.4
重要社会关系	是=0	104	63.4	60	36.6
	否=1	115	25.8	330	74.2
自评社会地位*	1	11	23.9	35	76.1
	2	34	20.2	134	79.8
	3	102	36.4	178	63.6

变量名称	变量说明	非相对贫困		相对贫困	
		频数	频率（%）	频数	频率（%）
自评社会地位*	4	62	62.6	37	37.4
	5	10	62.5	6	37.5
距乡镇政府驻地距离	小于等于5公里=1	177	43.5	230	56.5
	5~10公里=2	20	17.5	94	82.5
	大于等于10公里=3	22	25.0	66	75.0
特色产业合作社	是=0	76	55.1	62	44.9
	否=1	143	30.4	328	69.6
乡村旅游	是=0	91	56.9	69	43.1
	否=1	128	28.5	321	71.5

*说明：自评社会地位（等级为1~5，分数越高，社会地位越高）。
资料来源：笔者根据资料整理。

此次调查共取得有效样本数为609份，从户主年龄分布来看，30岁及以下的年轻人约占6%，31~40岁的约占18%，41~50岁的约占27%，51~60岁的约占23%，60岁以上约占25%，也就是说50岁以上的人占了近一半。由此可以看出，农村常住人口多为年龄较大的人，年轻人较少，说明浙江省农村存在较为严重的人口老龄化问题，而从不同年龄段的相对贫困发生情况上来看，30岁以下的年轻人群体中相对贫困人数的频率为66.7%左右，31~50岁这个年龄段群体中相对贫困人数的频率都低于60%，说明30岁以下群体中相对贫困发生的可能性要高于31~50岁这个年龄段群体相对贫困发生的可能性，50岁以上年龄群体相对贫困人数频率均在70%左右，这说明31~50岁这个年龄段群体相对贫困发生的可能性低于50岁以上群体相对贫困发生的可能性，这说明相对贫困发生的可能性在年龄上呈现先高后低再高的趋势。

从户主婚姻状况来看，调查样本中共有520位户主有配偶，89位户主没有配偶，有配偶的家庭中陷入相对贫困的占60.8%，而无配偶的家庭中陷入相对贫困的占83.1%，由此可以看出有配偶的家庭发生相对贫困的可能性要低于无配偶的家庭；从人口规模上看，家庭人口主要是以3~4口人这样的核心家庭人口规模为主，并且家庭人口数量在1~2口人和3~4口人这样的家庭在陷入相对贫困的可能性上相差不大，但当家庭人口规模在5口人及以上规模时，这样的家庭陷入相对贫困的可能性要明显高于前两种人口规模的家庭；从抚养比角度看，当家庭人口全部为劳动力，即抚养比为0的家庭有112户，这样的家庭陷入相对贫困占42%，当家庭劳动力人口不少于非劳动力人口，即抚养比为1的家庭有376户，这样的家庭陷入相对贫困的占64.1%，当家庭非劳动力人口多于劳动力人口，即抚养比大于1的家庭有121户，这样的家庭陷入相对贫困的占84.3%。总体来说抚养比越高、家庭负担越重的家庭陷入相对贫困的可能性越大。

从固定资产拥有状况来看，浙江省农村居民中近70%的家庭都拥有固定资产，有固定资产的家庭陷入相对贫困的占55.6%，没有固定资产的家庭陷入相对贫困的占81.4%，有固定资产的家庭发生相对贫困的可能性显然要低于没有固定资产的家庭；从家庭收入来源来看，家庭收入来源完全来自纯农业的有33户，仅占调查样本的5.5%，家庭收入来源以农业为主的家庭73户，约占调查样本的12%，家庭收入来源以非农业为主的有214户，占调查样本的35.1%，而家庭收入来源完全来自纯粹非农业的有289户，占调查的近一半，总体而言从事非农业（以非农业为主和纯粹非农业）的家庭超过了80%，并且从事纯粹农业和从事以农业为主的家庭发生相对贫困的可能性要高于从事以非农业为主和纯粹非农业的家庭。

从户主自评的健康状况来看，户主身体健康（包含很健康和比较健康）的家庭占据调查样本的90%以上，户主身体健康的家庭发生相对贫困的可能性要显著低于户主身体状况不佳的家庭，且户主病情较重、行动不便的家庭发生贫困的可能性是户主很健康的家庭的2倍；从户主的受教育水平来看，调查样本中文盲、半文盲的有71人，小学文化程度的有181人，具有初中文化的有173人，具有高中或中专文化的有121人，具有大专及以上学历的有63人，在对不同文化程度的人进行赋值的情况下计算出户主的平均学历水平为2.88，即达不到初中水平的赋值3，意味着农村群体中存在着较大一部分人没有完成九年义务教育，当然这也可能与调查样本多为年纪较大的人有关，年长者在青年接受教育时期，义务教育还不够普及，此外户主受教育程度越高的家庭发生贫困的可能性越低，其中户主学历水平为大专及以上的家庭发生相对贫困的可能性仅为户主学历水平为文盲、半文盲家庭的1/4；从专业技能水平上来看，拥有专业技能劳动力的家庭与没有专业技能劳动力的家庭数量比例相当，但没有专业技能劳动力的家庭发生相对贫困的可能性却显著高于拥有专业技能劳动力的家庭。

从党员或乡村干部角度来看，调查样本中党员或乡村干部家庭约占20%，非党员或乡村干部家庭约占80%，属于党员或乡村干部的家庭发生相对贫困的可能性要低于非党员或乡村干部家庭；从社会关系上来看，近25%的户主认为本家庭具有重要社会关系，75%的户主认为其家庭不具有重要社会关系，并且没有重要社会关系的家庭发生相对贫困的可能性是拥有重要社会关系家庭的2倍；从户主自评家庭在当地的社会地位看，户主自评的社会地位等级与家庭发生相对贫困的可能性之间存在一定关联性，可以看出，自评社会地位越高的家庭发生相对贫困的可能要高于自评社会地位较低的家庭。

从农户家庭距乡镇政府驻地的距离来看，调查样本中超过60%的农户家庭距乡镇政府驻地在5公里以内，近15%的农户家庭距乡镇政府驻地的距离大于10公里。距乡镇政府驻地距离大于10公里的农户家庭发生相对贫困的可能性要高于距乡镇政府驻地距离在5公里以内的家庭。从农户参加特色产业合作社的情况来看，特色产业合作社在乡村并没有普及，仅有近20%的农户参加了特色产业合作社，近80%的农户没有参加特色产业合作社。而参加特色产业合作社的农户家庭发生相对贫困的概率要显著低于未参加特色产业合作社的家庭。从农户所在地开展乡村旅游的情况来看，调查样本中只有近 25% 的家庭所处地开展了乡村旅游，近 75% 的农户家庭所处地没有开展乡村旅游。开展乡村旅游的地区陷入相对贫困的家庭占 34%，未开展乡村旅游的地区相对贫困户占 72%，显然没有开展乡村旅游的所在地农户比开展乡村旅游的所在地农户更易陷入相对贫困。

（三）基于 Logistic 模型的实证结果与分析

1. 户主及家庭特征对农村家庭相对贫困的影响

从户主特征看，发现户主年龄与相对贫困发生率之间呈现正向关系，而户主年龄的平方与相对贫困发生率呈现负向关系，且在 5% 的置信水平上都是显著的，说明户主年龄与家庭相对贫困发生率之间总体呈现 "U" 形关系，相对贫困多发生在一个家庭建立的初期或衰退期。一方面，这可能与由户主年龄所决定的家庭生命周期阶段有关，从社会调研情况来看，在农村家庭建立成长的初期，户主多外出打工维持生计，家庭妇女留在农村承担照料孩子和赡养老人的责任，单个劳动力承担的家庭负担较重，此时的农村家庭更易陷入相对贫困；另一方面，可能在于农村劳动力在步入老年以后，随着年龄的增长，知识和劳动技能水平方面的欠缺问题越加凸显，劳动参与率低且逐渐下降。综上所述，从年龄结构上来看，农村相对贫困群体多发生在一个年轻家庭建立的初期阶段或者户主年龄偏大的家庭中；户主婚姻状况与相对贫困发生率之间呈现正向关系，相对于家庭结构完整、户主已有配偶的家庭来说，离婚、丧偶、未婚的户主家庭更易陷入贫困，且他们陷入相对贫困的概率要比户主已有配偶的家庭高出 80%，但在统计分析上却是不显著的，因此不能笼统判断没有配偶的人陷入相对贫困的概率更高，应该分别细化研究未婚、离婚、丧偶和有配偶的家庭在相对贫困影响上的差异性。

从家庭特征来看，家庭人口规模与相对贫困的发生率之间呈现正向关系，家庭人口规模越大的家庭陷入相对贫困的概率越高，这不难理解，家庭人口数量越大，家庭开支会越大，进而越容易陷入相对贫困，在发展知识和技术密集型产业而非劳动密集型产业的新时代，农村劳动力质量如果不高，庞大的家庭人口规模并不会为家庭创造更多的财富，而在相当程度上只会加重家庭的开支和负担，所以农村家庭人口规模的扩大会使家庭有较高的可能性陷入相对贫困；家庭抚养比与相对贫困的发生率呈正相关关系，这在一定程度上与家庭人口规模对相对贫困的正向作用是一致的，反映出单位劳动力承担的家庭负担对农村家庭是否陷入相对贫困的显著影响，从侧面也反映出农村家庭相对贫困的可能性很大程度上受家庭劳动力的数量影响。

2. 经济状况对农村家庭相对贫困的影响

从经济维度看，物质资本固定资产的拥有量与农村家庭陷入相对贫困的概率之间呈现正向关系，即没有固定资产的家庭比拥有固定资产的家庭更易陷入相对贫困，且从调查统计来看，浙江省 30% 没有固定资产的农村家庭陷入相对贫困的概率比 70% 拥有固定资产的家庭陷入相对贫困的概率高出 1.05 倍；从家庭经济收入来源看，收入来源主要来自农业的家庭要比收入来源主要来自非农业的家庭更易陷入相对贫困，且收入来源于非农业的家庭陷入相对贫困的概率要比收入来自农业的家庭低 38%，农村劳动力的收入来源一定程度上能够反映劳动者就业状况和产业结构发展状况，绝大部分农村劳动力要靠从事非农产业、摆脱第一产业才能降低家庭陷入相对贫困的风险性，从而可以看出农村劳动力的非农就业对降低农村家庭贫困发生率的积极作用。

3. 人力资本及社会资本对农村家庭相对贫困的影响

从人力资本维度进行分析发现，户主自评的健康状况不好、受教育程度较低且家庭中没有专业技能的劳动力更容易陷入贫困，健康成为影响农村家庭是否陷入相对贫困的重要因素，户主健康状况不好的家庭陷入相对贫困的概率要比健康状况良好的家庭高出 1.84 倍；户主受教育水平与一个家庭陷入相对贫困的概率呈负相关关系，户主受教育状况良好的家庭要比户主受教育水平较低的家庭陷入相对贫困的概率低 48%；专业技能作为农村居民家庭赚取收入的重要手段，没有专业技能劳动力的家庭要比具备专业技能劳动力的家庭陷入相对贫困的概率高 1.07 倍，以上指标在统计分析上都是显著的。应将健康状况、受教育水平、专业技能纳入人力资本维度考虑，因为这些因素会直接影响个人的劳动力输出状况，进而影响个人的收入水平，最终影响农村居民家庭陷入相对贫困的概率。

从社会资本角度看，非党员或乡村干部家庭比党员或乡村干部家庭陷入相对贫困的概率更高，但在统计分析上并不显著，因此不能认为党员或乡村干部家庭在一定程度上能够帮助农村家庭降低陷入相对贫困的概率；没有重要社会关系的家庭要比具有重要社会关系的家庭更容易陷入相对贫困，且没有重要社会关系的家庭要比具有重要社会关系的家庭陷入相对贫困的概率高 1.3 倍，从户主自评家庭所处社会地位看，社会地位与家庭陷入相对贫困的概率呈负相关关系，即社会地位越高的家庭陷入相对贫困的概率越低，但在统计分析上却是不显著的，可能是因为因变量相对贫困与否是根据人均收入和人均消费判断的，可能存在着在收入消费方面不属于相对贫困的家庭，在其他方面处于弱势地位，从而认为家庭所处的社会地位并不高。

4. 区位特征和产业发展状况对农村家庭相对贫困的影响

从乡村区位和产业特征来看，农村居民家庭距乡镇政府驻地的距离与家庭陷入相对贫困的概率呈正相关关系，即距乡镇政府驻地距离越远的家庭陷入相对贫困的概率越大。此外，参加特色产业合作社、开展乡村旅游与农村居民家庭陷入相对贫困的概率之间呈正相关关系，即没有参加特色产业合作社的农村居民家庭要比参加特色产业合作社的家庭陷入相对贫困的概率高77%，同时没有开展乡村旅游的农村居民家庭要比开展乡村旅游的家庭陷入相对贫困的概率高86%。

基于二元逻辑回归模型对浙江省农村居民调查样本进行分析，Stata分析结果分别以回归系数和风险比两种形式变现如表5-8、表5-9所示。

表5-8 实证结果自变量的影响以回归系数的形式输出

相对贫困变量	变量（var）	回归系数（Coef.）	标准误差（Std. Err.）	z值（或标准化值）	P值（P>|z|）	置信区间［95% Conf. Interval］
年龄	var1	0.0819	0.0192	4.27	0.000	［0.0443，0.1196］
年龄的平方	var2	-0.0013	0.0002	-6.59	0.000	［-0.0017，-0.0009］
婚姻	var3	0.615	0.4206	1.46	0.144	［-0.2092，1.4393］
人口规模	var4	0.2533	0.1012	2.5	0.012	［0.0550，0.4517］
抚养比	var5	1.3198	0.2285	5.78	0.000	［0.8719，1.7676］
固定资产	var6	0.7197	0.3081	2.34	0.020	［0.1158，1.3236］
家庭收入来源	var7	0.4714	0.1719	-2.74	0.006	［-0.8084，-1.1344］
健康	var8	1.0444	0.2347	4.45	0.000	［0.5844，1.5045］
教育	var9	-0.6473	0.1468	-4.41	0.000	［-0.9352，-0.3596］
专业技能	var10	0.7289	0.2443	2.98	0.003	［0.2501，1.2078］
党员或乡村干部	var11	0.322	0.289	1.11	0.265	［-0.2446，0.8886］
社会关系	var12	0.8273	0.2782	2.97	0.003	［0.2820，1.3726］
社会地位	var13	-0.2300	0.1482	-1.55	0.121	［-0.5204，0.0604］
距乡镇政府驻地距离	var14	0.7483	0.1847	4.05	0.000	［0.3863，1.1103］
合作社	var15	0.5748	0.2809	2.05	0.041	［0.0243，1.1253］
乡村旅游	var16	0.6222	0.2684	2.32	0.020	［0.0961，1.1483］

资料来源：笔者根据调查数据分析而得。

表 5 – 9　　　　　实证结果自变量的影响以回归系数的形式输出

相对贫困变量	变量（var）	优势比（Odds Ratio）	标准误差（Std. Err.）	z 值（标准化值）	P 值（P > ｜z｜）	置信区间［95% Conf. Interval］
年龄	var1	1.0854	0.0208	4.27	0.000	［1.0452, 1.1270］
年龄的平方	var2	0.9987	0.0001	– 6.59	0.000	［0.9883, 0.9991］
婚姻	var3	1.8498	0.7779	1.46	0.144	［0.8112, 4.2179］
人口规模	var4	1.2883	0.1304	2.5	0.012	［1.0566, 1.5709］
抚养比	var5	3.7426	0.8551	5.78	0.000	［2.3916, 5.8567］
固定资产	var6	2.0539	0.6328	2.34	0.020	［1.1228, 3.7571］
家庭收入来源	var7	0.6241	0.1073	– 2.74	0.006	［0.4456, 0.8742］
健康	var8	2.8419	0.6671	4.45	0.000	［1.7939, 4.5021］
教育	var9	0.5234	0.0769	– 4.41	0.000	［0.3925, 0.6979］
专业技能	var10	2.0729	0.5064	2.98	0.003	［1.2841, 3.3460］
党员或乡村干部	var11	1.3798	0.3989	1.11	0.265	［0.7830, 2.4316］
社会关系	var12	2.2872	0.6363	2.97	0.003	［1.3258, 3.9457］
社会地位	var13	0.7945	0.1177	– 1.55	0.121	［0.5943, 1.0623］
距乡镇政府驻地距离	var14	2.1135	0.3904	4.05	0.000	［1.4716, 3.0354］
合作社	var15	1.7768	0.4991	2.05	0.041	［1.0246, 3.0812］
乡村旅游	var16	1.8630	0.5001	2.32	0.020	［1.1008, 3.1530］
	_cons	0.0558	0.0755	– 2.13	0.033	［0.0039, 0.7900］

资料来源：笔者根据调查数据分析而得。

四、本章研究结论与启示

（一）主要结论

本章用 Logistic 回归模型对浙江省农村家庭相对贫困影响因素进行了统计处理和计量分析，从户主个体特征来看，户主年龄与相对贫困发生率之间存在"U"形关系，这可能与家庭所处的家庭生命周期有关，相对贫困多发生在一个家庭建立的初期或衰退期。此外，户主婚姻状况也能在一定程度上影响相对贫困率的发生，通常没有配偶的家庭比有配偶的家庭更易陷入相对贫困，但在统计上不具有显著性；从家庭特征来看，家庭人口规模和抚养比都与相对贫困发生率之间呈正相关关系，即家庭人口规模越大，抚养比越高的家庭越容易陷入相对贫困，家庭人口规模与抚养比在影响相对贫困率的发生上具有相通性，如果一个农村家庭劳动力质量不高，往往庞大的家庭人口规模只会增大家庭抚养比，不会带来家庭收入和边际收益的递增，进而更容易陷入相对贫困。

固定资产的拥有量能够显著降低农村家庭陷入相对贫困的概率。从农村家庭收入来源与相对贫困的关系上看，家庭收入主要来自非农业的家庭更易于降低一个家庭相对贫困的发生率；相反，家庭经济收入主要来自农业的家庭更易于陷入相对贫困。

从人力资本角度看，党员或乡村干部作为传统社会人力资本的指标在减低相对贫困发生率上不具有显著作用，户主主观自评家庭在当地所处的社会地位等级与相对贫困发生率之间不具有对应关系，而户主良好的健康资本、较高的受教育水平和专业技术水平，以及家庭所有拥有的重要社会人力资本状况都能够显著降低农村家庭陷入相对贫困的概率。从乡村区位特征和产业发展状况与相对贫困的关系上看，开展特色产业合作社、发展乡村旅游，或距离乡镇政府驻地较近的农村地区更有利于降低相对贫困发生的概率。

（二）对农村相对贫困治理政策的启示

1. 适当引导劳动力合理流动，实现非农就业

从农村居民家庭的收入来源与相对贫困的关系看，非农产业能够带

来更高的边际效用和收益率，农村劳动力的非农就业在提高农村居民收入水平和降低农村家庭陷入相对贫困的概率上都具有积极意义，农村居民家庭的相对贫困发生率会随着非农产业的发展和非农就业率的提高而得到缓解，因此促进和引导劳动力合理流动是农村家庭缓解贫困的重要路径。农村剩余劳动力在流动转移过程中，一方面可以由政府牵头对接劳务中介组织引导农民有序转移，另一方面畅通城镇劳动力市场职位需求的完全信息，通过提供城镇就业信息吸引农民自愿流动，实行组织转移和自发转移的双轨并行机制。这里劳动力的合理流动主要是农村劳动力从农村流向城市，这是农村劳动力实现非农就业的一种有效途径，农村剩余劳动力在实现向城市转移的同时，不仅为城市市场经济的发展注入了新的活力，农村劳动力在完成职业身份转换的同时实现了专业技能、人力资本的积累，因此这也为农村劳动力创造谋求了更好的择业和发展空间，但农村劳动力的流动并不是实现非农就业的唯一途径，并且农村劳动力的无下限流出与乡村振兴也是背道而驰的。因此，多鼓励在农村谋求其他就业渠道。

2. 推进产业结构调整，挖掘农业内部潜力

尽管从农村家庭收入来源看，我们需要加速农村劳动力向非农产业流动，农村剩余劳动力除了流向城镇二三产业外，我们还可以充分挖掘农村农业内部潜力，多途径实现农业创收、农民增收。首先，要注重农业内部的一二三产业分工，对于适合发展农业的地区要充分发挥现代农业的优势，通过土地经营权的流转将分散、荒废的农地整合起来，发展农业合作社或培育有现代农业经营意识的农场主和农业龙头企业，拓宽农业产业链，实现农产品的生产加工与储藏销售的对接。分散的小农户在整合成专业大户后，能够有效实现农业的规模化、集约化经营，不仅可以节省农业生产成本，也能够释放出更多的农业剩余劳动力，一部分劳动力依然可以成为农场主或农业企业的雇员，另一部分劳动力有序流

动转移，本研究也很好地验证了发展特色农业合作社在缓解相对贫困方面有显著作用。其次，对于因地形气候等条件限制不适宜发展种植初级农产品的地区，可因地制宜结合自然地理环境、生态特色，创建乡村旅游与休闲农业有机结合的新业态、新模式，多方面开发与整合当地要素禀赋，挖掘农耕文化、民风民俗、旅游体验观光等，这种给农业赋能的形式将带动餐饮服务、交通住宿、文化等多产业的联动机制，能够创造出更多的就业岗位，同时实现农民就近就业和收入增收。

3. 扩大财政对农村社会保障的支持力度

从农村常住人口年龄分布的调查结果，有近一半劳动力年龄在50岁以上，这部分群体是在劳动力市场竞争中滞留下来的劳动力，而农业也成为竞争中滞留下来的劳动力在经营，他们将会成为农村中的相对低收入群体，再加之其年龄偏大，又极其容易因病致贫、因病返贫。因此，应该扩大财政资金对农村社会保障的支持力度，同时各级政府在医疗保险和社会保险上再提供一定的补助份额，制定与浙江省经济发展水平相适应的农村社会保障水平。只有提高农村社会保障支出在整个财政支出中所占的比重，扩大农村社会保障资金的覆盖面，才能真正减轻农村居民合作医疗的费用负担。对于丧失劳动能力、无经济来源的农村居民，在保障其基本生活需要的前提下，社保缴纳部分实行由财政兜底代缴，真正做到使全体农村居民都能享受到浙江省经济发展带来的社会福利。

4. 提高人力资本质量，增强内生发展能力

农民易陷入收入贫困，很大程度上是由于其人力资本质量不高、发展能力不足，即使在借助政府救助下勉强脱贫，也由于其特有的脆弱性，极易返贫困，发展不具有可持续性，故增强农民的内生发展能力显得尤为重要。首先，要鼓励和动员农民提升个人素质的自觉性和能动

性，而不是无所作为地等着政府来救助；其次，建立以政府为主导的培训体系，定期定点对农民进行职业技能培训，对接劳动力市场进行有组织的培训，根据劳动力市场的需求和农民现有自身素质特征对农民进行短期技能培训，对通过技能培训考核并顺利实现就业的农民适当给予奖励；再次，除增强劳动力自身劳动技能外，还要增强农民的市场经济意识、竞争意识、经营管理意识，对于有创业意向的低收入群体利用政策引导，积极稳妥地确保相对贫困群体成为依靠自身劳动创造财富的社会主义劳动者，如利用政府创业补贴、贴息贷款发展挖掘乡村商机；最后，应增强农民的风险意识，在政府加大公共卫生和医疗投入的同时，动员农民积极参加农民医疗保险和社会保险，这样才能有效预防农民因病致贫。另外，在提高人力资本质量的同时，也要积极提倡适度控制人口规模。

第六章

浙江省农户相对贫困形成的路径分析：基于家庭结构和劳动参与的视角

第五章的研究发现，从宏观层面上看，户主及家庭特征、经济状况、人力资本及社会资本占有情况、区位特征和产业发展状况是形成浙江省农村相对贫困的主要因素。从微观层面上看，具有不同差异性特征的农户坠入相对贫困的影响因素多种多样，其形成路径纷繁复杂。本章在众多不同具体因素中选取了户主及家庭特征中的家庭结构和劳动参与两大因素，首先，通过理论分析阐述家庭结构、劳动参与对相对贫困的影响关系，并在此基础上构建家庭结构、劳动参与对相对贫困形成的路径模型；其次，利用调查问卷获得的数据，验证了相对贫困农户形成的复杂性。研究结果发现，精准脱贫后农户坠入相对贫困状态是一个复杂的过程，既有宏观因素的影响，也有微观层面的制约，治理农户的相对贫困将是一个长期的复杂过程。

一、家庭结构与劳动参与释义

（一）家庭结构

家庭结构是家庭社会学研究中的重要概念，费孝通（1986）将家庭结构定义为一个家庭里包括哪些成员和他们之间的关系，将中国的家庭从结构上划分为残缺家庭、核心家庭、主干家庭和联合家庭。邵秦（1988）认为，家庭结构即为家庭人口组合中各成员之间的相互关系。杜江先（1988）提出，家庭结构是指家庭存在的社会形式，包括家庭中的人口数量、代际结构、夫妻对数、结构类型等，其中结构类型是家庭的整体模式。徐安琪（1995）认为，家庭结构即家庭成员的构成及其成员间相对稳定的联系模式。潘允康（1997）认为，家庭结构是指家庭的人员构成，是组成家庭分子之间的某种性质的联系，家庭分子之间的配合与组织，家庭分子之间相互作用和相互影响的状态，以及由于相互作用和相互影响而形成的家庭模式和类型。在社会学研究中，学者主要关注家庭结构类型的变化及其影响因素。但随着家庭经济学的兴起，家庭结构的概念被逐渐引入到经济学研究中，经济学者对家庭结构的定义通常是在基于社会学定义的基础上根据研究需要进行界定的，李树苗等（2010）在研究退耕还林政策对农户生计的影响中引入家庭结构这一变量，按照家中有无老人和小孩将家庭结构划分为四个类型，关注老人和小孩对家庭生计资本水平的影响。董志勇等（2011）将家庭结构界定为家庭中儿童、病人、老人及劳动力的构成结构，研究家庭结构对农户储蓄行为的影响。杨婵等（2017）基于家庭资本理论将家庭结构分为社会精英家庭与人力残缺家庭，研究家庭结构对农民创业的影响。高明（2018）将家庭结构定义为基于代际视角的农户家庭的原生结构状态。本章主要研究家庭结构对相对贫困的影响，主要关注家庭人口数量、人员构成，因此，本章将家庭结构定义为按家庭成员的不同属性分类的人员构成，即家庭人口数量、代际数量、儿童数、学生数、病人数、老人数、劳动力人数的构成。

（二）劳动参与

劳动参与是一个状态性变量，在经济学研究中，经常使用劳动参与率来描述劳动力市场的劳动参与情况，在微观层面，劳动参与指的是劳动者参与的选择性，最初只包含劳动者是否参与劳动层面的含义，后将劳动时间作为描述劳动参与的另一变量，在家庭经济学中，劳动参与包含了家庭成员劳动参与结构的内涵，即家庭成员对社会劳动与家庭劳动、农业劳动和非农劳动的参与构成情况。本章基于家庭视角，将劳动参与定义为家庭成员劳动参与度和劳动参与结构。

（三）家庭结构和劳动参与及农户贫困相关文献研究梳理

家庭结构是一个社会学概念，社会学家对于家庭结构的研究偏向于对家庭关系的研究，并将家庭结构定义为家庭成员的构成及家庭中人与人之间的关系模式（潘允康，1984），社会学者对家庭结构的研究也主要围绕着家庭关系展开，包括家庭中的人口数、家庭中的夫妻对数、家庭中的代际数、家庭类型。具体研究包括两个阶段，第一阶段，主要关注家庭结构类型的宏观变迁及其动力机制，费孝通（1986）将家庭结构类型按照残缺家庭、核心家庭、主干家庭和联合家庭的方法划分，并通过多次对江村①的调查来研究改革开放以后家庭结构类型的变迁，阐述了改革开放对家庭结构类型变化的促进作用。王跃生（2010）通过分析大型社会调查数据获得各种家庭结构类型的占比，分析了自 2000 年以来中国家庭结构类型的变化，并指出人口流动、子女数量、人口老龄化、婚姻和住房情况对家庭结构类型及其变动有显著影响。第二阶段，社会学者对家庭结构的关注随着家庭结构类型的复杂化转向家庭结构变迁的动态性及其微观动力机制方面，更关注家庭生活的内在动力机制。姚俊（2012）通过对"临时主干家庭"这一特殊家庭结构形态的

---

① 江村：1936 年，社会学家费孝通在此做了两个月调查，完成《江村经济》一书。该村位于现在江苏省苏州市吴江区七都镇开弦弓村。

分析指出家庭结构的选择成为一种家庭策略，家庭成员通过对个人需求和社会现实的判断，更加灵活地选择家庭结构，以适应外部环境的变化。张雪霖（2015）通过研究形式上类似于传统的直系家庭或复合家庭的家庭结构形式，但母家庭与子家庭都是独立的会计单位的"新三代家庭结构"的构成特征，变迁的动力机制以及社会功能，分析了家庭主体对家庭结构选择的能动性。

另外，家庭作为构成社会的最基本单位，是各种社会政策最终发挥作用的地方，也是社会政策促进社会整体功能有效发挥的焦点，家庭结构与一定的生产方式及经济社会发展水平相适应，反过来又影响着社会的巩固和发展。因此，在微观角度的研究中，家庭结构成为许多经济变量和政策实施效果的重要影响因素，李树苗等（2010）基于家庭结构的分析提出，退耕还林政策对农户生计的影响因家庭结构不同而有所差异；张占录（2019）基于结构方程模型的实证分析指出，家庭结构对农户农地流转意愿具有显著影响，强调了家庭结构对政策可及性的影响。在消费经济学中，梁土坤（2019）指出，家庭结构是影响家庭日常支出结构的主要因素。

同时，家庭结构对于贫困的影响一直贯穿于贫困的研究中。何思好（2019）基于贫困脆弱性的视角，分析了不同家庭结构类型移民农户的贫困脆弱性生成机理，提出不同家庭结构类型在抵御风险能力方面的不同。李永萍（2019）在分析家庭发展能力的研究中指出，家庭发展能力不仅与客观的资源变量相关，而且与家庭结构相关，家庭发展能力的不同影响着家庭的发展水平，使一部分家庭处于相对贫困的状态，因此家庭结构应是相对贫困影响因素中除个体能力因素的另一个重要微观因素。在相对贫困线的确定方面，美国、英国、日本等发达国家在使用收入作为家庭生活水平的指标时，都考虑了家庭的规模与构成差异。孙久文（2019）也提出，我国 2020 年后相对贫困线的确定需要考虑全民收入特征和家庭结构，划定不同类型家庭的收入阈值。

劳动参与反映社会成员参与劳动的情况，包括是否参与劳动、劳动参与时间等内容，从家庭劳动力结构的角度，又可以将劳动分为家庭劳动和社会劳动、非农业劳动和农业劳动。劳动力是社会经济发展的核心要素，也是家庭维持与延续的必要保障，劳动参与率与家庭劳动力配置结构对家庭经济收入、家庭地位等产生直接影响，因此家庭的劳动参与情况对相对贫困的发生具有重要影响。刘宗飞（2016）在研究农户资源禀赋对相对贫困影响中指出，家庭总劳动时间和非农劳动时间比例都与贫困的发生呈负相关关系。张文武（2019）的研究发现，个体劳动参与对缓解城乡多维贫困具有决定性影响作用，城市样本的劳动参与的减贫效应更加明显。

在已有的关于相对贫困研究中，家庭特征一直是相对贫困群体确定、多维贫困等研究中的重要影响因素，但没有单独从家庭结构的视角，系统全面地分析家庭结构对相对贫困影响的内部机制，因而研究结果也无法较为清晰地解释为何相对贫困线的确定需要考虑家庭结构特征，以及不同的家庭结构应对应怎样的收入阈值，需要确定怎样的扶贫政策才能更加充分地激发贫困主体的内生动力，提高其发展能力。

劳动参与也已然成为重要的影响因素，然而已有研究对家庭层面劳动参与对相对贫困的影响并不全面，大多数研究只考虑到个体的劳动参与、家庭的劳动参与时间、非农劳动时间等因素，而没有完整地考虑一个家庭中所有家庭成员的劳动参与情况和劳动力配置情况。

因而本章从家庭这一微观角度探究家庭结构和劳动参与对相对贫困的影响机理和路径。系统全面地分析家庭结构和劳动参与对相对贫困的影响，从而进一步丰富相对贫困内涵，为相对贫困的有效识别提供理论支撑。

二、家庭结构、劳动参与对农户相对贫困形成的影响路径模型构建

（一）理论模型构建与研究假设

家庭结构是不同属性分类的家庭成员的构成，不同的家庭结构有不同的家庭资源积累能力和资源配置需求，进而有不同的收入水平和消费支出，影响着家庭生活质量与福利水平。家庭结构能够通过家庭的社会任务、家庭的社会功能和劳动分工对家庭的生产和生活产生影响。

在当今社会经济条件下，我们国家的社会福利制度还无法完全承担养老扶幼和医疗保健的责任。因此，育儿、教育、医疗、养老等社会责任最后通过市场和服务收费制度，交由家庭来承担，家庭成为应对各种社会风险的基本单位，育儿、教育、医疗、养老成为家庭的社会功能。因此，家庭中儿童、学生、病人、老人的构成影响家庭的社会负担，进而影响家庭的社会风险和福利水平。

首先，家庭结构一方面能够通过影响家庭的资源配置对相对贫困产生直接影响，另一方面则通过影响家庭成员的劳动参与间接影响家庭相对贫困状况。随着社会整体文化素质的提高，人们越来越认可优生优育的思想，家庭中未成年子女已然成为一个家庭的中心，家庭在抚育子女方面投入了更多的财力和精力，一方面，为保证年幼儿童更加健康地成长，家庭往往需要更多的金钱投入，满足子女的物质需求。另一方面，在社会托育服务还不够完善的背景下，儿童照料责任主要由家庭承担，孩子对家庭时间的需求，迫使家庭中的劳动力放弃工作或减少工作投入，进而降低家庭收入水平。同时，子女教育是家庭扩大再生产的基础

性保障，好的教育能够让下一代在社会竞争中具有更强的竞争力，实现更高质量的家庭再生产，王向阳（2019）将教育投资、进城买房作为家庭发展性支出，认为发展主义视角下家庭投入更高的教育支出是实现家庭扩大再生产的必要条件。因此，家庭常常投入大量的财力、物力到子女教育中，而为了满足家庭中学生的教育支出，家庭成员会选择减少在医疗、生活用品等方面的支出，教育支出的挤出效应使家庭在其他方面的福利水平会明显降低。因此，家庭中子女的抚育直接影响到家庭决策和行为，儿童和学生数较多的家庭更有可能陷入相对贫困。因此，本章提出以下假设。

H6 - 1：儿童数对相对贫困具有直接正向影响。

H6 - 2：学生数对相对贫困具有直接正向影响。

H6 - 3：儿童数通过影响家庭社会劳动参与人数间接影响相对贫困。

其次，由于劳动力市场的激烈竞争，健康状况不佳的家庭成员很难参与到正常的就业市场中，其收入水平也比较低，进而影响家庭的积累能力。同时，健康状况不佳的成员因为患病而产生的医疗支出影响了家庭在其他方面的消费支出和福利水平，增加了家庭发生相对贫困的风险。因此，本章提出以下假设。

H6 - 4：病人数对相对贫困具有直接正向影响。

H6 - 5：病人数通过影响家庭社会劳动参与人数间接影响相对贫困。

再次，在当前经济社会发展水平下，国家社会组织所提供的育儿、养老等服务尚不能满足人们的实际需求，家庭仍需要承担较大部分的责任，家庭规模的纵向增加，提高了家庭在养老扶幼方面的负担，从而影响家庭总体福利水平。因此，家庭总代数对相对贫困具有间接的正向影响。另外，家庭总人口数的增加，能够显著增加家庭成员社会劳动参与人数，在面临同等生活风险打击时，家庭可利用的成员关系资源更多，分摊到每个家庭成员的风险损失就更小（李鹏等，2017），保证了家庭有相对较强的能力应对各种社会风险而不容易陷入相对贫困的状况，因此家庭总人口数对相对贫困具有间接的负向影响。基于以上分析，本章提出以下假设。

H6－6：家庭总人口对相对贫困具有间接的负向影响。

H6－7：家庭总代数对相对贫困具有间接的正向影响。

最后，面对沉重的育儿和教育负担以及激烈的就业压力和经济压力。一方面，老年人在家庭中承担着劳动供给者的角色而非家庭负担，老年人能够为年轻夫妇提供抚育子女和家务劳动等方面帮助，年轻夫妻与父母居住在一起，能够明显改善女性的劳动参与率和工作时间（沈可等，2012），在农村地区，老年人更是在农业活动和家庭活动中承担了重要的责任（李树茁，2010）。另一方面，老年人因年龄较大会出现健康状况不佳、收入较低等问题，增加了家庭的养老负担，影响家庭的整体福利水平。因此，本章提出以下假设。

H6－8：老人数对相对贫困具有间接的负向影响。

H6－9：老人数对相对贫困具有直接的正向影响。

首先，家庭成员劳动参与和劳动分工是家庭根据外部环境，以及家庭结构所作出的生计安排，在大的经济发展趋势、社会变革、制度约束的背景下，家庭作为一个微观主体，只有综合考虑各方面因素，根据家庭结构和不同成员的禀赋特征安排家庭分工、构建更加合理的劳动力结构，才能最大限度地提高家庭资源的积累能力和家庭福利水平，规避各种潜在风险，降低陷入相对贫困的几率。家庭成员积极参与社会劳动是家庭获取收入、提升和改善生活品质的唯一途径，家庭成员的社会劳动参与度对收入水平和生活质量方面的提升具有显著的促进作用（张文武等，2019）。其次，家庭收入的内部构成是一种弹性的结构，其与家庭的劳动力分配和就业类型紧密相关，对于农村家庭来说，家庭劳动力成员能够从事非农工作可以获得比农业生产更高的收入，另外，农业生产经营所得不仅能够增加收入，还能够为农村家庭提供相对廉价的生活物资，减少生活消费支出，提高家庭生活水平。因此，劳动力在农业和非农业领域的合理分配，能够保证家庭经济收入水平的稳步提升，农业和非农就业比越大，家庭积累能力越弱，发生相对贫困的风险越大，而农业和非农兼业提高了劳动力的劳动时间，实现家庭更高的收入和福利水平，对相对贫困具有负向影响。最后，面对激烈的就业市场竞争，中老年人因年龄的原因逐渐失去竞争力，年轻人则需要投入更多的时间和精力在工作中，而家庭照料特别是孩子照料需要投入更多的家务劳动时间，减少社会劳动时间，让劳动收入相对较低的中老年人帮助照顾家庭和孩子，使家庭在面对较大的生活压力和失业风险时，具有更强的应对能力，隔代照料是家庭基于社会经济环境和家庭成员禀赋做出的理性分工安排，能显著降低相对贫困发生的概率。因此，本章提出以下假设。

H6－10：家庭社会劳动参与人数对相对贫困具有直接负向影响。

H6－11：农业和非农就业比对相对贫困具有直接正向影响。

H6－12：农业和非农兼业对相对贫困具有直接负向影响。

H6－13：隔代照料对相对贫困具有直接负向影响。

家庭结构、劳动参与对相对贫困影响的概念模型，如图6－1所示。家庭结构、劳动参与对相对贫困影响的路径模型，如图6－2所示。

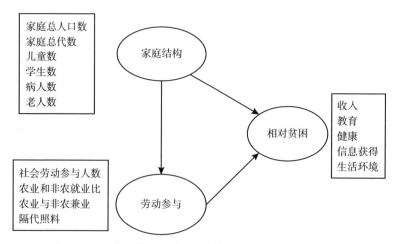

图6－1　家庭结构、劳动参与对相对贫困影响的概念模型

资料来源：笔者绘制。

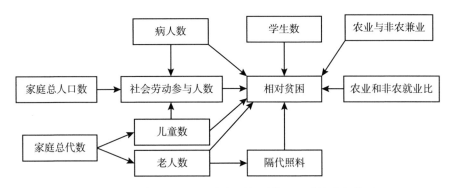

图 6 - 2　家庭结构、劳动参与对相对贫困影响的路径模型

资料来源：笔者绘制。

（二）相对贫困的界定与测量

为了研究的便利，本章利用汤森相对剥夺理论，将相对贫困界定为在社会经济发展到一定阶段，家庭在基本生活需要已经得到满足的情况下，达到社会平均水平的物质和服务被剥夺的状态，被剥夺的程度反映了相对贫困的程度。按照这个概念，本章采用多维贫困指数法测量相对贫困，具体计算方法如下。

（1）假设样本选取 n 个个体，每个个体选取 d 个不同的测量维度，令 z_j 代表第 j 个维度被剥夺的临界值，如果个体 i 在该维度的取值 $y_{ij} <$ z_j，则有 $g_{ij} = 1$，否则 $g_{ij} = 0$，w_j 表示 j 维度所占权重（ $\sum_{j=1}^{d} w_j = 1$ ），用 c_i 表示个体 i 的加权贫困程度，即：

$$c_i = \sum_{j=1}^{d} g_{ij} \cdot w_j \qquad (6-1)$$

（2）同时考虑 k 个维度，判断该个体是否存在被剥夺，即当 $c_i \geq k$ 时，$q_i = 1$，否则 $q_i = 0$，$\sum_{i=1}^{n} q_i$ 表示临界值为 k 时的相对贫困人口数，相对贫困发生率为：

$$H = \frac{\sum\limits_{i=1}^{n} q_i}{n} \qquad\qquad (6-2)$$

（3）在此基础上，通过平均剥夺份额 A 对相对贫困发生率进行调整，以更好地反映相对贫困的剥夺程度，即为多维贫困指数，具体计算如下：

$$A = \frac{\sum\limits_{i=1}^{n} c_i}{\sum\limits_{i=2}^{n} q_i} \qquad\qquad (6-3)$$

$$MPI = HA \qquad\qquad (6-4)$$

其中，c_i 为相对贫困个体的加权贫困程度。

在精准扶贫阶段，《中国农村扶贫开发纲要（2011—2020 年）》提出了"稳定实现扶贫对象不愁吃、不愁穿，保障其义务教育、基本医疗和住房"的要求，并在实践中形成了多维贫困监测识别标准和多维度的贫困退出评估标准。因此，相对贫困测度应在"两不愁三保障"的基础上，根据发展阶段制定多维相对贫困标准，且既要包括反映"贫"的经济维度，也要包括反映"困"的社会发展维度（王小林，2020）。本研究结合已有研究和测量需要，选择收入、教育、健康、信息获得、生活条件五个维度测量相对贫困。

收入维度参照经济合作与发展组织（OECD）国家将可支配收入中位数的一定比例作为分界线的方法，本章结合我国计量标准和浙江省发展实际，按照农村居民人均可支配收入的 40% 计算收入相对贫困线（孙久文，2019）。当前，我国九年制义务教育已经基本普及，在新发展阶段，结合我国 2035 年进入创新型国家前列、国民素质和社会文明程度达到新高度的发展需要，本章将高中及以上阶段的受教育情况作为教育维度的评价指标之一。同时，因劳动力市场对学历要求的提高，本章参考已有研究将家庭成员的最低教育水平作为教育维度的另一评价指标（张文武等，2019）。在健康维度，《人类发展报告（2019）》将任何一位 70

岁以下成年人或儿童营养不良，以及在调查的前 5 年时间内，一名 18 岁以下的儿童死于家中作为健康评价指标，我国学者在研究中通常将健康保险作为评价指标（王小林，2009），因此，本章将家庭成员参与医疗保险情况作为健康维度评价指标。在当前社会发展阶段，数字经济逐渐成为我国重要的经济组成部分，互联网使用能够通过提高农村居民收入水平实现减贫（左孝凡等，2020），本章借鉴越南多维贫困指数经验（王小林，2020），将移动互联网和计算机使用情况作为信息获得维度评价指标。生活条件维度，《人类发展报告（2019）》选取用电、卫生设施、饮用水、住房条件、生活燃料、家用资产（包括汽车或卡车、电视、冰箱等）作为评价指标；我国学者将自有住房、饮用水、卫生设施、电、生活燃料、资产作为生活条件的评价指标，2019 年 10 月浙江省民政厅等部门联合印发的《浙江省社会救助家庭经济状况认定办法》将家庭成员名下住房情况、生活用机动车情况作为最低生活保障家庭及边缘家庭认定标准。因此，本章将住房、出行、家用电器作为评价指标，同时考虑新发展阶段人们追求更加美好的生态环境需求，将生活垃圾分类等人居环境指标加入生活条件评价指标中。具体指标及其对应的被剥夺临界值如表 6 - 1 所示；每一维度的权重参照《人类发展报告（2019）》中多维贫困的计算方法，采用等权重法，即按照收入、教育、健康、信息获得、生活条件五个维度，每个维度的权重为 1/5，每个维度内的具体指标按照同样方法等分。

表 6 - 1 相对贫困维度与指标

维度	指标	被剥夺临界值	权重
收入	人均年收入	家庭人均年收入低于 2019 年浙江省农村居民人均可支配收入的 40%，赋值为 1	1/5
教育	最低教育水平	家庭任何一个劳动力未完成小学义务教育，赋值为 1	1/10
	入学情况	家中有 15～22 岁青少年失学，赋值为 1	1/10

续表

维度	指标	被剥夺临界值	权重
健康	医疗保险	家庭成员中任何一人未参与任何一种医疗保险，赋值为1	1/5
信息获得	入网计算机	家中没有接入互联网的计算机，赋值为1	1/10
	移动电话	家庭成员人均拥有接入互联网的移动电话数小于1，赋值为1	1/10
生活条件	住房	家庭成员人均自有产权（或公租房）住房面积小于30平方米，赋值为1	1/20
	出行	家庭成员名下无生活用机动车辆，赋值为1	1/20
	家用电器	家中没有彩电、洗衣机、冰箱、热水器、空调中的任何一种，赋值为1	1/20
	人居环境	所在村没有实现生活垃圾分类处理，赋值为1	1/20

资料来源：笔者整理。

（三）家庭结构的界定与测量

本章根据理论模型分析和研究假设，将家庭总人口数、家庭总代数、儿童数、学生数、老人数、病人数作为度量家庭结构的变量。家庭中，0～6岁小孩还未到上学年龄，需要家庭成员投入较多的时间照料，因此本章将家庭中0～6岁小孩数确定为儿童数。目前，我国已经基本普及九年义务教育，而高中及以上教育阶段学生教育支出还需要家庭承担，在《浙江省社会救助家庭经济状况认定办法》中，关于教育费用的认定指家庭成员就读于幼儿园和全日制中等职业学校、普通高中、高等学校，在开学时所缴纳的学费，在义务教育阶段，没有学费支出。因此，本章将高中及以上教育阶段学生人数确定为学生数。已有研究对于老年人的界定，主要包括60岁以上人员（张兴杰等，2008）和65岁以上人员（李树茁等，2010），中国健康与养老追踪调查数据中，将65岁以上人口界定为老年人，本章参考该调查的数据，将家庭中65岁以上成员确定为老人，同样参考中国健康与养老追踪调查数据，将家庭中因生病或受伤无法正常工作、上学和生活的成员确定为患病成员（见表6-2）。

表 6 - 2   家庭结构变量与指标

变量	指标	变量取值
	家庭总人口数	数值
	家庭总代数	数值
家庭结构	0~6 岁小孩数	数值
	高中及以上教育阶段学生人数	数值
	65 岁以上老人数	数值
	家庭患病成员数	数值

资料来源：笔者整理。

（四）劳动参与的界定与测量

根据理论分析，本章关于劳动参与的维度主要包括社会劳动参与度和家庭劳动力结构，在此基础上，将社会劳动参与人数、农业和非农业从业成员之比、农业或非农兼业、隔代照料作为度量劳动参与的变量，其中，因样本中有非农业从业成员为 0 的情况，为方便计算农业和非农业从业人员之比，本章将所有非农业从业人员数值加上 0.01，作为非零化处理（见表 6 - 3）。

表 6 - 3   劳动参与变量与指标

变量	指标	变量取值
	社会劳动参与人数	数值
	农业和非农业从业成员之比	数值
劳动参与	农业或非农兼业	家庭成员有农业和非农兼业情况 =1 家庭成员无农业和非农兼业情况 =0
	隔代照料	祖辈提供隔代照料支持 =1 祖辈不提供隔代照料支持 =0

资料来源：笔者整理。

（五）结构方程模型原理

结构方程模型是基于变量的协方差矩阵来度量变量间关系的分析工具，本章基于理论分析，不仅需要检验变量之间直接因果关系，还要检验变量之间的间接关系，传统回归模型无法满足，因此，本章选择结构方程模型中的路径分析方法，通过路径分析的效应分解来反映不同变量间的直接效应、间接效应和总效应。路径分析的一般模型是：

$$y = \beta y + \gamma x + \zeta \qquad (6-5)$$

其中，y 是内生变量矩阵，x 是外生变量矩阵，β 代表着内生变量之间相互影响的路径系数矩阵，γ 是代表着外生变量对内生变量影响的路径系数矩阵，ζ 为未能被模型所解释的误差项。

（六）问卷设计与发放

本章主要采用问卷调查的方法来获取和收集研究数据，因此设计出科学有效的调查问卷是本研究的一个重要环节。本章在理论分析的基础上，确定家庭结构、劳动参与、相对贫困的测量指标，并进行问卷设计和编制，通过预调研的形式对问卷进行反馈和修正，然后利用问卷调查获得的数据实证分析家庭结构、劳动参与对相对贫困的影响机理与路径，具体问卷设计过程如下。

1. 问卷初稿设计

在构建理论模型的基础上，根据国内外已有文献研究，确定了家庭结构、劳动参与和相对贫困的测量指标，并结合浙江省经济发展现状，参照 2019 年浙江省统计公报，对相对贫困指标进行适当调整，然后查找、收集已有研究中与本章研究变量相类似的问卷量表，设计确定本章问卷测量题项，确保问卷题项设计科学合理、语言表达简洁完整、表述方式通俗易懂，从而形成问卷初稿。

2. 问卷预调研

为保证所研究问题和模型构建更贴合实际，通过调查问卷获取的信息足够丰富，本研究在 2020 年 7 月中下旬进行问卷预调研，调研对象包括前期深入衢州市调研时当地的农村居民和村干部及其身边的同学朋友。调研过程中，通过与村干部的交流，了解了实际工作中贫困对象的确定标准和家庭特征等情况，丰富了本研究的内容。同时，通过对农村居民的问卷调研和其同学朋友填写问卷的反馈情况，进一步对问卷内容和题项进行调整，使问卷的问题设置和语言表述与实际相吻合，更能被理解和接受。

3. 问卷定稿与发放

完整问卷形成之后，因为受新冠疫情影响，本研究无法开展较大范围的问卷调研，因此通过线上招募的方式在浙江省每个地级市随机选定一名调查员，通过他们对其所在农村地区的居民进行问卷调研，并就问卷题项和相关注意事项对他们进行了适当的培训，通过邮寄的方式发放正式问卷，正式问卷共包含 23 个题项，主要由基本信息、家庭结构、劳动参与、相对贫困指标四个部分组成（见附录 2）。

三、农村居民（农户）相对贫困现状分析

（一）样本数据回收

本章主要研究家庭结构、劳动参与和相对贫困之间的影响关系，采

用随机抽样的方法，在 2020 年 7 月中旬至 8 月下旬，选择浙江省 11 个地级市的农村居民，以户为单位发放问卷 600 份，收回有效问卷 519 份，有效问卷率为 86.5%。样本分布情况如表 6-4 所示。

表 6-4　　　　　　　　　　　样本分布

地区	样本数	百分比（%）	地区	样本数	百分比（%）
杭州	52	10.02	宁波	46	8.86
湖州	48	9.25	绍兴	52	10.02
嘉兴	52	10.02	台州	40	7.71
金华	46	8.86	温州	56	10.79
丽水	41	7.90	舟山	48	9.25
衢州	38	7.32	合计	519	100

资料来源：笔者计算整理。

（二）浙江省农村居民相对贫困现状分析

1. 浙江省农村居民相对贫困测度与分析

根据调查样本数据，按照前文所述多维相对贫困测度方法，计算出浙江省农户相对贫困结果（见表 6-5）。根据全球多维贫困指数，多维贫困临界值 k 在 20% 以上时，贫困风险就会逐渐上升（张文武等，2019），《人类发展报告（2019）》中计算多维贫困指数将临界值 k 设为 33.3%，王小林（2020）认为，可以把任意两个及以下维度贫困定义为多维相对贫困。因此，本章选取 20% 作为 k 的取值①，并选取 10%、30% 和 40% 作为对比。

---

① 本章细分维度为 10 个维度，任意 2 个维度贫困，k 取值应当为 20%。

表6-5   浙江省农村居民相对贫困测度结果

k	贫困发生率（H）	平均剥夺程度（A）	多维相对贫困指数（MPI）
0.1	0.682	0.314	0.214
0.2	0.503	0.384	0.193
0.3	0.329	0.473	0.156
0.4	0.204	0.563	0.115

资料来源：笔者计算整理。

由表6-5可知，当多维贫困临界值 k 为20%时，浙江省农村居民相对贫困发生率为50.3%，平均剥夺份额为0.384，说明相对贫困人口平均在 $0.384 \times 10 = 3.84$ 个维度上是被剥夺的，反映了相对贫困人口的贫困深度较深，多维相对贫困指数为0.193。当 k 为10%时，相对贫困发生率为68.2%，多维相对贫困指数为0.214；当 k 为30%时，相对贫困发生率为32.9%，多维相对贫困指数为0.156；当 k 为40%时，相对贫困发生率为20.4%，多维相对贫困指数为0.115。由此可以看出，k 值由10%上升为20%时，相对贫困发生率下降最快，说明贫困维度介于1维度和2维度之间的人数最多，相对贫困群体的边缘群体较多；另外，k 值由30%上升为40%时，多维相对贫困指数下降最快，说明贫困维度超过4维度的贫困群体的贫困深度较深，这部分贫困群体的平均被剥夺维度接近6个维度，贫困程度较大。

2. 浙江省各地区农村居民相对贫困测度与分析

表6-6为多维相对贫困临界值 $k=20\%$ 时，浙江省各市农村居民多维相对贫困指数，由表6-6可以看出，温州市农村居民在2个及以上维度贫困的指数为0.301，是浙江省11个地级市中多维相对贫困指数最高的地区，从各个维度看，温州市地区农村居民收入维度的贫困较少，但是在劳动力受教育水平维度，有69.6%的农村居民户存在家庭劳动

力成员未完成小学教育，同时，在医疗保险和人居环境维度的贫困发生率也比较高，因此温州市农村居民的相对贫困指数较高。可能的原因是温州市市场化程度较高，商品交易便利，居民收入高、来源广，因此在过去的几十年中，人们对于教育的重视不够高，造成了当前存量劳动力受教育水平不高的情况，也影响了居民对医疗保险的参与意愿和对环境的重视与保护。多维贫困指数第二高的地区为丽水市，其次是湖州市、衢州市、舟山市等地区，这些地区整体的经济发展水平不够高，地方政府在提高收入和公共产品供给水平方面与浙江省整体情况存在一定的差距，区域发展的不平衡造成了这些地区居民的相对贫困。

表6-6　　　　　　　　浙江省各地区农村居民相对贫困测度结果

地区	多维相对贫困指数（MPI）	地区	多维相对贫困指数（MPI）
杭州	0.044	宁波	0.048
湖州	0.252	绍兴	0.167
嘉兴	0.106	台州	0.116
金华	0.127	温州	0.301
丽水	0.296	舟山	0.245
衢州	0.250		

资料来源：笔者计算整理。

3. 单维贫困测度与分析

根据调查样本数据计算出的各个维度的贫困发生率如表6-7所示，在收入、教育、健康、信息获得、生活条件五个方面细分出的10个维度中，首先，人居环境的贫困发生率最高，达到了33.5%；其次，劳动力最低受教育水平为30.3%；最后，出行和医疗保险。进入新发展阶段，新发展理念逐渐为人们认同和接受，人们对于生态环境和生活环境的要求更高。当前，浙江省农村居民在卫生设施、生活燃料、生活污水等方面的需求已经基本得到满足，而生活垃圾分类等人居环境指标还未达到要求，可能因为垃圾分类政策推行不久，有些农村地区还没有建立和完善垃圾分类基础设施和垃圾分类的实施政策。在教育维度，适龄青少年入学在学情况比较好，特别是本研究主要关注的高中及以上阶段的青少年不在学人数仅占 4.4%，而现存劳动力未完成小学教育的人数占 30.3%，我国九年义务教育已基本普及，然而现存劳动力中 45 岁以上的劳动力整体受教育水平较低，这与我国义务教育实行较晚、农村地区教育水平相对落后有关。随着经济社会的发展，人员流动越来越频繁，交通出行成为当前影响人民生活水平的重要因素，相较于交通基础设施发达的城市地区，农村居民更需要方便快捷、行驶里程更远的交通工具以满足出行需求，出行维度较高的贫困发生率需要重视和改善。

表 6-7 单维贫困测度结果

维度	指标	贫困发生率（%）	维度	指标	贫困发生率（%）
收入	人均年收入	22.7	健康	医疗保险	25.0
教育	最低教育水平	30.3	生活条件	住房	18.7
	入学情况	4.4		出行	25.2
信息获得	入网计算机	18.9		家用电器	12.5
	移动电话	24.5		人居环境	33.5

四、家庭结构、劳动参与对农户相对贫困影响路径的实证分析

本研究对相对贫困的测量，首先根据问卷数据收集的各维度得分和权重，得出加权贫困程度 c_i 作为对所有个体的剥夺程度的度量，然后

与临界值 k 相比较,划分出相对贫困个体和非相对贫困个体。因此,加权贫困程度得分 c_i 本质上是所有个体的贫困程度,本研究用加权贫困程度得分代表相对贫困的统计值作为因变量,分析家庭结构、劳动参与对相对贫困的直接和间接影响。在此基础上,采用同样的方法计算收入、教育、健康、信息获得、生活条件维度的加权贫困得分,并分别将其作为因变量,估计家庭结构、劳动参与对相对贫困不同维度的影响。家庭结构、劳动参与和相对贫困变量描述性统计如表 6-8 所示。由表 6-8 可知,一方面,家庭总人口数的均值为 4.39,家庭总代数的均值为 2.45,说明所调查的样本家庭规模较大;另一方面,家庭中儿童数的均值较小,而老人数的均值较高,家庭中老年人较儿童多,在家庭现代化的过程中,尽管国家已经逐渐放宽生育限制,但家庭抚育小孩的意愿并不强烈,而家庭中的养老负担将会随着老年人劳动能力的丧失而越来越重。

表 6-8　　　家庭结构、劳动参与和相对贫困变量描述性统计

变量	变量描述	最小值	最大值	平均值	标准差
家庭结构:					
家庭总人口数	连续	1	12	4.39	1.553
家庭总代数	连续	1	4	2.45	0.664
老人数	连续	0	3	0.7	0.846
儿童数	连续	0	4	0.28	0.547
学生数	连续	0	4	0.64	0.680
病人数	连续	0	2	0.14	0.401
劳动参与:					
社会劳动参与人数	连续	0	8	2.65	1.220
农业和非农就业比	连续	0	20	0.56	1.545
农业或非农兼业	虚拟(是=1,否=0)	0	1	0.48	0.500
隔代照料	虚拟(是=1,否=0)	0	1	0.27	0.443

续表

变量	变量描述	最小值	最大值	平均值	标准差
相对贫困	连续	0	1	0.22	0.215
收入贫困	连续	0	0.2	0.05	0.084
教育贫困	连续	0	0.2	0.03	0.050
健康贫困	连续	0	0.2	0.05	0.087
信息获得贫困	连续	0	0.2	0.04	0.063
生活条件贫困	连续	0	0.2	0.05	0.053

资料来源：笔者根据调查问卷整理。

（一）家庭结构、劳动参与对相对贫困影响的路径分析

使用 Amos 23.0 建立模型，采用最大似然估计法对家庭结构、劳动参与对相对贫困影响的模型进行估计，并根据模型估计的结果，对模型进行反复修正，最终得到的模型整体拟合结果的卡方值为 31.599，自由度为 21，显著性（P 值）为 0.064，说明在 0.05 水平上，不拒绝模型假设，表 6 - 9 为模型拟合指数，将其与参考值比较可知模型整体拟合较好。

表 6 - 9　　　家庭结构、劳动参与对相对贫困影响模型拟合指数

拟合指数	参考值	模型结果
CMIN/DF	1 ~ 3	1.505
GFI	>0.9	0.989
RMR	<0.05	0.036
RMSET	<0.05	0.031

资料来源：笔者整理而得。

家庭结构、劳动参与对相对贫困的影响分析结果如表 6 - 10 所示，家庭结构、劳动参与对相对贫困影响的总体效应、直接效应和间接效应如表 6 - 11 所示。在 0.05 的显著性水平下，病人数和学生数对相对贫

困具有直接正向影响，说明家庭中病人数和学生数增加会增加医疗和教育支出，从而影响家庭福利水平，且病人数的增加显著影响了家庭成员的社会劳动参与度，进而对相对贫困产生间接影响，其间接效应为0.021，说明在对劳动力依赖度比较高的背景下，家庭成员患病对家庭成员的劳动参与度的影响较大。儿童数对相对贫困的直接正向影响并不显著，但儿童数对相对贫困的影响的总体效应为0.101，间接效应为0.053，儿童数主要通过影响家庭社会劳动参与度间接的影响相对贫困，说明抚育年幼儿童所需的物质投入对家庭整体生活水平的影响并不大，而幼儿照料所需投入的家庭时间显著影响了家庭成员的社会劳动参与，进而影响家庭福利水平。因此，本章假设 H6 - 1 ~ H6 - 5 得到验证。

表6 - 10　　　　家庭结构、劳动参与对相对贫困影响分析结果

具体变量	参数估计值（Estimate）	标准误差（S. E.）	临界比值（C. R.）	假设检验或P值（P）
相对贫困←——病人数	0.105	0.023	2.417	0.016
相对贫困←——学生数	0.028	0.005	1.618	0.021
相对贫困←——儿童数	0.022	0.017	1.748	0.073
相对贫困←——老人数	0.048	0.006	2.109	0.035
相对贫困←——农业和非农就业比	0.063	0.004	1.513	0.065
相对贫困←——农业与非农兼业	0.020	0.012	1.564	0.178
相对贫困←——隔代照料	- 0.153	0.022	- 3.394	***
相对贫困←——社会劳动参与人数	- 0.069	0.006	- 2.109	0.035
社会劳动参与人数←——病人数	- 0.170	0.086	- 6.056	***
社会劳动参与人数←——儿童数	- 0.115	0.069	- 3.728	***
社会劳动参与人数←——家庭总人口数	0.815	0.033	19.651	***
老人数←——家庭总代数	0.331	0.061	6.907	***
儿童数←——家庭总代数	- 0.015	0.011	- 2.134	0.035
隔代照料←——老人数	0.696	0.043	8.530	***

注：*** 表示 P 值小于 0.01。

资料来源：笔者根据调查数据计算整理而得。

表 6 - 11　　　　　　　家庭结构、劳动参与对相对贫困的总体效应、
直接效应和间接效应

变量	相对贫困		
	总体效应	直接效应	间接效应
家庭总人口数	- 0.077	0.000	- 0.077
家庭总代数	0.038	0.000	0.038
老人数	0.029	0.040	- 0.011
儿童数	0.101	0.048	0.053
学生数	0.025	0.025	0.000
病人数	0.115	0.094	0.021
社会劳动参与人数	- 0.101	- 0.101	0.000
农业和非农就业比	0.052	0.052	0.000
农业或非农兼业	0.018	0.018	0.000
隔代照料	- 0.133	- 0.133	0.000

资料来源：笔者根据调查数据计算整理而得。

由表 6 - 10 可知，家庭总人口数对社会劳动参与人数具有显著正向影响，家庭总人口越多，家庭中参与社会劳动的成员也越多，家庭收入越高，家庭积累能力也越高，发生相对贫困的风险越低。从表 6 - 11 可知，家庭总人口数对相对贫困的间接效应为 - 0.077，具有较大的负向影响效应。在 0.05 的显著性水平下，家庭总代数对儿童数和老人数均具有显著正向影响，且由表 6 - 11 可知，家庭总代数对相对贫困的总效应为 0.038，且为正向影响，家庭总代数越大，发生相对贫困的可能性越大，即家庭总代数越多，家庭规模纵向延伸越长，家庭负担越重，家庭福利水平越低。因此，本章假设 H6 - 6、假设 H6 - 7 得到验证。

老人数对相对贫困具有显著的直接正向影响，且直接影响效应为0.040，而老人数对隔代照料具有显著正向影响，进而影响相对贫困，其间接效应为 - 0.011，因此对相对贫困的总体效应为正向，即家庭中

老年人越多，陷入相对贫困的可能性越大。在此情况下，家庭作为一个能动的主体，为减少家庭养老负担，家庭很可能将没有劳动能力也没有话语权的高龄老年人排除在外，造成高龄老年人的相对贫困甚至是绝对贫困。因此，对于有高龄老年人的家庭，我们应该给予更多的关注和增加针对高龄老年人的帮扶。本章假设 H6-8、假设 H6-9 得到验证。

根据表 6-10，家庭社会劳动参与人数在 0.05 的显著性水平下，对相对贫困具有直接负向影响，家庭成员社会劳动参与度越高，发生相对贫困的风险越低。在劳动力结构方面，隔代照料对相对贫困有显著负向影响，说明当前浙江省农村居民仍然需要老年人提供代际支持，以减轻家庭照料的负担。本章假设 H6-10、假设 H6-13 得到验证。

农业和非农就业比对相对贫困具有正向影响，农业从业人口相对于非农从业人口越高，发生相对贫困的风险越大，说明了从事农业生产活动获得的收入明显低于从事非农工作所获得的收入，但其影响只在 0.1 的水平下显著，说明浙江省农村居民从事农业生产活动的情况越来越少，可能的原因是在浙江省农村地区的市场化程度较高，农村居民从事个体经营等非农工作能够获得更高的收入。农业与非农兼业对相对贫困的影响并不显著，可能的原因是浙江省农业现代化程度较高，传统的农业生产被较为成熟的现代农业所取代，普通家庭从事农业生产的机会很少，而从事农业生产的家庭实现了规模化和市场化，因此劳动力在农业和非农业方面的配置对相对贫困的影响并不明显。

（二）家庭结构、劳动参与对相对贫困不同维度的影响路径分析

为分析家庭结构、劳动参与对相对贫困不同维度的影响，本章分别将收入、教育、健康、信息获得、生活条件维度的加权贫困指数作为因变量，使用 Amos23.0 建立分析模型，经过反复试验和修正，得到最终结

果和模型拟合指数，如表 6 - 12 和表 6 - 13 所示，由表 6 - 12、表 6 - 13 可知，家庭结构、劳动参与对收入、教育、健康、信息获得、生活条件维度影响的最终模型与最优模型都比较接近，模型整体拟合效果较好。家庭结构、劳动参与对相对贫困不同维度的影响分析结果如表 6 - 14 所示。

表 6 - 12   家庭结构、劳动参与对相对贫困不同维度影响模型整体参数

检验方式	参考值	收入	教育	健康	信息获得	生活条件
Chi - square	无	30. 035	27. 887	29. 883	28. 519	26. 622
Degrees of freedom	无	19	19	19	18	19
Probability level	> 0. 05	0. 051	0. 086	0. 053	0. 055	0. 114

资料来源：笔者根据模型分析而得。

表 6 - 13   家庭结构、劳动参与对相对贫困不同维度影响模型拟合指数

拟合指数	参考值	收入	教育	健康	信息获得	生活条件
CMIN/DF	1 ~ 3	1. 505	1. 468	1. 573	1. 584	1. 401
GFI	> 0. 9	0. 989	0. 990	0. 990	0. 990	0. 991
RMR	< 0. 05	0. 036	0. 038	0. 038	0. 038	0. 038
RMSET	< 0. 05	0. 031	0. 030	0. 033	0. 034	0. 028

资料来源：笔者根据模型分析而得。

表 6 - 14   家庭结构、劳动参与对相对贫困不同维度影响分析结果

变量	相对贫困不同维度				
	收入	教育	健康	信息获得	生活条件
家庭总人口数	- 0. 076[**]	- 0. 019[**]	- 0. 015[***]	- 0. 052[*]	- 0. 106[***]
家庭总代数	0. 023[**]	0. 026	0. 037[*]	0. 034	0. 025[**]
老人数	- 0. 005	0. 016[**]	0. 031[*]	0. 014[*]	0. 023
儿童数	0. 054[**]	0. 045	0. 094	0. 047	0. 069[***]

变量	相对贫困不同维度				
	收入	教育	健康	信息获得	生活条件
学生数	0.089	− 0.047 **	0.017 *	− 0.088 **	0.082
病人数	0.116 **	0.118	0.005	0.121 **	0.015 *
社会劳动参与人数	− 0.087 ***	− 0.025 **	0.035 *	− 0.062	− 0.126 **
农业和非农就业比	0.181	0.032	0.066	0.043	0.050
农业或非农兼业	− 0.061 *	− 0.001	0.079 **	− 0.027	0.109
隔代照料	− 0.062 ***	0.085	0.111 *	0.108	0.031

注：* 表示 P 值小于 0.1，** 表示 P 值小于 0.05，*** 表示 P 值小于 0.01。
资料来源：笔者根据模型分析而得。

由表 6 - 14 可知，家庭总人口数对相对贫困的各个维度的影响都是显著为负的，而家庭总代数对相对贫困的不同维度的影响都是正向的，说明家庭规模对家庭风险应对能力的影响主要体现在家庭总人口数的多寡方面，而家庭总代数的提高主要从收入、健康、生活条件维度显著影响家庭福利水平，进一步说明家庭总代数越高，家庭养老和育儿方面的负担可能会越大，家庭劳动力负担越重。老人数对教育、健康和信息获得维度的贫困具有显著正向影响，对收入维度的影响为负，但并不显著，说明农村地区的老人通过从事农业生产经营活动或非农工作获得一定的收入，但因教育水平低、劳动技能缺乏和年龄较大等原因，使其收入十分微薄，无法对家庭提供明显的物质支持，反而因加重家庭养老负担而对家庭福利水平产生负向影响，在表 6 - 11 的分析中也可以看出老人数对相对贫困的总体影响效应为正向的，老人数的增加对家庭养老负担的提高大于其对家庭收入的提高。因此，老人对家庭整体福利的影响是负向的。

儿童数对收入和生活维度的贫困具有显著正向影响作用，说明儿童抚育所需投入的家庭劳动时间显著影响了家庭的收入水平和生活条件水平的提高。学生数对教育、信息获得具有显著负向影响，而对健康维度具有显著正向影响，这主要是因为家庭中有学生在学，降低了家庭成员失学的概率，减少了教育维度的贫困。同时，现代教育体系对信息通信设备的要求较高，一般有学生的家庭，信息通信条件都比较完善，因此信息通信设备往往成为家庭教育投资的一部分，而学生数的增加，提高了家庭教育投资，但对医疗健康方面产生了显著的挤压效应，家庭成员对医疗保险的参与意愿降低。病人数的增加显著增加了收入和信息获得维度贫困的风险，且影响系数都比较大，显然，家庭成员患病严重影响了家庭收入的提高和获知外界信息的意愿。

家庭社会劳动参与人数对收入、教育、健康和生活条件维度都具有显著负向影响，再次证明了家庭成员的社会劳动参与具有显著的减贫效应。农业和非农就业比对各个维度的影响都为正向的，但均不显著。农业或非农兼业对收入维度具有显著负向影响，对健康维度有较大的正向影响，说明农业或非农兼业虽然在一定程度上提高了家庭收入，但对健康产生了负面影响。隔代照料对收入维度的贫困具有显著负向影响，而对健康维度具有显著正向影响，可能因为隔代照料增加了老年成员和婴幼儿的比例，增加了家庭的养老扶幼压力，降低了家庭成员对健康的关注和医疗保险的参与意愿，进而降低了家庭整体的健康水平。

五、本章研究结论与启示

（一）研究小结

本章首先在文献研究的基础上，建立了相对贫困的测量模型和家庭结构、劳动参与对相对贫困影响理论模型，以浙江省农村居民为研究对象，测量并分析了浙江省农村居民的相对贫困状况，使用结构方程模型中的路径分析方法，实证分析了家庭结构、劳动参与对相对贫困的影响，主要得出以下结论。

1. 农村相对贫困的测度具有复杂性

本章通过对浙江省农村居民相对贫困的测度，发现如下复杂性表现，这种测度的复杂性也印证了农户对自己是否处于贫困状态的判断的地区差异的存在（见第四章）。

（1）以两个维度的贫困作为相对贫困临界值，浙江省整体相对贫困的发生率较高为50.3%，相对贫困维度介于1个维度和2个维度之间的人数最多，即有较多的人处在相对贫困的边缘，陷入相对贫困的风险较大。

（2）相对贫困维度超过4个维度的贫困群体的贫困深度较深，该部分贫困群体的平均被剥夺维度接近于6个维度，贫困群体的相对贫困程度较大，贫富差距较大。

（3）分地区来看，温州地区农村居民的多维相对贫困指数最高，主要是因为温州地区市场化程度较高，商品交易便利，居民收入高、来源广，因此在过去的几十年中，人们对于教育的重视程度不够高，造成了当前存量劳动力受教育水平不高的情况等，影响了温州地区总体的相对贫困水平，其次是丽水市、衢州市和湖州市，一个地区农村居民的生活水平主要与当地经济发展水平有关，当地经济发展水平相对较低，因此相对贫困的发生率相对较高。

（4）分维度来看，劳动力最低受教育水平的贫困发生率比较高，主要是因为我国义务教育普及较晚，农村地区的教育水平相对落后，以致现存劳动力中有一部分年龄较大者受教育水平较低。

2. 家庭结构对相对贫困的影响

（1）病人数和学生数对相对贫困具有直接正向影响，有学生和病人的家庭更容易发生相对贫困。更进一步来说，病人数的增加显著增加了收入和信息获得维度贫困的风险，且影响系数都比较大，病人数的增加，一方面，通过影响家庭成员劳动参与进而影响收入和家庭福利水平的提高；另一方面，增加的医疗支出减少了家庭在其他方面的福利获得，严重影响了家庭的整体福利水平。学生数对教育、信息获得具有显著负向影响，而对健康维度具有显著正向影响，说明家庭教育支出降低了家庭对保障性医疗的消费支出。儿童数主要通过影响家庭成员的社会劳动参与，降低家庭收入水平进而增加家庭发生相对贫困的概率，因此幼儿抚育对家庭时间的需求影响了家庭的福利水平。

（2）一方面，家庭总人口数通过正向家庭社会劳动参与度间接影响相对贫困，且在不同维度的分析中，家庭总人口数也都具有显著的减贫效应。因此，家庭总人口数能够显著降低相对贫困发生的风险。另一方面，家庭总代数对相对贫困具有正向影响，主要原因是代数的增加，增加了家庭中儿童和老年人的数量，进而增加了家庭的负担，从而容易使家庭陷入相对贫困。

（3）老人数对相对贫困的总体影响效应为正向，虽然老人能够提供隔代照料和社会劳动以提高家庭收入，但老人对家庭的支持小于其对家庭增加的养老压力，正因如此，家庭中的老年人也更容易被边缘化，家庭养老面临较多问题。

3. 劳动参与对相对贫困的影响

（1）家庭成员社会劳动参与度具有显著的减贫效应，但其受儿童数、病人数、家庭总人口数等家庭结构因素的影响。因此，提高家庭成员社会劳动参与度不仅要树立正确的价值观，引导居民积极参与社会劳动，更重要的是从家庭结构的角度关注劳动力就业机制和相关社会保障机制。

（2）隔代照料对相对贫困有显著负向影响，当前浙江省农村家庭仍然需要老年人提供代际支持，以实现劳动力在家庭劳动和社会劳动之间的最优配置，农业和非农就业比、农业或非农兼业对相对贫困的影响并不明显，在浙江省目前的发展水平下，农村家庭劳动力配置结构集中到非农就业的结构安排中，影响家庭收入的因素主要为是否参与社会劳动以及能否充分就业等方面。

（二）政策启示

本章以浙江省农村居民为研究对象，分析了浙江省农村居民的相对贫困现状和家庭结构、劳动参与对相对贫困的影响路径。研究分析结果可以为农村相对贫困治理提供如下启示。

一是在我国社会主义现代化建设进程中，政府各部门应当持续加强对贫困群体特别是深度贫困群体的关注，缓解相对贫困不仅仅要关注收入水平，还应当按照"两不愁三保障"的扶贫思路，按更高标准，从健康、教育、医疗、生活便利性、生态环境等方面提高贫困居民的生活水平，降低贫困居民相对剥夺感，增强获得感和幸福感，维持社会公平。

二是我国现存劳动力中有很大一部分中老年劳动力受教育水平较低，在数字经济和知识经济不断发展的进程中，劳动力市场对人才教育水平的需求越来越高，从事社会劳动所需专业技能也越来越高。因此，加强中老年劳动力的知识和专业技能培训是必要的，特别是在延长退休年龄的背景下，只有保证中老年劳动力能够实现充分就业，才能使他们在未退休之前的基本生活得到保障，提高现存劳动力教育水平是实施延长退休年龄政策的必要保障措施，国家和地方政府更加应该重视中老年劳动力的知识和专业技能培训，以提高低教育水平劳动力的竞争力，促进其就业创业，提高家庭的收入水平。

三是在家庭中，老年人因其为家庭增加的养老负担高于其对家庭的贡献和随着子代家庭成长而逐渐丧失的话语权使其很容易被忽视，处于家庭边缘化状态，特别是在不需要隔代照料的家庭，老年人通常主动或被动选择独居，其物质和精神需求更容易被忽略，从而面临着家庭边缘化和社会边缘化的双重困境。因此，在缓解相对贫困的过程中，一方面，政府政策应加大对老年人的关注和扶持，政府应通过培育更加完善的社会养老服务体系实现养老专业化，同时，要加强对养老服务业的监督管理，防止资本的趋利性挤压养老服务的公益性，导致社会养老服务组织通过费用收取增加家庭的养老负担。另一方面，可以通过引导老年产业发展，提高中老年人的社会参与度，提高老年人的获得感和幸福感。

四是家庭因病致贫、因学致贫的现象仍然普遍存在，其根本原因在于家庭仍然承担了大部分医疗和教育责任，这是我国当前的经济发展水平所决定的，但因病、因学致贫具有一定的临时性，当家庭患病成员康复、学生完成学业并参与到社会劳动中时，家庭的相对贫困状况会缓解，并会向更好的方向发展。因此，在当前阶段，政府可以通过最低生活保障等临时社会救助制度对有患病成员的家庭和有高中及以上阶段学生的家庭给予更多的关注和扶持，以减轻家庭的医疗和教育负担，保证家庭的总体福利水平。

五是家庭成员的社会劳动参与是减少相对贫困的主要途径。一方面，我们要在全社会树立正确的价值观，引导大家积极参与社会劳动，依靠自身努力摆脱相对贫困。另一方面，家庭成员的社会劳动参与度受制于家庭的成员结构情况，政府政策需要进一步完善就业、职业培训和托育服务等保障体系，提高社会整体劳动参与度和市场专业化程度。

第七章

国内外贫困治理经验对中国
农村相对贫困治理的启示

为了更好地选择中国农村相对贫困治理的最佳路径，促进相关治贫政策创新，除了进行实证研究外，借鉴国内外贫困与相对贫困治理的相关经验也是非常重要的一条路径。本章运用文献调查法，研究分析了数十年中国式绝对贫困治理留下的成功经验、部分发达国家治理相对贫困的主要经验和中国沿海部分省份探索农村相对贫困治理得到的成果，得到了对农村相对贫困治理政策创新有重要参考价值的三大启示，即制度建设是未来中国农村相对贫困治理的基本保障、各级政府始终是相对贫困治理的组织核心、相对贫困标准的确定对相对贫困识别与治理非常重要、社会力量是未来相对贫困治理的重要治贫主体组成。

一、中国式绝对贫困治理的成功经验

中华人民共和国成立之初，由于生产力水平低，中国居民人均国民收入仅有 27 美元，农村居民普遍处于穷困状态。为了解决中国农村的贫困问题，中国政府进行了全方位的贫困治理路径与方式的探索和尝试。到 2020 年末，基本解决了数千年来一直困扰中国的农村绝对贫困问题，使中国走上了建设全面小康社会的康庄大道。中华人民共和国成立以来，在 70 余年的贫困治理过程中积累的扶贫经验可以为中国精准脱贫后时代农村相对贫困的治理提供政策设计和借鉴。

（一）体制变革是中国式贫困治理的制度基础

中华人民共和国成立后，学者们经过 30 余年的贫困治理探索发现，中国农村贫困的成因是多方面的，但这些原因并不是均衡地发挥致贫作用，根据"木桶效应"理论，必定有一个是"最大限制因素"，当然这个"最大限制因素"会随着时代的变迁发生变化。在 20 世纪 80 年代前后，中国的老百姓和决策者们都已经清晰地发现了制约中国贫困的关键因素是由于制度安排存在缺陷造成了农村经济发展持续滞后。因此，改变这种制度安排就成为中国式贫困治理的起点，这些制度变革包括以下方面。

1. 发展农村经济，增加农民收入的体制变革

一是农业经营体制变革。发展农村经济，增加农民收入，首先必须解放农村生产力，激发农民的生产积极性。中华人民共和国成立后，在农村逐步建立和完善的人民公社制度在一定程度上制约了农村经济的发展。因此，改革开放后，中国式贫困治理首先从突破农业经营体制开始，这种突破始于 1978 年 11 月安徽省凤阳县凤梨公社小岗村，后被我国政府确认和给予政策支持，并称之为"家庭联产承包责任制"。家庭联产承包责任制是指农户以家庭为单位向集体组织承包土地等生产资料和生产任务的农业生产责任制形式。中国农村普遍实行家庭联产承包责任制后，这一制度发挥了集体的优越性和个人的积极性，既能适应分散经营的小规模经营，也能适应相对集中的适度规模经营，因而促进了劳

动生产率的提高以及农村经济的全面发展，提高了广大农民的生活水平。

二是农业生产支持保护体制变革。农业经营体制的变革使农民有了自主经营权，从事农业和增加农业投入的积极性明显提高。一方面，为了保护农民的这种经营积极性，国家在政策上实施了许多农业生产的支持保护措施。在改革初期，国家还通过大幅度提高农产品价格以加强对农业的支持，这些政策与实行家庭承包经营制度相互交织，共同支撑了改革开放初期农业的跳跃式增长。另一方面，随着对农业和发展全局之间关系认识的不断加深，农业生产支持保护机制也进行了一系列调整，这些调整包括提高农业水利化水平方面的机制改革、提高农业机械化水平方面的改革、加快发展农用工业方面的探索性改革，以及加快发展农业教育、科研和技术推广体系改革等多个方面。

三是农村非农产业发展体制变革。中华人民共和国成立之后，在国家大力推动现代工业发展的过程中，虽然农村曾经有过短暂的发展非农产业的时期，但由于户籍、口粮分配、住房、社会保障等体制的制约，农村居民基本被排斥在这一工业化过程之外。1978年开始的农村改革，解放了农村的各类生产要素，在特殊的体制条件下和市场需求的引导下，大量的农民开始参与到非农产业的发展中，推动了改革初期中国经济的高速增长，这种状况迫使决策部门必须对农村非农产业发展体制进行变革，先后颁布了各项涉及非农产业发展的政策，明确了农村中非农产业的发展对于解决就业和提高农民收入的巨大作用，否认了发展乡镇企业就是发展资本主义的错误认识，肯定了农村中私人创办投资企业存在的合理性，提出了乡镇私营企业发展的一些基本政策原则。由此，中国农村乡镇企业的发展开始以乡办、村办、其他形式合作办、农民联户办、个体办五种形式走上高速增长的轨道。这一制度变革为中国广大农村的脱贫致富作出了不可磨灭的巨大贡献。

四是农村劳动力就业体制变革。随着农业生产经营制度改革带来的制度效应能量释放，大量的农村剩余劳动力面临就业难题。因此，从1984 年开始，党中央颁布了一系列放开、搞活政策，取消对农民非农就业权力的限制，逐步放开农民就业领域，同时严格控制"农转非"和"人口盲目流动"，有计划地发展小城镇，就地消化和转移富余农村剩余劳动力，防止出现大量农村劳动力盲目涌进大中城市，从而构建人口蓄水库。

2. 尝试构建科学协调人口增长与经济发展相互关系机制

历史唯物主义原理告诉我们，人口因素是社会物质生活的必要条件之一，对社会经济发展起着一定的制约和影响作用。这种作用主要表现在两大方面，一方面，一定数量的人口是社会发展的必要前提，没有最低限度的人口就无法促进社会发展；另一方面，一定的人口状况也会加速或延缓社会的健康发展。因此，人口因素对于社会经济的健康发展起着"双刃剑"的作用。中华人民共和国成立以后 30 余年的国家建设实践也证明了这一规律的作用。到了 20 世纪 70 年代后期，中国在总结过去国家发展经验教训的基础上，从中国的国情出发，对如何协调人口增长与经济发展的关系问题，进行了大胆的探索，在构建两者相互协调机制方面进行了大胆尝试。这种制度尝试的最大成就是在贫困户观念改变上表现得特别显著。在推进农村贫困治理工作过程中，通过对贫困户进行各种形式的教育及正面引导，使群众树立新的观念，提高认识，增加自觉性，改变"多子多福"这种传统的观念和认识，明白提高家庭人口质量对于摆脱贫困的重要性，从而进一步树立自我脱贫的信心。

（二）科学的顶层治贫路径设计是中国式贫困治理成功的关键因素

尽管体制改革带来了巨大的边际效益，但是中国广大的农村地区由于受到自然条件、地理位置和基础设施等众多因素的限制，其农民收入增长并不能直接受益于农村经济体制改革带来的红利，而数以亿计的庞大的农村贫困人口也不可能完全通过输血式救济方式来实现全面脱贫。因此，通过科学的顶层设计，以推进区域发展为主要特色，以渐进式、开发式扶贫为核心的扶贫战略设计得到了中国政府的认可。改革开放以来的实践充分证明，中国政府以顶层设计为指导，开展了有计划、有组织、大规模的开发式扶贫活动，取得了举世瞩目的扶贫成就。

1. 确定并动态调整符合中国实际的贫困线

贫困线的确定直接与贫困面的大小和贫困的性质、程度等密切相关，它是认识贫困的客观化指标，关系到扶贫政策的针对性和公平性，也关系到扶贫的效果。中国贫困线的确定既参考了国际上的通行做法，又结合了中国自己的实际国情，构建了中国自己的贫困线标准，并随着中国社会经济的发展，进行了三次调整，最终形成了独具中国特色的启动线、攻坚线、世纪线和"统一线"，为中国式精准脱贫奠定了贫困识别基础。

2. 制订政府主导下的扶贫计划

中国式贫困治理的典型特征之一就是政府主导，而政府主导主要体现在政府通过制订和发布科学的扶贫计划对整个贫困治理工作进行科学指导和管理。改革开放 40 多年来中国式贫困治理可以划分成四个阶段——体制变革扶贫阶段、开发式扶贫阶段、全面建成小康社会（也称新世纪）扶贫阶段和精准扶贫阶段。在四个阶段的贫困治理过程中，中国政府分别制订了相应的扶贫计划。

第一，体制变革扶贫阶段的"三西"农业建设计划。该计划于1982 年，由中国政府提出应对甘肃省定西地区、河西地区和宁夏回族自治区西海固地区实施的农业建设计划，由中央财政专项拨款 20 亿元

（每年 2 亿元），重点支持"三西"地区改善农业基础设施条件，发展种植业、养殖业，推广应用农业科学技术，稳定解决贫困农户的经济来源及多数贫困农户的温饱问题。其总体思路是把停止植被破坏、解决温饱的项目放在优先建设位置；水利建设的工作重点是在建项目和现有工程的挖潜和配套；以种草种树、发展畜牧业为主体的多种经营和工副业全面发展的经济结构；加强智力开发，采取"请进来，派出去"的办法，大量培训急需的各种人才。力争 3 年（1984～1986 年）停止生态破坏，5 年（1987～1991 年）基本解决群众温饱，10 年、20 年改变贫困面貌。具体措施包括发展薪炭林，推广节柴节煤灶、太阳灶、沼气灶、风力发电、供煤等；大力发展旱作农业和节水农业，抓好"三田"建设、水利建设和小流域治理工程；用定西地区、西海固地区的劳动力，开发河西地区、河套地区的荒地；规划三地人口迁移行动；设立多种经营专项基金，采取长期、低息的有偿使用办法贷给农民，搞好服务，积极发展多种经营；重视智力开发，培养当地人才，各县建立一个培训中心，并委托大专院校、科研单位培训一批高中级技术人才。"三西"农业建设，使甘肃省中部和宁夏回族自治区西海固地区的贫困状况明显缓解，温饱问题初步解决，打下了摆脱贫困的初步基础，积累了宝贵的贫困治理经验。

第二，开发式扶贫阶段——国家"八七扶贫攻坚计划"。为了进一步解决中国农村的贫困问题，缩小东西部地区的差距，实现共同富裕的目标，中华人民共和国国务院于 1994 年制定了《国家八七扶贫攻坚计划（1994—2000 年）》。该计划明确提出："从 1994 年到 2000 年，集中人力、物力、财力，动员社会各界力量，力争用 7 年左右的时间，基本解决目前全国农村 8000 万贫困人口的温饱问题"[1]；"加强基础设施建

---

[1] 中华人民共和国国务院. 国家八七扶贫攻坚计划（1994—2000 年）[EB/OL]. (2004 – 08 – 25) [2023 – 01 – 20]. https：//news. sina. com. cn/2004 – 08 – 25/17534137022. shtml.

设，基本解决人畜饮水困难。绝大多数贫困乡镇和集贸市场、商品产地的地方通公路。消灭无电县，绝大多数贫困乡用上电"[①]；"改变教育文化卫生的落后状况。基本普及初等教育，积极扫除青壮年文盲。开展成人职业技术教育和技术培训，使多数青壮年劳动力掌握一到两门实用技术。改善医疗卫生条件，防治和减少地方病，预防残疾……"[②] 争取不把贫困带入下一个世纪。

第三，新世纪中国农村扶贫开发纲要。"八七扶贫攻坚计划"完成以后，中国农村的绝对贫困人口减少到3000万人，低收入人口6000万人，为了解决这部分人口的贫困问题，中国政府于2001年制定公布了《中国农村扶贫开发纲要（2001—2010年)》。该计划的扶贫目标主要集中在解决极少数贫困人口的温饱问题，进一步改善贫困地区的基本生产生活条件，提高贫困人口的生活质量和综合素质，加强贫困乡村的基础设施建设，改善生态环境，逐步改变贫困地区社会、经济、文化的落后状况。为此，中国政府加大了扶贫力度、增加了扶贫资金，并且对扶贫战略和扶贫方法进行创新，实施以"赋权""参与""能力建设"为核心的参与式扶贫战略和方法。在关键举措上大力推行整村推进、劳动力培训和产业化扶贫相结合的组合扶贫方式。为了进一步解决中国农村的贫困问题，2011年又颁布了新的扶贫开发纲要——《中国农村扶贫开发纲要（2011—2020年)》，通过专项扶贫、行业扶贫、社会扶贫等多种形式，实施产业支持、贫困劳动力转移与培训、以工代赈、扶贫贴息贷款和扶贫小额贷款、贫困地区基础设施改造和综合开发等具体扶贫措施，在扶贫开发方面积累了丰富经验。

第四，精准扶贫阶段的扶贫战略。经过新时期两个扶贫纲要的实施，中国农村的贫困状况得到了基本缓解。到2014年底，在中国新的

①② 中华人民共和国国务院. 国家八七扶贫攻坚计划（1994—2000年）[EB/OL]. (2044 - 08 - 25)[2023 - 01 - 20]. https：//news. sina. com. cn/2004 - 08 - 25/17534137022. shtml.

扶贫标准下的减贫人口总量达到 9550 万人，贫困发生率从 17.2% 下降到 7.2%，为全人类的扶贫作出了巨大贡献。但同时中国农村的贫困出现了新的特征，大面积连片贫困基本消灭，深度贫困和顽固贫困逐渐显现，贫困治理进入攻坚阶段。面对这种状况，党中央及时调整了扶贫方略，提出了"扶持对象精准、项目安排精准、资金使用精准、措施到户精准、因村派人（第一书记）精准、脱贫成效精准"六个精准的要求，出台了精准扶贫的一系列政策措施，并将精准扶贫目标写入国民经济与社会发展"十三五"规划之中，到 2020 年底必须解决中国的绝对贫困问题，为全面建成小康社会打下坚实基础。

3. 制定适合中国实际的扶贫政策

为了使扶贫工作能够有章可循，党中央在近 40 年的扶贫过程中，根据不同时期的扶贫环境，制定了大量相应的扶贫政策，保证了中国式扶贫的巨大成就。这些扶贫政策基本涵盖了贫困治理的所有方面，包括有利于减贫的农业和农村发展政策，诸如农村土地制度的重大改革政策、以市场为导向的农产品价格形成和流通体制改革政策、鼓励社队企业在当地发展政策、有限度地允许农村劳动力流动政策、增加农村金融机构鼓励发放农业类贷款政策等；以"输血"为特色的救济式扶贫和以小规模的区域扶贫为主的专项扶贫政策；开发式扶贫政策；农村社会保障政策等。

4. 建立专门扶贫机构及扶贫体系

20 世纪 80 年代中前期，中国扶贫战略主要是单纯分散的救济式扶贫，最大特点是多部门参与，一些部门负责管理中央和地方政府的专项扶贫资金，另一些部门则主要负责各类扶贫项目的实施。虽然取得了较大的效果，但也造成了许多扶贫资源的浪费。为了整合有限的扶贫资源，同时吸引和规范非政府的扶贫力量，党中央决定对扶贫工作进行专门的规范、管理和指导，以便提高扶贫的效果，为此专门建立规范了两套扶贫组织体系。

一是政府主导下的扶贫机制。这一扶贫机制从中央到地方都成立了各级政府的跨部门扶贫领导小组，在领导小组之下，成立了专门的扶贫开发办公室，其基本扶贫组织机制设计如图7-1所示。

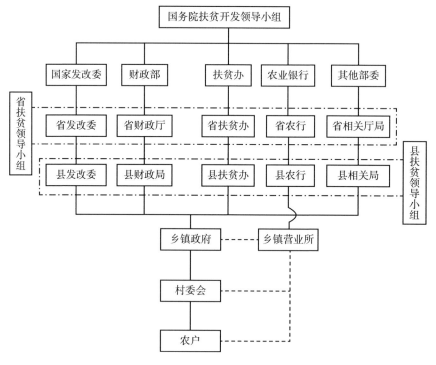

图7-1　中国政府扶贫组织机制

资料来源：笔者绘制。

国务院扶贫开发领导小组是中国最高的扶贫领导机构。扶贫开发领导小组的主要职责是制定中国的扶贫政策和计划，分配扶贫资金，协调与扶贫有关的各部门的关系。扶贫开发领导小组是非常设性机构，由国务院20多个部门组成。领导小组组长通常由主管农村工作的国务院副总理或国务委员兼任，副组长由国务院办公厅、国家计划委员会、财政部、农业部（现为农业农村部）、国家经济与贸易委员会副主任（副部长）和中国人民银行副行长担任，小组成员为其他 20 多个部委的副部长或副主任。扶贫开发领导小组下设国务院扶贫办公室，作为扶贫领导小组的常设办事机构，具体负责与扶贫有关的日常工作。

二是社会扶贫体系。中国的农村扶贫是在政府主导下的全社会的扶贫行动。因此，在中央政府和地方政府的支持下，许多非政府组织、群众团体、国际机构及私营部门都在不同程度上参与了农村扶贫行动，组成了中国式扶贫的另一个扶贫体系。与政府组织相比，非政府民间机构的特点是规模较小，其扶贫活动一般只覆盖一部分贫困地区。扶贫活动一般都比较专一，集中在民间机构有优势的专业领域，且不通过政府行政体系来运作，一般也更具有创造性，而且更具有效率。而取得中国政府认可的国际机构则构成了中国社会扶贫体系中的另一股重要力量。国际机构在中国的扶贫方式各不相同，它们的活动覆盖了多数部门的各种不同类型的项目，包括小额信贷、小型基础设施建设、社区开发、环境保护、技术援助、能力建设和农村综合开发。

三是私营部门。私营部门对中国农村扶贫的贡献不可忽视，一方面，私营小企业的快速增长对贫困人口的就业和非农收入的增长起到了重要的作用，推动了中国扶贫事业的发展；另一方面，私营部门有计划地参与到中国的扶贫事业中，"光彩事业"就是典型代表。

5. 建立科学完善的贫困监测机制

贫困监测的科学性直接关系到贫困治理瞄准的准确性。因此，改革开放以来党中央一直十分重视贫困监测机制建设，适时根据不同时期的环境变化对贫困监测系统进行调整。20 世纪 80 年代中期，贫困监测工作由国家统计部门承担；1994 年，建立了旨在评价某些地区扶贫规划的影响的贫困监测体系；1997 年，建立了国家贫困监测体系，监测范围为列入"八七扶贫规划"的 592 个国定贫困县，监测内容包括县域社会经济发展、农户生活、社区基础设施与基本社会服务、国家扶贫项目落实，以及扶贫资金使用等方面。进入 21 世纪后，国家对贫困监测体系进行了修正，指标体系涵盖了农户收支、食品消费和营养、固定资产和生活必需品、成人和学龄儿童教育、农户进入市场的能力、收入平等和性别差异、社会安全、扶贫项目覆盖面等。科学的贫困监测机制建设最大限度地保证了中国式反贫困 40 余年来的扶贫效果。

（三）持续的扶贫模式创新是中国式贫困治理成功的内在动能

中国农村贫困的复杂性决定了中国式贫困治理不可能有统一的模式和路径依赖。经过 40 余年的扶贫实践，各地早已根据自己的实际情况，创造出了许多行之有效的扶贫模式，这些模式对精准脱贫后的相对贫困治理也有理论和实践上的借鉴意义。

1. 基础设施建设扶贫模式

基础设施建设扶贫是指通过改善贫困地区的道路、饮水和农田等基础设施的建设，达到推动贫困地区经济发展，以缓解贫困为目的的一种模式，是解决贫困地区温饱问题最有效最实际的扶贫措施之一。基础设施建设扶贫的最主要方式是以工代赈，而以工代赈项目的重点是修建县乡公路、桥梁、人畜饮水工程、农田水利基本建设等工程，其内容主要是政府对贫困地区进行基础设施建设投资。

2. 教育扶贫模式

劳动力素质是决定收入的主要因素之一，文化程度高的劳动力容易接受和利用各种社会信息且适应性强，在向其他行业流动时也容易被接纳。相反，劳动力素质低，没有竞争优势，其获得扩大就业和向非农产业转移劳动力的机会减少和丧失。20世纪80年代中期，国定贫困县中具有小学文化程度的人口占总人数的50%，文盲率为19.43%。因此，对贫困人口的教育进行投资，是提高他们的就业应变能力从而缓解贫困的有效途径之一。中国的教育扶贫作为一种扶贫模式，主要通过两个途径来改善贫困人群的受教育情况，一是加快贫困地区普及九年义务教育步伐，完成初等教育；二是开展职业培训，具体方式包括政府教育扶贫、社会力量扶助贫困农村儿童接受义务教育、引进国际机构援助和教育培训。

3. 科技扶贫模式

科技扶贫是中华人民共和国国家科学技术委员会于1986年提出并组织实施的，旨在应用先进适用的科学技术对贫困地区封闭的小农经济模式进行改革，提高农民的科学文化素质，提高其资源开发水平和劳动生产率，促进商品经济发展，加快农民脱贫致富步伐的一项在农村进行的重要的反贫困战略举措，是中国政府开发扶贫战略的重要组成部分。针对贫困山区科技落后的状况，国家主要通过普及科技知识，引入先进实用技术，注重将"治穷"与"治愚"相结合，培养和扶持各类乡土科技人才，培训贫困地区的干部和农民等方式，帮助贫困地区推广和应用先进适用的农业技术，显著增强贫困地区农业综合生产能力，提高农业生产率。科技扶贫模式又可以分为科技供给主导型模式和科技需求主导型模式两种不同的运作方式。

4. 劳务输出扶贫模式

劳务输出是指贫困地区的贫困人口自发地或有组织地流入城市或发达地区务工或经商。20世纪80年代开始，随着改革开放的不断深入，部分城市和地区"三资"企业、乡镇企业的蓬勃发展，给贫困地区创造了大量的就业机会；同时，国家放宽了户籍管理制度，政府支持和鼓励农村剩余劳动力有序流动。因此，贫困地区的劳动力到经济发达地区就业、经商逐步成为一种普遍和不可遏制的趋势，形成一股庞大的民工潮。实践证明，劳务输出是贫困地区农民增加收入、培养造就人才、扩大积累资金、解决温饱、脱贫致富的一条重要途径。劳务输出的方式很多，主要有各劳动部门发挥其职能作用，为农村剩余劳动力有序流动建立管理有效的路径、利用外资实施劳务输出扶贫项目、利用对口帮扶做好劳务输出工作和实施贫困村劳动力培训转移工程。

5. 产业化扶贫模式

产业化扶贫就是在贫困地区建立农产品基地，或者是通过订单农业等手段带动贫困农民调整结构、增加收入的一种农业产业化形式。政府通过扶持农产品加工企业和农户建立较大规模的农业产业化基地，为基地内及周边的贫困农户提供技术、信息和销售服务，使基地与农户形成利益共同体，一方面，公司和基地可以利用农户的力量在较短时期内形成较大的生产规模；另一方面，可以避免和减少农户容易遭遇的技术和市场风险。产业化扶贫模式具体可以分成优势产业、企业（公司）、科技引导、合作社（协会）、专业市场五种产业化扶贫形式。

6. 整村推进扶贫模式

整村推进扶贫模式是指自进入 21 世纪以来，我国农村贫困人口的分布状况发生了很大变化，集中连片、大面积的区域性扶贫现象明显减少，贫困人口主要集中在一部分贫困乡、村，更多地表现为大分散、小集中的背景下，扶贫开发以贫困人口集中的贫困村为重点，以村为单位制定和实施扶贫开发规划，涵盖道路、饮水、沼气、产业开发等主要项目，直接瞄准贫困人口，实现扶贫目标的扶贫方式。

7. 精准扶贫模式

精准扶贫是 2010 年以后，针对我国扶贫工作出现的贫困人口分布相对分散、致贫原因复杂多样、返贫现象多发、减贫难度增加、扶贫资金分配不合理、已有相对成熟的扶贫机制效率受到抑制等扶贫新情况提出的一种为最终解决中国面临的最后贫困问题的、具有中国特色的新型扶贫方式。精准扶贫是相对粗放扶贫而言的，是指针对不同贫困区域环境、不同贫困农户状况，运用科学有效的程序对扶贫对象实施精确识别、精确帮扶、精确管理的治贫方式。一般来说，精准扶贫主要是就贫困居民而言的，谁贫困就扶持谁。精确识别是精准扶贫的前提；精确帮扶是精准扶贫的关键；精确管理是精准扶贫的保证；精准考核是提升精准扶贫成效的基本条件。

8. 其他扶贫模式

20 世纪 80 年代中国开展扶贫以来，除了创造了上述七种典型的扶贫模式外，还创造性地提出了许多其他的扶贫模式，这些扶贫模式同样对中国式反贫困作出了巨大贡献。比较典型的有党政机关定点扶贫模式、东西协作扶贫模式、易地安置扶贫模式、旅游扶贫模式等。

二、部分发达国家治理相对贫困的主要经验

发达国家在相对贫困治理上走在了世界的前列，积累了较为丰富的经验，这些经验也可以为中国农村相对贫困的治理政策设计提供参考。

（一）立法为先，强化制度供给

日本、美国和欧盟等发达国家和地区十分重视各种政策、目标和措施的法律化。法律规范具有国家强制性、普遍性和可诉性，是依法行政的重要保证。发达国家以立法为先，确定各项扶贫工作的法律基本框

架，并不断补充完善政策体系，加强扶贫工作的制度供给。例如，美国、日本和澳大利亚等国家在教育法案中对贫困地区的教育支持进行了专门规定；美国的《社会保障法》《社区再投资法》《格拉斯—斯蒂格尔法案》、英国的《国民救济法》、德国的《社会救助法》等均为本国社会福利和金融扶贫的制度建设与工作提供法律保障。

（二）政府引导，多方深度合作

美国政府部门在减贫工作中负责"掌舵"，对减贫的方向和路径进行把控，主要包括设定目标、确定方向、实施监督和组织考核。政府并不是亲自"划桨"，而是以法律法规、事业制度、财政补助等形式进行政策引导，发挥政府的核心指导作用。政府通过购买社会服务的方式，引入社会力量，如企业、非政府组织等参与政策执行和相关公共服务供给，积极吸收各方意见和力量，汲取其中有利和有效的部分。同时，充分利用市场优势，优化资源配置，在高效有力的执行中提升减贫政策的有效性。

（三）福利普惠，完善保障体系

1. 建立全方位的社会福利体系

大部分发达国家已建立以"普遍福利"为核心的社会保障制度，其覆盖面包括教育、医疗、养老、就业、基础设施、孤寡照料等，能有效降低贫困人口的生计负担，提高贫困人口的生活质量。如英国建立了"从摇篮到坟墓"的社会福利制度体系，覆盖了国民保险、国民保健、个人社会福利、住房和教育五个方面。美国构建了包括社会保险、失业救济等福利制度在内的联邦和州政府双层安全网体系。德国、日本等发达国家都通过完善教育、医疗、劳工等社会政策，扩大社会福利支出，不断夯实社会安全网，保障居民的基本生活。

2. 完善多元化的教育扶贫体系

发达国家的教育扶贫体系基本实现全面覆盖，如美国的终身教育体系已植入教育扶贫政策中，从学前教育、职业教育领域等着手，根据教育级别制定与之相应的扶贫计划。学前教育通过启蒙计划、《初等与中等教育法》和《不让任何一个孩子掉队》等法案及各类助学金、奖学金等加以保障；职业教育通过各阶段学校开设完备的创新创业类课程，弥补低学历创业者的知识、职业技能缺陷。同时，不断丰富农村人才培养模式与内容。创建公立学校的辅助行业教育、"未来美国农民"教育、辅助农业经验培训模式，以及非正规职业培训等多种典型模式。

此外，加强贫困地区教师队伍建设。教师质量是影响贫困地区教育质量的关键，美国、澳大利亚等通过优惠政策鼓励，吸引教师到贫困地区任教或直接定向培养适应农村教学环境和教学任务的农村教师；日本则通过实行教师交流轮岗制度来实现区域间的教育公平。为更好地评估教育扶贫效果，美国实行联邦—州—学区三级教育管理体制，以澳大利亚为代表的国家实行行动计划管理模式，将计划与问责制相结合，对地区和学校进行分层评估，以实现行动计划的有效动态发展。

3. 健全城乡统筹的医疗养老体系

加大农村贫困人口医疗养老政策兜底支持力度，提高最低生活保障金，健全农村医疗服务和保险系统，优化农村公共养老机构布局，是主要发达国家缓解相对贫困采取的主要举措。日本对农村养老、医疗采用农民年金基金制度和医疗保险制度来缩小城乡差距；欧盟在医疗方面建立了国家医疗服务体系模式和社会医疗保险模式；英国对欠发达的农村地区人群一律免费医疗，在养老方面建立了以税收为基础的最低养老金制度和家庭老年保障金制度，对退休的老年农民提供补贴收入。

4. 推进信息化的基础设施建设

美国已建立了比较健全、完善、规范的农业、农村信息服务体系，建成农业部及其所属五大信息机构在内的农业信息网和世界最大的农业计算机网络系统，形成了以互联网为主要途径的农村、农业信息传播模式。完善的信息化设施，使农民足不出户就能通过互联网共享网络信息资源，提高了脱贫能力。

（四）分类帮扶，瞄准特殊群体

发达国家和地区很重视对弱势群体相关社会权利的维护，并根据群体分类，在个体、家庭、区域等方面细分救助标准，瞄准特定人群，建立分类救助的特殊帮扶体系，以便合理高效地助其脱贫。如美国针对不同类型群体，设立了包括负所得税、营养援助在内的 13 个大型反贫困计划。对老人、儿童、孕妇、贫困工薪群体等提供不同的援助，将税前现金收入低于国家贫困标准一半的家庭认定为深度贫困家庭，为其提供有针对性的帮扶措施。日本的贫困群体社会救助标准也依据受助者年龄、居住区域、家庭结构、性别等进行了类型细分。

（五）产业扶贫，发展合作组织

产业扶贫是推动贫困地区脱贫的根本路径。无论是日本的"一村一品""1.5 次产业""六次产业"模式，还是欧盟的一二三产业融合发展，都以产业扶贫为内核，注重加强生产与生活、生态和文化的综合。此外，美国、德国、日本等发达国家反贫困的经验表明，推进农民组织化建设，有利于克服市场经济周期性变化对农户生产的制约，实现产业融合发展，确保农户能够分享增值收益。农民合作社是扶贫对象产业发展与市场连接的重要载体。发展农民合作社，有利于扩大农户间的合作与联合，逐步形成多元化、多层次、多形式的经营体系，为农民提供有效的产前、产中、产后各环节的服务，提高农户的市场谈判能力和竞争能力，进而提升产业发展的成功率和脱贫的可持续性。

（六）明确相对贫困标准

相对贫困线的设定是精准识别贫困人口的基本前提。因此，在相对贫困的治理过程中，欧美各发达国家都从本国实际国情出发，划定了相对贫困的基本门槛及其对应的参考指标。其中，美国的相对贫困线标准由联邦政府确定，主要考虑基本生活必需品的获取和家庭规模，主要计算方法是以绝对收入为基础、在家庭规模上每增加 1 人以 0.3511 的权重进行加权，在具体认定农村相对贫困人口实践中，再综合考虑教育水平、身体条件、精神状态、是否酗酒、是否吸毒、留守情况、种养规模、信息获取、农村治安等要素。欧盟的相对贫困线划定与美国有所差异，主要是根据贫困风险阈值测算相对贫困风险率，也就是把平均人口可支配收入中值的 60% 作为基准线，在此基础上再考虑社会排斥、权利剥夺、违法犯罪、人际关系、工作压力等因素。

（七）构建心理干预机制

精神贫困和隐性贫困是两种重要的相对贫困类型，这两种相对贫困与物质贫困相比具有更强的隐蔽性，因此很容易在相对贫困治理中被忽略。为了防止这种状况的发生，世界上很多国家都建立了各种心理干预机制，开展了针对农村相对贫困群体的心理干预活动。例如，美国在联邦农村卫生政策办公室专门建立了一条"播撒希望的种子"热线电话，对农村相对贫困人群开展心理干预活动；设立了农民幸福感评价体系，定期对贫困农民群体心理状态进行科学评估。欧盟则在相对贫困线的设定过程中，将参与娱乐次数、家庭聚会频率、压力排解渠道等作为重要的参考指标，并进一步强调摆脱相对贫困，必须消除贫困文化，努力营造积极向上的乐观心态。

三、中国沿海部分省份治理农村相对贫困的主要经验

中国沿海省份经济发展程度高于绝大部分内陆省份，这些省份因为率先解决了绝对贫困问题，进行了农村相对贫困治理的实践探索，得到经验教训对中国农村相对贫困的治理政策设计也具有启发和借鉴作用。

（一）立足实际，科学确定标准

贫困标准是确定帮扶对象、制定扶贫措施、考核脱贫成果的重要尺度，是解决相对贫困问题的前提。"十三五"期间，江苏省政府制定了新一轮扶贫开发工作标准。根据经济发展、贫困人口的情况，考虑对相对贫困线的测量一般是取该地区人均收入的中位数以及地区物价的变化情况，对国家规定贫困标准的走势进行预估，将"江苏标准"稍高于全国，确定了人均年收入 6000 元的标准。此外，江苏省帮扶对象涉及全省乡村 6% 左右的低收入人口、6% 左右的经济薄弱村、苏北 6 个重点片区和黄桥茅山革命老区，涉及农村低收入人口约 300 万人[①]。山东

---

① 江苏省财政厅. 江苏新一轮扶贫标准为收入 6000 元，涉及 300 万人 [N/OL]. (2015 – 12 – 16) [2023 – 01 – 20]. http://czt. jiangsu. gov. cn/art/2015/12/16/art_ 8064_ 5479699. html.

省青岛市根据经济发展情况，制定了"人均4600元"和"两个好、四保障"，即吃好、穿好，义务教育、基本医疗、住房安全和养老有保障的市定扶贫标准，以此标准识别出青岛市的贫困人口[①]。

（二）精准帮扶，措施落实到人

利用大数据整合信息，建档立卡精准识别、精准扶贫。伴随互联网在江苏省、广东省等沿海各省的发展，充分利用信息技术手段实施精准定位，明确帮扶对象。以精准扶贫为"网"，贫困户为"网底"，实行"精准识别、干部到户、服务联网"的脱贫攻坚精细化、信息化管理。一是大数据管理贫困户。应用大数据技术整合分散信息，构建大数据扶贫系统和服务平台，做到精准识别贫困户、精准分析致贫原因，因户因情施策。二是精准建档立卡。建立农村扶贫、农村低保、社会救助一体化监测管理平台，常态化抓好信息系统动态管理，做到建档立卡不漏一户一人。三是做好三级联动服务。成立县、乡、村精准扶贫服务中心，建立脱贫攻坚"互联网＋"指挥调度体系，统一"线上线下"指挥调度。

（三）努力探索，推动模式创新

1. 金融扶贫

金融扶贫通过产业扶持、农户支持、驻村帮扶、助民搬迁等多种方式，不断强化资金和服务供给，持续优化基础金融生态环境，为贫困地区经济发展和民生改善等提供有力支持。江苏省有针对性地增加贷款额

---

① 左停，贺莉，刘文婧. 相对贫困治理理论与中国地方实践经验 [J]. 河海大学学报（哲学社会科学版），2019（6）：1－9.

度和借款年限，并重点扶持低收入农户的产业发展，提高低收入人群的内生动力和能力，实现自我发展、创业致富的目标，为低收入农户发展农业产业项目创造有利的外部环境；山东省设立扶贫特惠保险，安排风险补偿和贷款贴息，发放扶贫贷款，为农民提供资金保障，增强发展的内生动力；福建省屏南县创新扶贫开发融资模式形成独具特色的"三联五合"金融扶贫模式，不断推进普惠金融，创新资产收益多样化，使农民能更多享受到金融扶贫带来的益处。

2. 旅游扶贫

旅游扶贫旨在形成跨地方、全局性和开放的城乡协同治理结构，发挥让贫困群体借助发展旅游再度创新并实现自我调适的社会功能。如山东省在整合文化、旅游资源的基础上，创新文旅融合模式，在保护非遗的基础上，形成具有当地特色的产业集群；广东省林寨古村落文旅融合型乡村旅游精准扶贫，精准把握扶贫对象，鼓励多元主体积极参与，创新参与形式，结合地方文化特色明显，旅游扶贫效益突出。

3. 科技扶贫

科技创新是推动解决相对贫困的新动力。沿海地区部分省份融合先进技术，创新产业发展模式，加大科技人才、设施的投入，通过科技扶贫实现"志"与"智"双扶。山东省充分利用互联网经济发展的大环境，依托线下电商产业与线下实体产业，以线上的广阔互联网市场弥补线下地理环境和经济落后地区市场狭小的劣势。同时，以科技带动产业发展脱贫，运用新技术提升产品品质，推动产业智慧化发展，提升贫困地区劳动力的创业创新技能，促进脱贫增收。广东省和江苏省充分利用现代化的科技手段，结合自身基础开辟出具有代表性的电商扶贫模式。福建省则结合"以奖代补"和考核机制，用经济效益驱动科技扶贫可持续。

4. 互助扶贫

以政企互助、企民互助、邻里互助等方式，结合内生动力与外力，统筹地方政府、集体组织、社会力量、农户主体成立互助联盟推动持续减贫。福建省实施"百企联百村帮千户""阳光工程""雨露计划"，同时成立科技特派员在政府引导下开展科技创业，为农民提供综合性科技服务，使科技特派员与农民、企业成为利益共同体。山东省针对村庄老弱病残贫困户最关心、最迫切、最实际的需求，创立"邻里互助"模式，鼓励部分家中不能外出务工的贫困户与生活不能自理的老弱病残贫困户结成对子，通过卫生整洁、困难人群日常生活协助等形式提供居家服务，村庄利用扶贫项目既实现了互惠互利，又提高了总体收益。

5. 公益慈善扶贫

中国慈善事业迅速发展，公益慈善扶贫已列入国家重要战略，成为社会保障体系建设的重要补充。广东省设立"广东扶贫济困日"，建立一个统筹协调、资源整合的组织平台，由省扶贫开发领导小组负责"广东扶贫济困日"活动的组织领导，统筹协调人民群众、企业家、社会团体、民间组织等，采取捐资、捐物、送医、送技术、探访、办实事等形式，广泛开展慈善募捐活动，参与扶贫济困。

（四）积极引导，增强脱贫信心

从思想引导、能人带动、政策激励、机制引领等方面增强脱贫信心。一方面，加强宣传力度，转变贫困群体观念，促使其积极参与扶贫脱贫工作，增强低收入农户脱贫信心。如针对不同的贫困群体、低收入农户从精神层面进行引导，改变当地群众传统思想，强调对贫困者思想开拓和可持续性教育。同时充分发挥乡村能人带动效应，设立覆盖城镇和乡村的专业扶贫机构，搭建可靠的扶贫队伍，充实工作力量，保障政策的制定与实施充分落到实处，更好促进脱贫质量的提升。另一方面，形成健全的政策激励机制，根据实际设立农民脱贫奖补机制，制定相关的政策和评价标准，增强贫困群体主动脱贫动力。同时，不断提高贫困群体的防范和化解风险的能力，化解相对贫困。通过强化能力建设、就业促进、产业发展、城乡统筹等多措并举，并不断创新工作机制，有效稳固脱贫攻坚成果。

四、国内外治贫经验对农村相对贫困治理的启示

（一）制度建设是未来中国农村相对贫困治理的基本保障

一项良好的制度可以保证组织的有序运行。要确保精准脱贫后的中国农村相对贫困治理取得成效，也需要首先进行治理制度建设。无论是中国绝对贫困治理取得成功的经验，还是国内外相对贫困治理的成功探索，都证明了制度建设在贫困治理中的重要性。中国绝对贫困的治理首先始于制度建设，包括发展农村经济，增加农民收入的制度变革、协调人口增长与经济发展相互促进的运行机制构建、科学设计顶层治贫路径管理机制、确保持续扶贫模式创新的激励制度等。国外部分发达国家相对贫困治理的成功经验显示，先行立法可以强化制度供给、完善保障体系建设可以带来福利普惠、构建心理干预机制有利于增强摆脱相对贫困的信心，消除贫困文化，努力营造积极向上的乐观心态。

（二）政府始终是相对贫困治理的核心

贫困问题是一个世界性的难题，贫困治理涉及的关系错综复杂，所有治贫的成功经验都证明了没有一个强有力的政府主导，不可能取得好的成效，相对贫困的治理也应是如此。中国绝对贫困治理过程中的所有制度建设背后，都是中国政府主导和推动的结果，大规模扶贫计划的设计和推广需要政府主导，发动社会力量参与精准扶贫需要政府主导，构建从上至下的扶贫管理机制需要政府主导，精准扶贫的模式创新也离不开各级政府的大力支持。发达国家相对贫困治理中推行的多方深度合作需要政府引导，福利普惠的实施、多元化教育扶贫体系的完善、城乡统筹医疗养老体系的健全、推进信息化基础设施建设以及乡村心理干预机制构建等相对贫困治理机制建设和工作的展开，都需要政府的支持。沿海地区部分省份相对贫困治理探索中实施的精准帮扶，措施落实到人模式的推行需要政府支持和推动，各种扶贫模式创新，诸如金融扶贫、旅游扶贫、科技扶贫、互助扶贫、公益慈善扶贫等，不仅需要政府推动，更需要政府在资金、人力、物质等方面的大力支持。

（三）相对贫困标准的确定非常重要

相对贫困线的设定是精准识别贫困人口的基本前提。中国绝对贫困治理的经验告诉我们，一条合理的标准线可确保扶贫的全面与公平，做到应扶尽扶，没有遗漏。国内外所有相对贫困的治理都是建立在各自的贫困线标准之上的，区别只在于如何确定和谁来确定贫困线。一般而言，相对贫困线基本由政府确定，计算方法大多采用多维方式测算，再设定一些扣除项目。有了相对贫困线，农村相对贫困的认定、识别、帮扶、预警、退出等就有了比较可观的依据，也有利于相对贫困治理的顺利开展。

（四）社会力量是相对贫困治理主体的重要构成部分

相对贫困治理除了政府主导外，还需要动员广泛的社会力量参与进来。社会力量是未来相对贫困治理主体的重要构成部分，这些力量不仅能够提供大量的资金支持，更可以为扶贫对象提供精神上的帮扶，带来技术、知识、价值观及其他精神食粮，为培育和激发扶贫对象脱贫的内生动能提供多方位的支撑。

第八章 /

培育产业集群推进相对贫困治理的县域实践分析：以浙江省武义县为例

农村相对贫困治理的核心问题是缩小"三大差距"，即城乡差距、区域差距、收入差距，其中收入差距是基础，城乡差距是标志，区域差距是最终目标。因此，解决相对贫困问题的基础和抓手始终是经济发展。武义县作为浙江省原26个贫困县在21世纪初完成县域意义上的精准脱贫任务后，县委县政府在充分调查认证的基础上，培育生态农业产业集群、超市经济产业集群、乡村旅游产业集群和工业园区。经过20余年的不断努力努力，取得了巨大成就，城乡居民可支配收入比由2007年的2.31下降到2023年的2.00，城乡差别逐步缩小[①]。本章通过对武义县培育产业集群的路径、政策举措及经验的分析研究，获得了对乡村相对贫困治理有借鉴意义的三大启示，即县域治理支点、构建共富联合体和创新配套政策支持。

一、武义县农村相对贫困治理取得的主要成就

武义县位于浙江省中部山区，县域总面积约1577平方千米，原属

---

① 资料来源：笔者根据金华市统计年鉴数据计算所得。

浙江省 26 个贫困县之一，脱贫前是一个典型的农业县。从 1994 年开始，武义县在全国率先探索实施以下山脱贫为工作核心的贫困治理路径，经过 10 余年的努力，基本解决了武义县农村居民的绝对贫困问题。从 2005 年开始，武义县的扶贫工作实际上已经进入了农村相对贫困的治理阶段。截至 2023 年，经过近 20 年的努力，武义县已经取得了巨大发展成就。

（一）精准脱贫以来武义县社会经济发展概况

1. 工业发展情况

武义县是一个传统农业县，但从 20 世纪 90 年代以来，主动承接周边辐射，从无到有开启工业化进程，实现传统农业县向现代工业县跨越，工业经济的起飞得益于接轨永康市等地的产业转移。1992 年成立经济开发区，1998 年在桐琴镇建立首个工业园区。2001 年，武义县委县政府首次提出"工业强县、开放兴县、生态立县"发展战略，将工业作为经济发展的主攻点。历届县委县政府一以贯之坚持工业强县不动摇，推动形成以县城为中心、G235 国道和永武线为两翼的工业布局，成为"永武缙"五金产业集群的重要节点。截至 2021 年 6 月底，全县开发区和工业功能区建成面积 23.5 平方公里，进区企业 3214 家，其中，规上工业 641 家（2000 年为 69 家），居金华市第三位（永康市 1025 家、义乌市 744 家）；纳税千万元以上企业数量排在永康市之后，居金华市第二位，2020 年规上工业总产值 527 亿元（2000 年为 11.74 亿元①）。拥有电动工具、食品接触容器、门业、旅游休闲产品、文教用品、扑克牌等 6 个国家级制造（出口）基地，产品远销欧美地区，

---

① 2000 年规上企业统计口径为 500 万元，2020 年为 2000 万元。

出口"一带一路"沿线 62 个国家。电动工具产量占全国总量的 1/3，其中电锤产量和出口量占 70% 以上，居全国首位。门业产量占总量的 15% 以上，扑克牌产量占总量的 60% 以上，"两针两钉"产量占总量的 80% 以上，链条产量占总量的 50% 以上。以微电子蚀刻材料为代表的新材料产业、以寿仙谷有机国药为代表的生物健康产业正加速崛起①。

2. 农业发展情况

截至 2020 年底，武义县现有永久基本农田 1.8 万公顷，建成粮食生产功能区 0.8 万公顷②。近 20 年来，武义县大力发展有机、品牌、智慧农业，农业现代化水平一直稳居金华市前列，农业总产值从 2002 年的 8 亿元增加到了 2020 年的 26.28 亿元③。获评全国唯一"中国有机茶产业发展示范县"④，入选国家级电子商务进农村综合示范县⑤。

有机农业方面：武义县在全省率先出台有机农业十年发展规划，每年安排不少于 2000 万元的专项奖励，形成了茶叶、水果、中药材、食用菌、畜牧业等优势有机产业⑥。2001 年获评"中国有机茶之乡"⑦，2016 年成功创建国家首批有机产品认证示范区。目前，全县共有国家有机食品生产示范基地 6 个，有机认证单位 100 家，有机产品 205 个，种植基地认证面积约 0.33 万公顷，均居全国第一位，产业链产

---

① 资料来源：武义县、义乌市统计局，金华市统计局、科技局提供。

② 刘梦菡，郑丽佳. 为武义高质量发展夯实耕地基础增添绿色底蕴/县委财经委员会举行第 9 次会议 [EB/OL]. https：//m. thepaper. cn/baijiahao_12996081.

③ 武义县统计局. 2020 年武义县经济运行情况 [EB/OL]. (2021 - 01 - 28) [2023 - 01 - 02]. http：//www. zjwy. gov. cn/art/2021/1/28/art_1229423543_3794428. html.

④ 李增炜，应佳丽. 浙江武义：念好一片叶子的"共富经" [N/OL]. (2022 - 03 - 29) [2023 - 01 - 02]. https：mo. mbd. baidu. com/r/1jMXW55JgLm? f = cp&u = 58efe626aeb92642.

⑤ 李晟瞳，朱言，王倩，等. 武义：电商进农村走好共富路 [N]. 浙江日报，2023 - 12 - 14 (12).

⑥ 资料来源：市生态环境局武义分局. 武义以有机创建赋能绿色转化 [EB/OL]. (2021 - 01 - 23) [2023 - 01 - 02]. http：//www. zjwy. gov. cn/art/2021/1/23/art_1229184764_59064268. html.

⑦ 侯明明，徐贤飞，李增炜. 武义茶"变形"记 [N]. 浙江日报，2020 - 09 - 15 (8).

值 8.15 亿元①。

智慧农业方面：武义县于 2004 年建立杂交水稻科研推广基地，2019 年成立袁隆平院士专家工作站，杂交水稻的推广与种植一直处于全国领先水平。近年来，该县大力推广机械化育秧和农业数字化生产线建设。

3. 旅游业发展情况

武义县旅游自 1998 年起步以来，经过历届党委政府坚持不懈、接力推进，实现了从无到有的发展，旅游业逐渐成为县域经济发展的新引擎。先后荣获中国温泉之城、全球绿色城市、中国天然氧吧、中国县域旅游竞争力百强县、全国生态养生产业示范基地、中国最具国际影响力旅游目的地等荣誉。共有 4A 级景区 5 个（温泉小镇、清水湾、牛头山、大红岩、璟园）、3A 级景区 9 个。游客人次、旅游总收入从 2000年的 23.3 万人次、5949 万元增长到 2019 年的 2123.57 万人次、212.69亿元②。

一是拥有生态、温泉、古村"三宝"。武义县生态环境优越，全县森林覆盖率 74%，空气质量优良率 90% 以上。武义温泉"浙江第一、华东一流"，温泉日出水量达 24150 吨，是浙江省目前唯一由自然资源部命名的"中国温泉之城"③。武义县古村积淀深厚，特色鲜明。郭洞古生态村、俞源太极星象村是中国首批历史文化名村，另外还有山下鲍等 4 个省级历史文化名村。

二是经历起步、加速、提升"三个阶段"。探索起步阶段，1998 年7 月，武义县首个旅游景区郭洞推向市场，拉开了武义县旅游发展的序

---

① 市生态环境局武义分局：武义以有机创建赋能绿色转化［EB/OL］.（2021 – 01 – 23）［2023 – 01 – 02］. http：//www. zjwy. gov. cn/art/2021/1/23/are_1229184764_59064268. html.

② 武义县统计局. 2019 年武义县国民经济和社会发展统计公报［EB/OL］.（2020 – 04 – 28）［2023 – 01 – 02］. http：//wynews. zjol. com. cn/wynews/system/2020/04/28/032462742. shtml.

③ 唐旭昱，倪妃露. 来武义，我养你［N］. 金华日报，2021 – 04 – 29.

幕。加速推进阶段，2002 年，清水湾度假村对外开放，标志着武义县旅游业发展进入一个全新的阶段。2007 年武义县党代会提出"旅游富县"发展战略，进一步确立了旅游业作为第三产业的龙头地位。2009年，明确"打造中国温泉名城、构建东方养生胜地"的总体目标。2010 年被命名为浙江省旅游经济强县[①]，2011 年入选浙江省旅游综合改革试点县[②]。发展提升阶段，2013 年，首创提出并启动实施"生态景区全域化"建设，着力打造县域大景区。2016 年，在原有旅游富县基础上充实进"文化"内涵，提出实施"文旅富县"战略。目前，已形成北部"温泉度假"、中部"丹霞探古"、南部"生态风情"三大养生游特色组团，形成了气养、水养、体养、食养、药养等康养主题，逐步打响了温泉康养品牌，"来武义·我养你"口号不断深入人心。

4. "超市经济"发展情况

武义县超市经济起源于 20 世纪 90 年代，南部山区部分群众来到长三角地区开办超市，并不断发展壮大。截至 2020 年，已有 2 万多名武义人在全国各地开办超市 1 万余家，带动 10 万余人就业，年销售额达600 多亿元，被授予"中国超市之乡"称号[③]。

2003 年，武义县委县政府开始对"超市经济"进行调查研究和探索，针对超市数量庞大，但规模偏小、各自为战的现象，牵头组建了超市商会，成立武义县超市经济服务中心，并先后出台超市业主联保贷款政策、《关于促进超市经济发展的若干意见》《武义超市发展状况及至 2018 年发展规划》等一系列扶持政策，引进"互联网＋超

---

① 鄢子和. 我县被评为浙江省旅游经济强县［N/OL］.（2010 - 02 - 05）［2023 - 01 - 02］. http：//mz. zjol. com. cn/msite/details. html？newsid =011819895.

② 黎彦，蔡姬煌，徐文潇. 武义：加快旅游综合改革步伐［N/OL］.（2011 - 07 - 18）［2023 - 01 - 10］. http：//mz. zjol. com. cn/msite/details. html？newsid =013999954.

③ 汪旭莹，章馨予. 浙江武义："超市经济"三十年 闯出共同富裕路［N/OL］.（2021 - 05 - 31）［2023 - 01 - 02］. https：//my. mbd. baidu. com/1jNc2wVU0A8？f = cp&u = 8d078cea765bqbfb.

市＋产业链"项目，为超市发展提供资金支持、合作经营、供销信息对接等服务。同时，长期免费开展超市从业培训班，源源不断为在外超市输送优质员工，带动山区农民脱贫致富，20年来已累计培训5万多人。

蓬勃发展的超市经济不仅让1/4山区群众脱贫致富，还带动了武义县本地农产品的销售。目前，仅长三角地区的武义特产专柜已达270余个，每年通过武义超市销售的本土特产销售额超亿元。富起来的超市业主积极反哺家乡、投身乡村振兴，形成了共富共享的良好局面。

5. 财政收入变动情况*

2020年，武义县实现地区生产总值271.3亿元，比2000年（27.5亿元）增长8.9倍；财政总收入44.7亿元，比2000年（1.55亿元）增长27.8倍（武义县人均财政收入自2005年起就已经超过百强县东阳县）。全县金融机构存款从2000年的18.8亿元增长到2020年的578亿元，增长29.7倍（见表8-1）。

表8-1　　　　　　　2000~2020年武义县地区生产总值与
财政总收入增长情况　　　　　　　　单位：亿元

序号	年份	地区生产总值（GDP）	财政总收入
1	2000	27.50	1.55
2	2001	30.25	2.56
3	2002	34.18	3.31
4	2003	40.46	4.63
5	2004	50.06	5.74
6	2005	59.67	7.06

---

* 笔者根据历年《金华市统计年鉴》整理。

序号	年份	地区生产总值（GDP）	财政总收入
7	2006	70.80	8.90
8	2007	88.24	12.09
9	2008	103.87	13.70
10	2009	112.65	14.37
11	2010	129.93	16.72
12	2011	149.03	20.52
13	2012	163.08	23.68
14	2013	181.43	25.97
15	2014	193.20	29.17
16	2015	197.75	33.69
17	2016	213.86	37.46
18	2017	227.23	40.97
19	2018	246.49	43.89
20	2019	262.86	44.05
21	2020	271.33	44.70

资料来源：笔者根据历年《金华市统计年鉴》整理。

6. 交通发展情况

武义县自 2003 年起大幅增加交通基础设施建设投入，大批主干线等级得到改造提升，2005 年武义县实现了农村公路交通通达率全覆盖。2010 年 9 月，金丽温高速铁路动工兴建，2015 年 12 月 26 日正式通车，实现了高铁"零"的突破。"十三五"期间，按照"构建更为完善的基础设施网络"的发展目标，该县抢抓交通强国、金义大都市区建设、金武同城化等发展战略机遇，实现了公路通村率 100%、公路硬化率 100%、公交车村村通达率 100%。2020 年 10 月，金武快速路正式通车，金华县与武义县两地城区的公路里程缩短至 20 千米、车程 20 分钟^①。

2020 年，全县公路通车里程从 2000 年的 750. 69 千米提高到 1444. 947 千米，已建成"四好农村路"11 条精品线 112 千米，成功创建"万里美丽经济交通走廊"达标县、"四好农村路"省级示范县^②。

（二）武义县农村相对贫困治理主要成就

关于相对贫困，到目前为止还没有形成完全统一的共识，一般把完成精准脱贫后的贫困问题看成是相对贫困问题，随之精准脱贫后的贫困治理也就是相对贫困的治理。相对贫困不是一种生存贫困，实质上是一种比较贫困，这种比较既可以是横向比较，如城乡之间的比较、区域之间的比较和行业之间的比较，也可以是纵向比较，比较的内容包括收入增长、生存需要支出和发展需要支出三大方面。这种比较虽然带有一定的主观认知成分，但能较好地反映出社会的群体意识状态，有利于维护社会和谐和安定。本章关于相对贫困治理成就的分析基于城乡比较的视角展开，同时兼顾纵向比较，即从城乡居民的人均可支配收入、生活消费支出变动来进行比较分析，同时进一步把生活消费支出分成生存需要支出（投入）与发展需要支出（投入）两部分，详细阐述相对贫困治理的具体成效。其中，生存需要支出（投入）包括食品烟酒、衣着、居住、生活用品及服务等基本生存资料支出，发展需要支出（投入）包括交通通信、教育文化娱乐、医疗保健与其他用品和服务等发展资料支出（见表 8－2）。

---

① 吴振荣，张海滨. 一路连双城，融合共发展，金武快速路开通［EB/OL］. (2020－10－27) ［2023－01－02］. http://www.jinhua.gov.cn/art/2020/10/27/art_1229160389_59080648.html.
② 朱犟. 2020 我县交通建设亮点回眸：大时代呼唤大交通，大交通助力大发展［EB/OL］. (2021－01－06) ［2023－01－02］. http://www.wynews.cn/share/8284008.html.

表8－2　2013～2021年武义县相对贫困治理成效

指标		2013年 城市	2013年 农村	2014年 城市	2014年 农村	2015年 城市	2015年 农村	2016年 城市	2016年 农村	2017年 城市	2017年 农村	2018年 城市	2018年 农村	2019年 城市	2019年 农村	2020年 城市	2020年 农村	2021年 城市	2021年 农村
人均可支配收入		25686	11157	28126	12429	30713	13672	32894	14834	35986	16261	39252	17899	42813	19656	44759	21076	49702	23778
生活消费支出		19644	8879	21294	9782	22340	10485	24104	11512	25895	11984	27998	13058	30144	14167	29943	14100	35618	17180
生存需要支出	食品烟酒	5012	2670	5613	3016	6102	3219	6665	3467	7173	3643	7683	3844	8174	4236	8223	4307	9430	5011
	衣着	1225	523	1395	586	1513	651	1533	674	1687	695	1869	781	2021	848	1996	840	2401	1056
	居住	6513	3089	6942	3269	7238	3418	7581	3685	7928	3777	8454	4150	8945	4391	8812	4308	10447	5176
	生活用品及服务	938	371	1078	402	1165	462	1233	525	1315	572	1428	639	1583	685	1497	642	1813	822
发展需要支出	交通通信	1725	777	1869	879	2052	977	2370	1147	2791	1189	2987	1317	3369	1453	3242	1473	3646	1725
	教育文化娱乐	1751	855	1932	965	2031	1054	2231	1154	2438	1201	2664	1305	3002	1411	3120	1467	4055	1975
	医疗保健	2208	562	2246	625	2006	661	2206	807	2333	852	2581	963	2687	1069	2703	1012	3382	1318
	其他用品和服务	200	31	219	40	233	43	265	53	302	57	332	59	363	73	350	69	444	97

注：2000～2012年与2013年后的统计数据部分指标有差异，所以舍弃。
资料来源：笔者根据历年《金华市统计年鉴》整理。

1. 纵向看：农村居民收入持续快速增长

2000 年以来，武义县通过发展超市经济、快速工业化、大力发展旅游业、生态农业等路径，保障了农村居民收入的快速增长。从 2000 年人均 2822 元上升到 2021 年的 23778 元，增长了 8.46 倍，年均增幅达到 10.7%（见表 8-3，图 8-1）。收入的大幅增加，支撑了精准脱贫农村居民生活条件的进一步改善，杜绝了返贫情况的普遍发生。

表 8-3　　　2000~2021 年武义县农村居民收入增长情况　　单位：元

年份	人均可支配收入（2013 年前为纯收入）
2000	2822
2001	3009
2002	3202
2003	3518
2004	3919
2005	4340
2006	4851
2007	5472
2008	6128
2009	6725
2010	7678
2011	8729
2012	9757
2013	11157
2014	12429
2015	13672
2016	14834
2017	16261

续表

年份	人均可支配收入（2013 年前为纯收入）
2018	17899
2019	19656
2020	21076
2021	23778
年均增长率（％）	10.7

资料来源：笔者根据历年《金华市统计年鉴》整理。

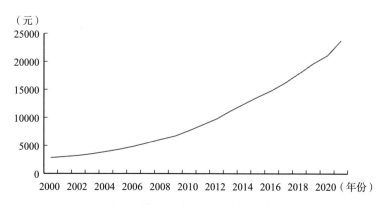

图 8－1　武义县农村居民收入变动趋势

注：农村居民人均可支配收入（2013 年前为纯收入）。
资料来源：笔者根据历年《金华市统计年鉴》整理。

2. 横向看：城乡差距逐步缩小

一是城乡居民人均可支配收入比逐步下降。2007 年以来，武义县城乡居民人均可支配收入稳步增长，其中城市居民人均可支配收入从 2007 年的 12647 元增加到 2021 年的 49702 元，平均年增幅达 10.27%，农村居民人均可支配收入从 2007 年的 5472 元增加到 2021 年的 23778 元，年均增幅达 11.06%，略高于城市居民的收入增幅（见表 8－4），整体收入增长趋势城市略高于农村（见图 8－2）。与此同时，城乡收

入比从 2007 年的 2.31 下降到 2021 年的 2.09（见图 8-3），远低于
2021 年全国城乡居民人均可支配收入之比 2.50 的水平①。15 年来，城
乡差距在逐步缩小，正在向发达国家的城乡居民收入比 1.5 的目标
迈进。

表 8-4　　　　2007~2021 年武义县城乡居民人均可支配收入变动

年份	城市居民人均可支配收入（元）	农村居民人均可支配收入（元）	城乡收入比	绝对差距（元）
2007	12647	5472	2.31	7175
2008	14120	6128	2.3	7992
2009	15555	6725	2.31	8830
2010	17744	7678	2.31	10066
2011	20067	8729	2.3	11338
2012	22278	9757	2.28	12521
2013	25686	11157	2.3	14529
2014	28126	12429	2.26	15697
2015	30713	13672	2.25	17041
2016	32894	14834	2.22	18060
2017	35986	16261	2.21	19725
2018	39252	17899	2.19	21353
2019	42813	19656	2.18	23157
2020	44759	21076	2.12	23683
2021	49702	23778	2.09	25924
年均增长（%）	10.27	11.06	/	/

资料来源：笔者根据历年《金华市统计年鉴》整理。

---

① 侯俊，刘茜. 国家统计局：10 年来我国城乡居民收入相对差距持续缩小 [EL/OL]. (2022-10-11) [2023-01-02]. https：//baijiahao. baidu. com/s？id = 17464042978537 25688&wfr = spider&for = pc.

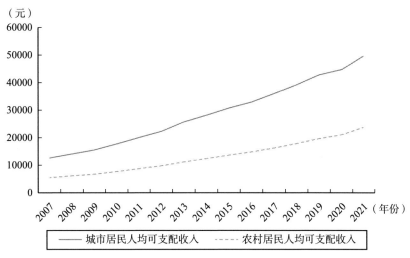

（元）

图8-2 2007~2021年城乡居民人均可支配收入增长趋势

资料来源：笔者根据历年《金华市统计年鉴》整理。

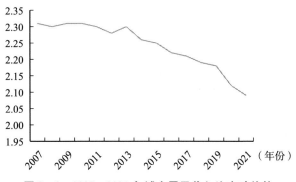

图8-3 2007~2021年城乡居民收入比变动趋势

资料来源：笔者根据历年《金华市统计年鉴》整理。

二是农村居民生存需要投入进一步提高，与城市居民的差距逐步缩小。生存需要支出（投入）的增长表达的是基本生活条件的改善情况。对于已经脱贫的农村居民而言，他们经常拿来比较的对象不仅是自己的过去，更关注与城镇居民的比较。2013年以来，武义县农村居民在生存需要投入方面有了明显提高，从2013年的人均6653元上升到了 2021 年的 12065 元，平均年增长率达到 7.72%，略高于城镇居民 7.32% 的年均增长率，农村居民基本生活条件的改善非常明显（见表 8-5）。城乡居民生存需要支出比同时表现出整体的下降趋势，从 2013 年的 2.06 下降到 2021 年的 2.00，表明城乡居民在基本生活条件上的差异也在逐步缩小（见图 8-4）。

三是农村居民的发展需要投入逐步增加，不断缩小与城市居民的差距。发展需要支出（投入）的增长反映的是对于未来发展能力和条件的重视程度和投入力度，是人力资本构成的重要组成部分，也是支撑阶层跨越的重要条件。2013 年以来，武义县农村居民人均发展需要支出快速增长，从 2013 年的人均 2225 元增加到 2021 年的 5115 元，增长了近 2.3 倍，年均增长率达到了 10.97%，大大超过了城镇居民人均发展需要支出年均增长率 8.77%（见表 8-6），一方面，进一步表明武义县脱贫农户收入的增长使其有了大量多余的资金可以用于发展需要的投资；另一方面，也说明脱贫农户的观念已经发生了根本变化，即不再单纯追求物质生活条件的改善，而是进一步开始关注对未来的期望。在思想观念上，城乡差别也在逐步缩小，反映在城乡居民发展需要支出比，整体上呈逐渐下行趋势，从 2013 年的 2.64 下降到了 2021 年的 2.25（见图 8-5）。

表 8-5   2013~2021 年武义县城乡居民生存需要支出变动情况

年份	城镇居民人均生存需要支出（元）	农村居民人均生存需要支出（元）	城乡居民生存需要支出比
2013	13688	6653	2.06
2014	15028	7273	2.07
2015	16018	7750	2.07
2016	17012	8351	2.04
2017	18103	8687	2.08

续表

年份	城镇居民人均生存需要支出（元）	农村居民人均生存需要支出（元）	城乡居民生存需要支出比
2018	19434	9414	2.06
2019	20723	10160	2.04
2020	20528	10097	2.03
2021	24091	12065	2.00
年均增长率（%）	7.32	7.72	——

资料来源：笔者根据历年《金华市统计年鉴》整理。

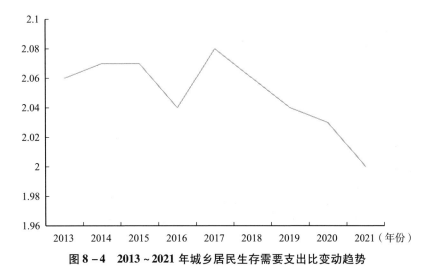

图 8－4　2013～2021 年城乡居民生存需要支出比变动趋势

资料来源：笔者根据历年《金华市统计年鉴》整理。

表 8－6　2013～2021 年武义县城乡居民人均发展需要支出变动情况

年份	城镇居民人均发展需要支出（元）	农村居民人均发展需要支出（元）	城乡居民发展需要支出比
2013	5884	2225	2.64
2014	6266	2509	2.5
2015	6322	2735	2.31
2016	7072	3161	2.24

年份	城镇居民人均发展 需要支出（元）	农村居民人均发展 需要支出（元）	城乡居民发展 需要支出比
2017	7864	3299	2.38
2018	8564	3644	2.35
2019	9421	4006	2.35
2020	9415	4021	2.34
2021	11527	5115	2.25
年均增长率（%）	8.77	10.97	—

资料来源：笔者根据历年《金华市统计年鉴》整理。

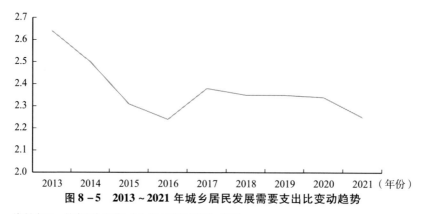

图 8-5　2013~2021 年城乡居民发展需要支出比变动趋势

资料来源：笔者根据历年《金华市统计年鉴》整理。

二、武义县培育产业集群的路径与政策

（一）生态农业产业集群培育路径与政策

1. 发展生态农业的基础条件

武义县县域总面积 1577 平方千米，森林面积 11.58 万公顷，森林覆盖率74%，79%的地表水达到Ⅱ类标准[①]，是名副其实的"江南桃花源""浙中绿岛"，具有发展生态农业的基本条件。武义县紧紧围绕"生态发展，绿色崛起"工作主线，大力开展"美丽武义"建设，建立健全"五水共治""大气污染防治""土壤治理"等体制机制。每年按要求完成上级下达的主要污染物总量减排任务，单位GDP能耗呈逐年下降趋势；污染物排放总量与经济总量反向增长，实现了生态、绿色发展。主要河流水质保持在Ⅲ类水质标准以上，城镇集中式饮用水源地水质达标率达100%。自然生态红线区生态环境、湿地生物多样性、重要物种等得到有效保护。一般工业固体废物处置利用率、危险废物无害化处置率、耕地土壤环境质量达标率均达100%。

2. 发展生态农业的主要举措

（1）坚持深入贯彻践行习近平"两山"理论。2005年，时任浙江省委书记的习近平同志提出："宁要绿水青山，不要金山银山"；"既要绿水青山，又要金山银山"；"绿水青山就是金山银山"[②] 理念。武义县委10多年来一直忠实践行习近平"两山"理论，不断探索，形成了一条适合武义县实际的农业生产可持续发展新路，实现了生态农业与经济效益、社会效益相结合的战略目标。

（2）从实际县情出发，制定精准的县域发展战略。20年前，武义县委根据武义后发型、外力推动型、环境差异型三大特征，提出并实施"工业强县、开发兴县、生态立县"的经济发展战略，与其他县市相比，较早并旗帜鲜明地提出要走经济发展和环境保护有机结合的可持续发展道路。在实践中，武义县把南部山区定位为"满目葱茏"，重点发

---

① 武义县人民政府网. 武义概况 ［EB/OL］. ［2023 – 01 – 02］. http：//www. zjwy. gov. cn/col/col1229575931/index. html.

② 内蒙古自治区中国特色社会主义理论体系研究中心. 习近平：绿水青山就是金山银山 ［N］. 内蒙古日报，2015 – 11 – 10（3）.

展生态农业和建立自然保护区。充分发挥生态环境好、无污染的优势，以柳城、桃溪、新宅等乡镇为重点，大力开发有机茶、无公害高山蔬菜、蚕桑等生态效益农业，打好武义县农产品的生态牌，走特色经营、规模经营之路，达到生态富民的目标。

（3）历届县政府持续坚持不懈实施"生态立县"战略。武义县从提出"生态立县"战略以来，历经 8 任县委书记，历届县委班子坚持"一张蓝图绘到底"的理念，持之以恒把"生态立县"战略贯彻到具体经济社会发展实践之中。时任浙江省委书记的习近平同志提出"两山"理论之前，武义县委率先实践"生态立县"战略及发展生态农业思路，体现了武义县委的政治自觉、理论自觉和政治勇气。"两山"理论和"八八战略"提出之后，武义县委坚决贯彻执行，体现了武义县委的政治领悟力、判断力、执行力和担当精神。

（4）建设有机农业窗口。一是推进农业标准化建设。首先，全面推进农产品标准化生产。围绕农业新品种、新技术的推广，规范农产品生产标准，制定推广优势农产品标准化生产技术操作规程和绿色食品生产技术标准。修订集产地环境、农资使用、农业生产、加工技术、包装储运、检疫检验等标准于一体的农业标准及操作规程制度，形成符合武义县实际、省内领先的农业标准化体系。加快推行食用农产品合格证制度，加大对绿色食品和有机食品认证的管理。其次，健全农产品质量安全监管体系。加强农产品质量安全保障工作，按照打造"有机农业第一县"的要求，加强农产品质量安全监测抽检，加大食用农产品合格证推行力度，进一步完善农产品质量安全监管体系，从源头上保障农产品质量安全。

二是优化有机农业布局。通过对武义县区位、交通、环境条件、经济发展特点、农业发展基础的分析，按照"特色化、规模化、标准化、专业化、品牌化、市场化"的原则，重点提升有机茶、有机中药材、有机食用菌等产业，引导发展有机水稻、宣莲等产品，鼓励发展有机竹笋、油茶、板栗等产品，适度发展有机水产、有机牛羊等畜禽产品。优化有机农业产业布局，建设有机农业生产、加工与物流基地，建立武义县有机农业与现代农业融合发展新模式。

（5）培育农业产业特色村镇。一是打造特色农业产业镇。在总结柳城宣莲、省级特色农业强镇王宅和桃溪市级特色农业强镇建设经验基础上，形成具有武义县特色的农业强镇建设模式。以国家农村一二三产业融合发展试点县建设为契机，将主导产业、特色乡镇有机结合，引导各乡镇根据现状基础、资源禀赋、发展定位，围绕现代农业特色，优化产业发展布局，明确融合发展方向，以浙江省级特色农业强镇的标准打造产业特色鲜明、主体培育多元、融合发展有效的特色产业镇，高标准建设白姆乡国家农业产业强镇。根据白姆乡特色主导产业，吸引资本聚镇、能人入镇、技术进镇，通过开发农业多功能，加快发展休闲、创意农业，促进生产、消费、体验互动，实现生产、生活、生态有机融合和农村、农业、农民统筹发展，打造国家农业产业强镇标杆。

二是培育特色农业产业村。大力推广柳城全国"一村一品"示范村（镇）经验，依托资源优势，选择主导产业，建设"小而精、特而美"的"一村一品"示范村。依托武义县各地生态资源优势和历史文化内涵，因地制宜推进农业与旅游、文化、信息、教育、康养等深度融合，以农村产业融合发展示范园建设为抓手，突出原料产地、加工转化、农旅融合特色，建设乡村产业特色鲜明、产业融合、产村融合、城乡融合发展的特色村庄，形成一村带数村、多村连成片的发展格局。依托资源优势和产业基础，突出串珠成线、连块成带、集群成链，培育品种品质优良、规模体量较大、融合程度较深的区域性优势特色农业产业集群。

（6）大力支持发展"生态农业园"+产业生态农业产业带。构建武义县农业产业园发展体系。围绕茶叶、中药材、食用菌三大主导产业，以及粮油、宣莲等产业全产业链培育和全价值链开发，坚持一二三产业融合发展，通过规划管理、政策引导、资源配置、滚动推进，推动建成产业特色鲜明、加工水平高、产业链条完善、设施装备先进、生产方式绿色、品牌影响力大、农村一二三产业融合、要素高度聚集、辐射带动有力的现代农业园区。以园区为抓手，强化生产基地建设，大力发展农产品加工，深度促进农业与商贸物流融合，统筹推进农业规模生产、加工转化、品牌营销，促进产加销一体化、全环节升级、全链条增值，力争农业质量效益和竞争力大幅提升，农民持续稳定增收机制有效运行，将现代农业产业园建设成为带动武义县主导产业转型升级的有效推手、高新农业技术的展示平台、现代农业经营和管理的模式样板、现代农业文化的展示窗口。

全面梳理武义县现有农业园区发展基础状况，坚持区域化布局、差异化互补、特色化发展、多元化运营的原则，进一步明确园区发展定位，优化园区功能布局。按照区域产业特点显著、园区规模中等偏上、功能布局系统齐全的标准要求，建设若干个"大而全"错位化发展的综合型园区。按照园区规模中等偏下、单一产业特色鲜明、产业链条充分拓展的标准要求，打造一批"小而精"特色化发展的精品型园区。健全多元化园区发展运营体系，鼓励有条件的园区运营主体由园区生产商向园区运营商转型，有效避免园区的同质化发展，全面提升新区农业园区的发展水平。

（7）强化农业品牌运营管理。一是做强"武阳春雨"茶公用品牌。深入推进"区域品牌＋企业品牌＋产品品牌"战略，打造一批武义县农产品旗舰品牌。大力宣传和自觉维护品牌质量和形象，提升"武阳春雨""宣平小吃""寿仙谷""更香""乡雨""骆驼九龙""雅绿"等农产品公用品牌和企业品牌的影响力，采用品牌产品推介会、展销会、产品标识、统一包装等形式宣传品牌，壮大品牌声势。

二是做响武义农产品品牌。实施品牌孵化、提升、创新、整合、信息五大工程，引导新型农业经营主体，大力发展"三品一标"农产品，支持做大做强"桐琴蜜梨""武义宣莲""武义铁皮石斛"等地理标志产品，扩大"寿仙谷""更香""乡雨"等企业品牌影响力。以"品字标浙江农产"品牌建设为抓手，强化运用市场监管手段和品牌运营措施，着力打造优质、安全、绿色、科技含量高、市场竞争力强的"品字标"区域公共品牌，打造"武义大米""武义高山蔬菜""武义中药材""武义香菇"等"叫得响、过得硬、走得出"的武义县农业品牌。

（8）积极探索数字农业转型发展。一是探索农业生产数字化。首先，鼓励建设数字田园。推动智能感知、智能分析、智能控制技术与装备在茶叶、中药材种植和食用菌栽培上的集成应用，建设环境控制、水肥药精准施用、精准种植、农机智能作业与调度监控、智能分等分级决策系统，推进生产经营智能管理。依托省重点研发项目《茶园关键生产环节智能化作业装备研发与应用示范》，加强茶园智能化装备基础研究，提升茶园管理设备智能化水平。其次，探索建设数字工厂。在茶叶生产方面，推广应用抹茶自动化生产线，实现抹茶生产、初制、销售等环节全程数字化控制，配置生产过程质量管理设施设备、质量追溯系统，实现生产全程监控和产品质量可追溯，配置自动化清洗、分级、包装、扫码、信息采集等设备，提升采后处理全程自动化水平；在食用菌栽培方面，示范建设有机香菇周年化出菇大棚，实现食用菌栽培全程数字化控制。最后，尝试建设数字养殖牧场。推进畜禽圈舍通风温控、空气过滤、环境感知等设备智能化改造，集成应用电子识别、精准上料、畜禽粪污处理等数字化设备，精准监测畜禽养殖投入品和产出品数量，实现畜禽养殖环境智能监控和精准饲喂。加快应用个体体征智能监测技术，加强动物疫病疫情的精准诊断、预警、防控。推进养殖场（屠宰、饲料、兽药企业等）数据直联直报，构建"一场（企）一码、一畜（禽）一标"动态数据库，实现畜牧生产、流通、屠宰各环节信息互联互通。

二是鼓励农业经营数字化。多层次培育农村电商主体。鼓励知名电商平台发挥战略合作伙伴作用，采取减免平台入驻费、降低手续费等形式吸引当地优质农业企业开设地方特产馆或农产品旗舰店。支持各类新型农业经营主体利用电商渠道，发展直采直供、冷链配送、社区拼购等新型业态，促进生产端与快递物流端、电商销售端紧密对接。

3. 生态农业发展成就*

截至 2020 年，武义县有机农产品认证主体达到 100 家，有机产品标准认证证书 133 张，产品 205 个，茶叶、中药材、林特产等种植业及水产品有机认证规模 0.34 万公顷、产量 9920 吨，牛羊鸡等畜禽养殖有机认证规模 3776 头（羽）。有机农业产业链产值达到 8.15 亿元，比 2019 年增长 14.8%。2015～2019 年，武义县有机生产经营主体数量及认证证书数量均呈现快速增长态势，其中，2019 年的有机产品认证证书数量是 2015 年的 3 倍，发展速度远远高于全国同期平均水平，2020 年正式获评国家有机食品生产基地建设示范县。

（1）产业融合发展水平显著提升。"十三五"期间，武义县从产业融合、产村融合、主体融合等方面着手，全面推进农业产业融合化发展，农业现代化发展水平综合评价连续 6 年位列金华市前列；2016 年成功获评全国"首批农村产业融合发展试点示范县"；2017 年获评"浙江省休闲农业与乡村旅游示范县"；2019 年成功入选首批"国家农业产业融合示范园"；2020 年获评首批省级现代农业园区。一是产业融合格局逐步优化。相继开发了骆驼九龙黑茶文化园、寿仙谷有机国药馆等一批农业产业融合项目，逐步形成了以"农业＋旅游""农业＋工业""农业＋养生""农业＋电商""农业＋超市""农业＋文化"等为代表的农村产业融合发展新格局。二是产村融合模式持续创

---

* 数据由武义县人民政府办公室提供。

新。推进省级美丽宜居示范村、美丽产业发展样板村、历史文化保护利用重点村等特色乡村建设，大力发展美丽经济，依托"一村一品"打开"两山"转化通道。三是主体融合平台不断增加。建设山海协作生态旅游产业园、省级有机茶（国）药农业科技园区等产业平台，金华首家省级"茶叶首席专家工作站"、院士工作站、浙江寿仙谷珍稀植物药研究院等科技创新平台，引进北京大学、浙江大学、浙江省农业科学院等产学研合作主体，支持企业与科研院校等多元主体共建产业化融合发展平台。

（2）现代农业经营主体队伍壮大。拥有了更香茶业、乡雨茶业、寿仙谷药业、海兴药业、创新食用菌有限公司等一批农业产销研一体化企业。全县拥有 4 家国家高新技术企业、15 家浙江省农业科技企业、7 家浙江省农业科技研发中心、26 家金华市农业科技企业，扶持了 545 家农民专业合作社和 757 家家庭农场等新型农业经营主体。

（3）生态绿色发展成果丰硕。全面推进农业生态绿色化发展，先后荣获全国第一个有机茶之乡、国家首批有机产品认证示范区、全国唯一有机抹茶之乡等称号。一是持续鼓励"三品一标"认证。截至 2020 年底，全县有机认证面积稳定在 0.39 万公顷，100 家单位、189 个产品获有机认证，数量在全国遥遥领先；4 个产品获得农产品地理标志登记。"三品一标"认证比率达 60.02%。二是持续推进绿色发展示范。2019 年创建了省级农业绿色发展示范区 5 个、市级农业绿色发展示范区 7 个，培育新型农业绿色经营主体 50 个，居金华市第一位。三是持续推进生态循环建设。全县推进茶叶有机肥替代化肥国家级试点项目，主要农作物测土配方施肥覆盖率达到 92%；实施生态循环整建制建设，大力推广沼液资源化利用，积极开展农作物秸秆综合利用；促进畜牧业转型升级，2019 年新增省级美丽牧场 5 家，居金华市第二位；获评种植业"五园"创建省级示范基地 9 家，居金华市第一位。

武义县生态农业特色案例

● 更香有机茶

浙江更香有机茶业开发有限公司（以下简称更香公司）成立于2001年，是一家集种、产、供、销、研、游于一体的农业产业化国家重点龙头企业、国家现代农业科技示范展示基地、浙江省农业科技企业。主要生产经营有机、绿色、无公害茶叶，拥有自营出口权。公司先后通过了质量管理体系（ISO 9001）认证、食品安全管理体系（ISO 22000）认证、环境管理体系（ISO 14001）认证、职业健康管理体系（OHSAS 18001）和良好农业规范（GAP）认证；"更香有机茶"得到欧盟EC、美国NOP和杭州中农认证中心"三重"有机认证，以及国际可持续农业标准"雨林认证"。2012年，经环保部考核，获"国家有机食品生产基地"称号。

公司以"三农"作为企业发展的切入点，大力发展订单农业，打造了"公司＋合作社＋市场＋基地＋茶农"的"绿色产业链"，在浙江省、广西壮族自治区、江西省、福建省等地联结建立有机、无公害茶园0.4万多公顷。其中，位于武义县白姆乡的茶叶加工厂区占地约6.67公顷，拥有各类自动化、清洁化生产线20多条，跨越绿茶、红茶、白茶、黑茶、乌龙茶、花茶等茶类的加工，年加工能力2000多吨。公司建立了以北京市为中心、辐射全国的营销网络，开设了200多家连锁店和加盟店。同时，通过公司官网、天猫、京东等电子商务平台，走上了内销和外销相辅相成的发展道路，产品远销欧美等发达国家和地区。更香有机茶的成功经营，其意义主要有两个方面。

一方面，做好"有机农业"方向标，带动产业健康发展。

武义县以"中国有机茶之乡"著称。2017年，武义县又吹响"打造有机农业第一县"的集结号。更香公司作为国家级农业龙头企业，以生产"有机茶"为主，在武义县是众多农业企业学习和借鉴的典型。该公司主动将企业的有机茶管理模式提供给相关部门做参考，共同制定产业技术规程及标准要求，引导产业健康发展。在产品销售方面，更香公司积极联合当地协会、组织，以组建联盟方式，维护和监督当地茶产业消费市场秩序的稳定。

另一方面，开展农旅融合新局面，"体验消费"传播消费文化。

"一个健康的产品不单单是一件商品，而且包含了商品背后的文化内涵。"现代社会，人们对产品的需求，更多的是对健康、绿色、安全的追求。近年来，更香公司通过农旅融合发展，打造了集产品消费、生产体验、休闲观光于一体的有机茶生态观光旅游园。园中建立以中国茶文化为元素的茶知识科普、有机茶起源、有机茶管理方式等知识宣传栏，茶园以遵循种植与自然、生态法则相协调，强调保护茶园生态系统稳定和可持续发展。满山茶香四溢，茶树施以菜籽有机发酵为肥，汲山泉而灌；集成使用信息素诱虫板，太阳能诱虫灯，植物源、矿物源农药等绿色防控技术，让消费者体验"田园风光"之美。更香有机茶生产车间更是"透明化"地向消费者展示了有机茶生产的全过程，让消费者在体验中消费，在健康中消费，同时感受到生产企业浓浓的文化内涵，在不知不觉中建立企业与客户的信任感，让消费成为一种心贯白日的交流。

● 汤记高山茶

武义县汤记高山茶业有限公司由汤玉平先生始创于 1999 年，前身为武义县安凤茶厂。现集种植、生产、加工、销售于一体，是浙江省科技型农业龙头企业、武义县农业龙头企业。该公司现拥有高山茶叶基地 45.93 公顷，其中有机认证基地 39.26 公顷，协作茶叶基地 6.67 公顷。年产中高档绿茶约 7.5 吨，销售全国三大名莲之一的宣平莲子约 7.5 吨。该公司拥有省级标准化示范茶厂两座，其中安凤高山茶厂海拔 960

米，是浙江省海拔最高的茶厂。

汤记高山茶因所取原料全部来自海拔800米以上的安凤高山茶区，茶鲜叶自然品质极佳，加上加工工艺精湛，产品深受北京市、上海市、杭州市、西安市等地客户青睐。产品先后荣获首届国饮杯特等奖、国际名茶评比金奖、中国精品名茶博览会金奖、连续6年荣获武义县"武阳春雨"毛峰茶评比金奖等系列荣誉。在种植环节，通过"公司＋农户"模式，每年与农户签订协议，对茶农严格按照有机农业管理方式进行茶园管理，同时以高于市场价格收购鲜叶原料，与茶农形成利益共同体，带动茶农增收致富。在加工过程中，鲜叶原料明确分级，严格把关，剔除杂质，及时运输，保证品质。汤记高山茶业有限公司产品多次受到中国茶叶研究所、浙江省农业厅等知名专家高度评价，并作为浙江大学、浙江农林大学、天府茶学院的专业教学用茶，深受业界好评，2017年公司的两款产品成功入驻中国茶业博物馆茶萃厅，2019年成功入选上海"百佳茶馆"推荐用茶。

此外，该公司还开发了汤记宣莲、汤记土山茶油等优质农产品。汤记宣莲依托宣莲天然品质，同时，以高于市场价6～10元/公斤的价格收购正宗宣莲，再经过精挑细选，烘干包装，保证汤记宣莲独特品质；汤记土山茶油也是选取优质原料，优化茶油加工程序，现榨现卖，品质纯正，也深受消费者认可。

近年来，为适应市场需求，汤记高山茶业有限公司加强产品研发力度，试制的野生绿茶、花香型手工茶深受资深茶客青睐。

● **寿仙谷药业**

浙江寿仙谷医药股份有限公司（以下简称寿仙谷公司）作为一家传统医药制造企业，在生产经营过程中始终践行"悬壶济世，弘扬中华药食文化，以有机产品为载体，倡导绿色消费，为民众的健康、美丽和长寿作出贡献"的企业使命。在当地政府部门的大力支持下，利用武义县优良的生态环境，选择远离污染、风景秀丽的武义县白姆乡

（源口）、俞源乡（刘秀垄）等地，采用"公司统一租地、直接种植管理"的生产方式，建立了约266.67公顷的道地中药材种植基地，建立了一整套完善的中药全产业链，实施全程质量控制体系和身份证可追溯制度，以及高效生态低碳的循环栽培模式。

在中药材和有机食品的栽培过程中，遵循中药材的植物自然生长规律，严格按照有机标准，不使用农药、化肥，确保产品的安全无污染。其种植和加工的铁皮石斛、灵芝等名贵珍稀中药材和食药用菌系列产品，先后通过了中国、欧盟、美国、日本有机产品认证，该公司铁皮石斛及其制品、灵芝及其制品分别通过了国家生态原产地产品认证，先后获评中国中药协会灵芝/铁皮石斛道地药材保护与规范化种植示范基地、"道地药园"省级示范基地等荣誉称号。寿仙谷公司建立"灵芝→铁皮石斛→有机水稻→禽畜→西红花"高效生态低碳的循环栽培模式，成为国家星火计划项目。

寿仙谷公司采用现代农业技术标准化、规模化栽培中药材和食药用菌，具有经济性、道地性、多样性等特点，其中药产业的稳健快速发展，成为引领当地经济发展，振兴乡村产业经济的新模式。2019年以来全县中药材种植面积达0.17万公顷，中药全产业链总产值11.36亿元，其中第一产业产值约占20%，涉及从业药农近1.5万人。形成了以寿仙谷公司为龙头的产业集群，以中药材种植为基础、特色中药深加工产品为主导的中药产业基地。

近年来，武义县高度重视中药资源保护和开发利用，大力推广灵芝、铁皮石斛、三叶青等道地中药材生态化、有机化种植，加强中药材全产业链开发应用，在中药材生产标准化、品质道地化、产品国际化等方面取得显著成果，在促进农民增收和乡村振兴，推动中医药事业发展方面取得明显成效。"武义铁皮石斛"获国家农产品地理标志保护产品；寿仙谷药业公司主导制订了我国灵芝、铁皮石斛两个中医药国际标准，增强了我国中药材的国际竞争力，武义县中药材产业发展的模式为全省和全国树立了典范。2020 年 11 月，为更有效地组建中药材领域中的骨干企业和中坚力量来共同推动中药材产业的发展，武义县中药材协会成立，寿仙谷公司董事长李明焱当选首届会长。

- **十里荷花**

武义县十里荷花物种园从最早时的 10.67 公顷，到如今绵延 40 公顷，从 2013 年创建时名不见经传的小景点，到 AAA 国家级旅游景区，再到获评"中国美丽田园"殊荣，"省级重要湿地""国家水生蔬菜育种创新基地（武义）荷花研究中心""浙江省休闲农业与乡村旅游示范点""多彩浙江——最美赏花胜地"，直至发展成为国内最负盛名的荷花物种园。2013 年，物种园由王核、胡爱机夫妇承包，经过 7 年引种、品种改良、并蒂莲培育、延长花期等技术攻关，目前，在荷花物种园内，荷花品种已达 900 多个。每年亦生长出数朵"并蒂莲""分荎荷"。荷花花期从原来的 6~8 月，延长到了 5~10 月，少数最晚的可以开花到 12 月。十里荷花的成就主要表现在以下几个方面。

一是在荷花产业链上做"全"文章。

按照传统，人们除了赏荷花，就是把莲子做成莲子羹。从承包物种园第二年开始，平常喜欢美食的胡爱机深挖"荷元素"，把荷花做成菜肴，开发了黄金炸荷花、荷叶炒鸡蛋、拔丝莲子、莲子炖猪肚等一道道"荷"菜肴，令食客大感新奇："想不到荷花、荷叶也可以做成美食。"在浙江省第五届农家乐特色菜大奖赛上，代表十里荷花百荷宴参赛的八道荷元素菜肴斩获 9 项金奖，创下了大奖赛之最。随后，胡爱机又先后开发出了清澈剔透、入口温润柔绵的"莲子土烧酒"和清香解暑的荷叶茶等，受到游客的青睐。

创新种植方式，物种园将部分观赏花莲进行盆栽销售，一改人们荷花仅在田里种植的观念。从 2015 年开始培育盆栽荷花，其中紫荆荷、美三色、龙飞、白玉等 50 多个品种远销安徽省、山西省、广东省等地，使原本只能在田里、水塘里看到的荷花走进了寻常百姓家。第一年推出盆栽观赏荷就销售出了5000多盆，取得了较好的经济效益。2018年，又培育出了一种碗莲，俗称桌上莲，比以往的盆栽小一半，解决了盆栽荷花运输时容易损坏、不方便携带的问题。2020年王核夫妇通过网络营销，从往年的"赏花经济"向"卖花经济"转型，创建宣平贡莲天猫旗舰店，从危机中挖掘商机，目前荷花销售已经进入北京市、上海市、广州市等大城市，价格每朵6元，每天销售鲜切荷花500朵以上。多次作为疫情之下快速转型的典型代表登上全国各类报刊网络传媒。物种园还与台湾一家知名企业合作，从荷花瓣提炼荷花精油、荷花香水试制成功。这是继2018年上半年荷花物种园与台湾企业合作开发从荷叶中萃取荷叶碱成功之后的又一重大突破。至此，荷花物种园在追求不断创新积极推进三级农业的道路上又迈出了一大步。

二是在荷花产业链上做"大"文章。

这几年，全国各地都在如火如荼开展"中国美丽乡村建设""城市湿地公园建设""五水共治建设"，以及各地"赏花经济"热潮一浪高过一浪。荷花，作为水景园和水生植物的主题花卉，已渐渐成为湿地公园和美丽乡村建设的"点睛之笔"。荷花物种园正是深刻领悟了人与自然和谐统一、坚持生态优先的理念，在行动上始终如一的践行者与参与者。短短几年时间，荷花物种园先后打造创建了全国多个荷花观光园。如新疆维吾尔自治区阿克苏地区荷花园，义乌市莲塘公园2公顷荷花观光带，美丽乡村建设样板工程浦江嵩溪村4公顷荷花园，杭州市余杭区20多公顷湿地公园中的荷花种植，江苏溱湖几十公顷湿地建设，以及安徽省黄山市、湖北省十堰市、浙江省台州市、福建省漳州市、广西壮族自治区桂林市、四川省成都市等，荷花的美已由传播者之手，洒向全国各地。"授人以鱼，不如授人以渔""赠人玫瑰，手有余香"。近几年，物种园每年都会向全国各地出售10万株以上荷花种苗，取得了较好的经济效益。物种园把荷花种苗销往全国各地的同时，还为他们进行技术指导。

荷花是世界十大名花之一，也是佛教圣花。中国最负盛名的佛教圣地五台山、普陀山、灵隐寺等，都种植了物种园最美的莲花品种。"花开见佛性"。每年5～10月，圣洁高雅、清净超然、不枝不蔓的荷花都会盛开在各个寺院。目前，物种园与全国上百家寺院有合作关系。

近两年，物种园又投资600多万元，建造了古建门楼、桥廊、同心亭、同心桥、网红天梯、茶室和民宿；在荷田中兴建了蜿蜒曲折长约400米、以木结构为主的休闲游步道，精心打造专业又特色凸显的荷花类省级湿地公园。每年花开之际都会吸引众多国内外游客前来观光游玩。景区开放期间，民宿、餐饮业都纷纷带动了起来。物种园除了逐渐打造成为国内荷花观光、诗词创作、影视拍摄、摄影写生等最具代表性的基地，也吸引了各级媒体纷至沓来。

三是在荷花产业链上做"深"文章。

土壤问题则是做好现代农业的根本问题。要做到可持续和保护生态，优质的土壤是关键中的关键。为此，物种园坚持自己的理念不动摇。宣莲可以减产，但是土壤环境一定不能破坏。能不施肥坚决不施，能不洒农药一定不洒，而物种园采用的就是最原始最本真的古老方法：轮作水稻、油菜、玉米、甘蔗、红薯等半旱作物或旱作物，再进行绿肥还田。当然，油菜和水稻也给荷花物种园带来了另一块经济收入，如2019年有凤凰图腾的13.33公顷彩色稻田就给物种园带来了几十万元的收益，可谓一举两得。

"天赐宣平黄金土，地育宫廷白玉莲"。荷花全身都是宝，又有"出淤泥而不染"的清高风骨和纯洁品质，荷文化便是柳城之魂，可谓底蕴深厚。以"宣莲之乡莲廉文化"为核心竞争力，将物种园建成一座集荷文化健康产业博览、宣莲科研育种、生态旅游、观光养生、廉政文化教育于一体的农旅融合综合性基地。

资料来源：笔者实地调研。

（二）"超市经济"产业集群培育的路径与政策

20世纪90年代末以来，武义县三港乡、大溪口乡、柳城畲乡等6个南方山区乡的脱贫农民开始尝试勇敢地走出"山野"，踏上"码头"的征程。他们首先在苏州市、常州市、昆山市等地设立了超市。经营致富后，又回乡带来了亲朋好友，在发达地区掀起了超市浪潮。武义县委县政府敏锐地感知到发展超市经济可以成为农民脱贫后的一条快速致富的新路子。因此，武义县委县政府及时介入，对超市经济采取了许多有针对性的激励措施，出台相关政策措施，大力扶持超市经济的发展。事实证明，这一决策是正确和有效的。据相关数据统计，截至2020年底，武义县农民已在县域外建成超市1万多家，有2万多人进入超市行业工作。2013年，武义县被评为全国唯一的"中国超市之乡"。2020年，销售总收入达600多亿元，纯收入50亿元以上。被称为农民"超市经济"现象，为快速增加农民收入、推进农民非农化和城市化步伐，开创了一条良好的途径。超市经济成为武义县除工业之外最大的产业，成为南部群众增收致富的最主要渠道①。这些成绩的取得固然有武义县南部山区群众所具有的敢闯敢冒的朴素商贸精神基因、不畏艰辛的创业精神、特别紧密朴实的团队意识、厚道守信的地域人品信誉和江苏省等当地开放兼容的良好营商环境等文化与环境因素的基础支撑，但更得益于武义县委县政府的大力扶持。

1. 建立超市服务机构

2004年，武义县委县政府在对江苏省各地武义人开办的超市进行深入考察调研之后，及时推动成立了武义超市协会，并陆续在武义超市

---

① 章馨予."超市经济"三十年 闯出共同富裕路［N］.金华日报，2021－05－31（1）.

最集中的昆山市、上海市成立了武义商会和商会党支部,为当地武义经商人士提供一个交流平台,促进行业内团结协作,加强与当地社会各界的沟通交流。同时,在武义县政府内建立了超市经济服务中心,并邀请专家帮助农民创业创收。

2. 推出促进超市扩张金融产品——"信义贷"

2004 年,武义县委组织团队到昆山市等地调研之后,了解到当时超市经济发展遇到的主要问题是许多超市老板急需资金扩张超市规模。为此,县委县政府责成武义县信用联社等银行专门推出金融产品,用以专门扶持超市经济发展。在此基础上,政府、银行和企业共同为超市设立了 5 亿元的"信义贷",这一金融产品能给当时的每个超市业主提供高达 300 万元的贷款。这一举措极大地推动了超市经济的快速扩张。

3. 搭建超市供应链体系

为了降低超市经营成本,武义县专门启动了"互联网 + 超市 + 产业链"项目,通过网络公司搭建平台,挖掘"本土供应商",吸引超市加入,进一步打造一体化、集中化、统一化的线上线下供应链体系。截至 2020 年底,大约有 5000 多家武义超市加入了这一供应链平台,杭州市 4 万平方米仓储配送基地投入运营,这一平台的运作使超市年成本下降 1 亿多元。

4. 开展超市人才免费培训

武义县政府长期免费开展超市店长、营业员培训班,特别是对第二代超市和大量"80后""90后"超市的接班人进行了全方位培训,由此打造的一批视野开阔的专业经理人再次推动了超市管理水平的有效提升。截至 2020 年底,武义超市已培训员工达 10 万余人,武义县外超市员工平均工资已达到县内农村居民可支配收入的 3 倍以上。在武义县草根创业者的眼中，超市经理人职业已经成为"香饽饽"。

5. 提升超市经营者社会地位和信誉，鼓励回乡投资

2012 年，武义县委、县政府专门出台了《关于促进武义超市经济发展的若干意见》（以下简称《意见》），为武义超市发展注入了更多活力。根据该《意见》，作为南部山区农民致富带头人的超市业主张建平，因为得到了群众的交口称赞，连续多届当选为市、县两级人大代表。为加快超市人才回流，武义县政府设立了"超市经济"地方综合贡献奖，并对统计范围内的超市总部企业颁发了丰富的地方综合贡献奖。在超市业主回乡季节，适时举办以脱贫攻坚、乡村振兴为主题的政策恳谈会，邀请当地乡贤为家乡建设问诊把脉，提出建议，为家乡建设作出贡献；或者通过人才协会、超市和乡贤会等来鼓励乡贤回乡投资创业。

（三）乡村旅游产业集群培育路径与政策

1. 旅游资源分析

武义县地势南高北低，呈"八山半水分半田"的地理格局，历代武义县志皆记称为"岩邑"。气候属中亚热带季风气候，四季分明，温和湿润，雨量丰沛，具有较为丰富的旅游资源。

（1）华东一流的温泉资源。武义县温泉的形成特点，为大气降水渗入地壳断层 5~8 公里的深处，与地下热岩体接触后，经过约 20~30 年的渗透，最终转移到地表。所以，地热资源主要集中于武义县的北东、北西、东西构造断裂及其围岩破碎带中，循环深度深，时间周期长，矿物质丰富。这一区域，也成为浙江省地热资源最为丰富的地区之一。经浙江省国土资源厅储量备案登记，武义县北部温泉资源可开采总量每天约

为 24150 立方米。仅溪里温泉单井涌水总量就达到了每天 4960 立方米①。

（2）独特的自然风光。武义县的自然环境源于其地层和地质结构。经过历史演变形成武义县、宣平县两个盆地和钱塘江、瓯江两大水系。武义县境内丘陵、山地分属仙霞岭、括苍山脉，海拔千米以上的山峰有 79 座，最高峰为海拔 1500 多米的牛头山。境内水源丰富，较大河流有武义江和午溪，分属钱塘江和瓯江水系。武义自然山水景观秀丽多姿，西北部山峦层叠，坡陡谷深，东南部山势磅礴，丘岗起伏，从而构成了多姿多彩的山水自然景观，由此带来了丰富的生态旅游资源。境内自然生态保持良好，全县拥有国家级森林公园、省级自然保护区 10 处，森林面积 11.58 万公顷，森林覆盖率 74%，79% 的地表水达到 II 类标准，空气质量优良率 90%。野生动植物资源丰富，有野生动物 265 种，其中国家 I 级保护动物 4 种，II 级保护动物 32 种；野生植物 656 种，珍稀濒危植物 24 种，其中国家二级以上保护植物 11 种②。

（3）丰富的历史人文古迹。武义县历史悠久，人文古迹星罗棋布，并且大都保存完好。有国家级重点文保单位 3 处（延福寺、俞源明清古建筑群、吕祖谦及家族墓），省级 10 处，县级 64 处。主要古迹概括地说有"一桥"（熟溪桥）、"两村"（俞源太极星象村、郭洞古生态村）、"三寺"（延福寺、明招寺、台山寺）、"五大历史名人"（叶法善、阮孚、吕祖谦、刘伯温、潘漠华等）。

（4）浓郁的民俗风情。武义县以汉族为主，有少数民族 8 个，其中畲族居民万余人，聚居在柳城畲族镇。历史悠久的畲族，有着丰富的民族风情，独具特色的畲族民歌。婚姻、丧葬等传统习俗，都保存着本族特色。服饰、生活习俗、信仰，也依然展现着古老的传统。

武义县已获批有中国传统村落 12 个，国家级历史文化名村 2 个，省级历史文化名村 4 个；入选国家级非物质文化遗产代表性项目名录 2

---

① ② 资料来源：武义县人民政府（http://www.zjwy.gov.cn/col/col1229570943/index.html）。

项：俞源村古建筑群营造技艺，武义寿仙谷中药炮制技艺；省级非物质文化遗产名录 13 项①。

综上所述，武义县的旅游资源功能齐全，又具有地方特色，作为一个整体产品推向市场具有相当吸引力，开发潜力巨大，非常适合开发休闲、度假等特色旅游产品，满足国内旅游业产品结构调整的需要。

2. 武义县旅游产业开发过程及成就

（1）起步探索阶段（1998～2002 年）。作为一个旅游资源比较丰富的欠发达县，武义县早在 1990 年就着手开发旅游资源，至 1998 年 7 月，武义县花费了 8 年多的时间进行旅游开发的基础工作。1995 年 10 月，温泉山庄（一期）建成对外营业，接待首届"中国·武义温泉节"来宾。1997 年 12 月，经省政府批准建立浙江省武义县温泉旅游度假区。但由于理念和资金问题，直到 1998 年上半年都未形成真正的旅游产品，没有真正的游客。1998 年，武义县委县政府下定决心，调整工作理念，想方设法统一干部思想，利用资源优势发展旅游业。1998 年 7 月 3 日，郭洞景区建成对外开放，引来真正意义上的游客，武义县旅游业进入产业起步阶段。1998 年 10 月，俞源景区初步建成对外开放。1999 年 7 月，寿仙谷景区对外开放。石鹅湖、台山、小黄山也相继进入开发建设阶段。

（2）加速推进阶段（2002～2012 年）。2002 年 9 月，溪里温泉取水工程通过验收，2002 年 10 月 1 日，温泉浴吧建成开放标志着武义县旅游业发展进入一个全新的阶段。至此，人们期盼已久的温泉，终于从地下 300 多米处汩汩上涌，温润八方游客。2003 年，武义县完成清水湾温泉度假区前期招商，武义县工业企业荣达公司投资旅游业。同年

---

① 金中梁：浙江武义—从下山脱贫到乡村振兴［M］. 北京：经济科学出版社，2022.

10 月 1 日，清水湾温泉度假村全面建成正式开业。2004 年 9 月，牛头山国家森林公园保护与开发工作启动。2006 年 5 月，大红岩景区正式对外开放。2007 年 10 月，牛头山国家森林公园对外试营业。2007 年县党代会提出"旅游富县"发展战略，进一步确立了旅游业作为第三产业的龙头地位。乡村旅游和农家乐在各地蓬勃兴起，2007 年全省农家乐现场会在武义县召开。2008 年，实施旅游创强策略。2009 年，按照浙江省中部城市群错位发展的要求，立足武义县资源禀赋，明确了"打造中国温泉名城、构建东方养生胜地"的总体目标。2010 年，被命名为浙江省旅游经济强县。2011 年，入选浙江省旅游综合改革试点县。

（3）发展提升阶段（2012 年至今）。2012 年，武义县提出"生态景区全域化"发展思路，着力打造县域大景区。2012 年，武义县被国土资源部命名为"中国温泉之城"。2013 年，郭洞古村落和温泉度假区被列入浙江省农业厅、浙江省旅游局联合宣传推广 12 条休闲农业观光游精品线路之一的"花卉温泉风情游"。2014 年，规划总长约 120 千米，连接河流、公园绿地、自然保护区、风景名胜区、历史文化古迹和城乡居民区的休闲绿道基本建成，成为全省首条田园休闲绿道。随着美丽乡村精品村建设的推进，武义县率先提出全域化旅游理念并付诸创建实践，全力打造最美山水温泉名城。2015 年，"温泉小镇"成功入选浙江省首批 37 个特色小镇创建名单。

"十三五"期间，武义县大力推动乡村旅游发展，农家乐增至 251 家，全县各种"旅游＋"融合新业态蓬勃发展，成功创建 1 个中医药文化养生旅游示范基地，3 个全省工业旅游示范基地，1 个省级文化旅游示范基地。2019 年，牛头山"梦温泉"项目正式营业。2021 年，璟园古民居"璟园汤"温泉项目正式营业。"打造中国温泉名城，构建东方养生胜地"的战略构想，稳步向前迈进。

武义县旅游产业经过连续多年的开发，取得的成就有目共睹

（见表8-7），武义县旅游业逐渐成为未来发展的支柱产业之一。

表8-7 武义县旅游业各阶段旅游经济数据

年份	游客人数（万人次）	旅游综合收入（亿元）
1998	10.9	0.012
2000	23.3	0.59
2005	57.5	4.03
2010	289.96	21.86
2015	857.47	74.63
2020	1877.92	186.29

资料来源：武义县统计局.2021武义统计年鉴［EB/OL］.(2021-11-16)［2023-01-02］.http：//www.zjwy.gov.cn/art/2021/11/16/art_1229423545_3933335.html.

3. 武义县旅游发展主要举措

（1）强化特色，制订旅游发展规划（规划四条"诗路"带）。

①"唐韵温养诗路：品一缕盛唐之风"。诗路从温泉萤石博物馆开始，解读武义县温泉萤石相伴相生的故事。途经骆驼九龙黑茶文化园，展示了丝绸之路神秘黑茶的历史文化；再来到浙江省首个"中医药文化养生旅游示范基地"——寿仙谷国药基地，寻访国家4A级景区、唐代叶法善道教养生文化发源地牛头山国家森林公园。夜晚入住温泉酒店，有4A级温泉景区清水湾·沁温泉度假山庄、"华东第一泉"唐风温泉度假村、一房一院一汤池的蝶来·望境，武义县温泉的温润怡人就在这条诗路中展示得淋漓尽致。

②"宋风印迹诗路：忆一段旧时光阴。风飒飒，水潺潺，流泉穿石水回环。"在朱熹等文人墨客写下的《江南序·游水帘亭》中，武义县有着静水流深的精致秀美，宋风印迹诗路则呈现了这份诗意。

一座座古村落，一处处古建筑，带着悠长的岁月和厚重的历史款款而来。800多岁的熟溪廊桥，被称为"中国古廊桥之祖"；沉睡了将近800年的国宝——南宋徐渭礼文书，静静地躺在武义县博物馆等待你去解读。

隐逸文化和南宋浙东史学文化的发源地明招寺，展现了1300年历史风貌的武义古街，汇聚了80多栋明清古建的4A级景区璟园，被赞为"江南第一风水村"的郭洞，刘伯温亲手设计建造的太极星象村——俞源，以及被誉为建筑界活化石的国家重点文物保护单位——延福寺等。在这条诗路上，它们诠释着武义县这座江南小城的迷人故事。

③"牛头山水诗路：做一次有氧呼吸"。这是一段离都市人山水田园梦最近的旅程。4A级景区牛头山国家森林公园，森林覆盖率达到了98%；同为国家4A级景区的大红岩，拥有十里丹霞，十里画廊的地质景观，巨大的红岩赤壁让人叹为观止，还有浙江省十大最美森林古道之一的曳岭古道，有"浙中西溪湿地"美誉的坛头湿地公园，重峦叠嶂、仙雾缭绕的寿仙谷，夏日千余亩莲花盛开的十里荷花景区……走进牛头山水诗路，就仿佛进行了一次身心的有氧呼吸。

④"飞驰时光诗路：赴一场极限挑战"。到豪霆·武义赛车场体验速度与激情，到大斗山飞行基地体验空中翱翔，到寿仙谷景区体验飞檐走壁，到大红岩景区走一走玻璃栈道，到千丈岩景区滑草滑雪，还有去寿仙谷漂流、神牛谷漂流、九龙谷漂流、钱江源漂流来一次夏季的酷爽体验……在一次次对自我的征服中，体验如风的自由与美好。当然，激情的挑战过后，再泡一泡温泉、吃一吃醋鸡、看一看婺剧，这才是完美之旅行。

（2）多元投资，形成市场化开发管理机制。

进一步优化"旅委"管理体制，增强"旅委"统筹整合能力，加快实现"旅委"职能从行业管理向产业促进、行业服务转变。通过创新旅游资源配置市场化改革，建立农地、宅基地、林地和集体资产作价入股联合开发旅游模式；积极探索建立"政府建框架、社会众筹、企业众创"的旅游开发机制；创新适合旅游开发的政府和社会资本合作（PPP）模式；建立科学的旅游开发评价考核体系，激励旅游开发经营相关主体的创新创业积极性，规范旅游开发经营行为和市场秩序；深化旅游投融资体制改革，组建武义县旅游集团有限责任公司；吸引大型企业参与旅游开发经营，建立多元投融资机制；整合全县美丽乡村建设资金、旅游发展资金等专项资金，建立生态景区全域化建设专项基金，重点支持全县大景区开发、旅游基础设施、旅游配套服务设施建设和旅游商品开发；深化旅游经营机制改革，探索旅游景区经营体制改革；实施武义县旅游套票制度和门票预约制度。

（3）注重包装，成功开发旅游客源市场。

围绕武义旅游整体形象宣传，武义县积极组织旅游企业参加中国国内、省内及长三角地区等各类旅游交易会。一方面，运用各种形式的旅游推荐会把武义县的旅游产品推荐到各大客源市场，与旅行社签订了旅游合作协议。另一方面，依托连续每年举办中国武义温泉节，组织办好温泉养生论坛、武义县新十景评选、旅游专家咨询委员会座谈会等温泉节重大节庆活动，全力做好"以节促旅"文章，不断提升温泉旅游产品的市场影响力。武义县委、县政府适时出台《关于进一步加快旅游产业发展的若干意见》，每年安排500万元的旅游促销经费，在中央电视台、上海卫视、浙江经视等媒体常年进行武义县旅游形象宣传，并与各地联手，成立企业工会疗养基地，启动建设浙中"三城"（义乌小商品城、横店影视城、武义温泉城）的旅游发展战略；主动打破行政区域的樊篱，积极主动开展区域间的联合与合作，与周边台州市仙居县、丽水市缙云县、衢州市龙游县等地联合推出了"江南仙境游"的旅游线路，实现了区域之间的优势互补和客源拓展。进一步又与长三角城市合作，开展了互动活动，实行区域间旅游客源的双向推介，不断提升了武义县在国内的知名度和美誉度，打响了武义县旅游的品牌。

（4）制定旅游未来发展设想①。

第一，近期目标。2020～2025年，全力突破与重点推进阶段。实现5项突破：旅游品牌、旅游产业格局、旅游新业态、旅游配套设施、旅游管理体制实现突破。到2025年，游客接待量预计达到4191.55万人次，增长12%；旅游收入491.96亿元，增长16%。

第二，中期目标。2026～2030年，系统完善与优化推进阶段。实现4项提升：旅游产品、服务品质更优，温泉康养名城品牌知名度更响，市场运营机制更完善，旅游产业融合度更高。2030年，游客接待量力争达到6750.53万人次，增长10%；旅游收入867.01亿元，增长12%。

第三，远期目标。2030～2035年，旅游全面发展与各项目标全面实现阶段。实现3项目标：建成国际一流的优质康养旅游目的地，产品结构性矛盾消除，旅游产业完全实现向质量效益型的转变。2035年，预计游客接待量达到8615.58万人次，增长5%；旅游收入1273.92亿元，增长8%。

（四）工业产业集群（开发区、工业园区）建设路径与政策

工业园区是欠发达地区区域经济快速发展的有效载体。武义县工业园区，也称武义县经济开发区，其建设不仅支撑了武义县工业化的跨越式发展之路，也是治理武义县乡村相对贫困，引领武义县走向共同富裕的有效路径。

1. 武义县工业园区（经济开发区）建设概况

浙江省武义县经济开发区成立于1992年，是全省首批省级经济开

---

① 根据笔者调研资料整理。

发区之一。1998年，武义县根据周边发展环境和不同区域特色，在开发区基础上进一步规划建设桐琴凤凰山工业园区，提出了"三个接轨、三个大布局"的工作思路，即产业接轨永康市，共同打造全国最大的小五金制造业基地；市场依托义乌市，成为中国小商品城重点来料加工基地之一；城市融入金华市，成为金华市城市群有机组成部分。这是第一个真正意义上的工业园区，凤凰山工业园区位于武（义）永（康）公路边，首期规划面积2.47万平方米，距武义县城、永康市区各12千米，交通便捷，具有较为优越的区位优势。

凤凰山工业园区的建设成为武义工业园区发展的突破口。1998年开始，武义县确定县域东北部地区为个私经济发展重点区域，以乡镇工业小区为依托，大力兴建工业园区，大力招商引资，迎来了武义县工业园区快速发展的时期。以武义县城和武义县经济开发区为中心，以毗邻永康市的桐琴镇、泉溪镇和靠近高速公路互通口的履坦镇、杨家镇为两翼的工业经济重点区域突破的格局逐渐形成。

2017年，武义县进行了工业园区管理体制改革，一是专门设置了开发区管委会。开发区管委会主要职责为工业功能区的规划管理、项目建设、安全生产、企业服务等经济发展事务及其他涉企职责。设党政办公室、企业服务科、产业发展科、规划建设科、综合治理科5个内设机构。人大工作机构、机关党委机构、人民武装部按上级有关规定设置。自然资源和规划局、市场监管局、综合行政执法局、司法局、供电局在开发区设派驻机构。园区划分为白洋一片、白洋二片、白洋三片、壶山片和熟溪片5个片区，2/3干部下沉一线服务企业。下属事业单位2个，分别为经济发展服务中心、新材料产业园安全生产服务中心。国资集团正在组建中。二是明确了开发区的范围。管理体制改革后，武义县开发区规划总面积达到80.66平方千米，建成区总面积30.08平方千米，桐琴、泉溪工业园区委托乡镇管理。2020年体制进一步调整后，将履坦镇、王宅镇、茭道镇委托乡镇管理。截至2021年底，开发区共有规上企业 462 家，上市企业 3 家（三美化工、寿仙谷、嘉益保温科技）。历经近 30 年（1992～2021 年）的发展，开发区逐渐形成了电动工具、门业、汽摩配、食品接触容器、旅游休闲用品、新材料、健康生物医药、印刷包装等多元产业，产业链较为完备，配套能力较强。据统计，到 2021 年 12 月底，武义县初步形成了电动工具、旅游休闲用品、印刷包装、文教用品、服饰五大支柱产业，"钓鱼"牌扑克、"两针一钉"（回形针、大头针、图钉）文教用品等产品在全国市场占有率方面成为"单打冠军"。截至 2022 年 2 月底，开发区实现工业总产值 66.19 亿元，同比增长 18.0%；实现规上工业增加值 11.15 亿元，同比增长 11.3%；完成固定资产投资 2.52 亿元，同比增长 120.2%。其中，工业投资 1.83 亿元，同比增长 88.3%。

2. 武义县工业园区建设路径与主要举措

（1）主动觉醒"工业化道路"强县意识。

武义县农业资源丰富，原是一个传统的农业大县。1985 年之前，武义县第一产业占全县生产总值的 50% 以上。20 世纪 90 年代初，全县农业人口占 88%，人均占有耕地近 0.07 公顷，粮食年产量保持在 15 万吨水平。在相当长的一段时间里，武义县将经济工作的重点放在抓农业生产和农产品开发上。1996 年，县委全会报告提到："坚持把农业放在经济工作的首位，加快发展农村经济，致力总量扩张，注重增长质量，'做大''活小'并举，发展支柱产业。"说明农业是当时经济工作的中心。当时武义县的工业化程度极低，工业规模很小，在经济结构中占比较低，500 万元以上产值的企业仅 35 家，且大多是公有制或集体企业，个私规上企业几乎没有。

与此同时，相邻的义乌市、永康市开始大力发展民营企业，县域经济迅速崛起。武义县委县政府开始意识到要想真正走上富强之路，光靠农业不行，还必须发展工业。"坚定走工业化道路"的思想和认识也逐渐统一并达成共识，以工业经济作为武义县发展主攻点的思想逐渐浮出水面。

1999 年，武义县委全会提出了"稳一（稳定和加强农业），攻二（突出抓好工业经济），促三（加快第三产业发展）"的发展思路。2000年，政府工作报告提出："在产业发展上，我们将把工业作为重中之重来抓，主攻第二产业，合力兴工。工业既是武义县的问题所在、困难所在，又是潜力所在、希望所在。加快工业经济发展，是武义县经济再上台阶的必然选择，是推进城市化的重要支撑，是武义县基本实现现代化的必由之路。"2001 年，在县委全会和武义县"十五"纲要中均明确提出了要实施"工业强县"战略。由此，大力发展工业的"号角"在武川大地吹响。

（2）改制与招商并举，促进工业加速发展。

首先，对国有、集体工业企业进行了治根治本的企业产权制度改革。

"马太效应"是一个著名的经济理论，一个地区越发达，就越能吸引资金、人才、技术等生产要素流入，形成发展的良性循环；相反，一个地区越贫穷，资金、人才、技术等生产要素的稀缺程度就会越严重，从而形成发展的恶性循环。因此，其结果必然是富者越富，穷者越穷。武义县工业起步晚、基础差、底子薄，一度制约着武义县经济的发展。如何破解"马太效应"？必须从改革中找寻动力。为此武义进行了一系列对应改革。

20 世纪 90 年代中期，武义县开始实施企业产权制度改革，大致经历了两次飞跃：第一次是从推行股份合作制改革到推行以彻底明晰企业产权、彻底转换职工身份为主要内容的新一轮改制；第二次是从企业改制单个操作、局部推进到整体联动、市场运作。

1998 年，武义县委县政府提出了"因企制宜、一企一策、破卖并行、股权集中、筹资安置、社保配套"的思路，在实际工作中突出破卖并行和转换职工身份，实行带资安置。职工由"企业人"脱胎换骨成为"社会人"，企业产权得以真正明晰。2000年，武义县在企业改制工作会议上确定了"整体联动、逆向操作、资产托管、市场运作"的企业改革新思路。这一思路的提出彻底突破了"单个操作"的瓶颈制约，企业改制工作在短短的几个月时间内取得了突破性进展。企业改制也使大量的国企管理人才和劳动力释放出来，或主动创办个私企业，或成为个私企业生产经营骨干，为武义县工业经济快速崛起注入了强劲的活力。

经过彻底改制，武义县工业经济从长期亏损、效益低下的公有制状态中摆脱出来，开始呈现出强劲的发展势头。2001年，全县个私工业产值占工业经济总量的96%。

其次，招商引资，为武义县工业发展注入新动能。

20世纪90年代中后期，武义县敏锐地察觉到，周边义乌市和永康市等地的崛起，既对自身的发展形成挤压，更为接受辐射和产业转移及加速工业化提供了契机。比如，永康市有庞大的五金产业，迅速扩张的欲望决定了其对资源要素配合的迫切需要，而武义县有丰富的适合发展工业的黄土丘陵和劳动力资源，为双方的优势融合创造了条件。因此，武义县先提前谋划，通过大力营造"低成本投入、高效益产出"的投资环境，吸引周边发达地区的"过剩"资本、"溢出"产业流进武义县"洼地"，并将发达地区的先进技术、优秀人才和管理经验带进武义县，形成了产业接轨潮，实现了经济超常规发展。当时，"种什么不如种企业"的口号在武义县民间广为流传，党员干部"白天搞三讲、晚上跑永康"，用土地、政策、人力的"洼地"优势，带动武义县工业从无到有、从小到大，并逐渐形成了特色优势，让武义县跻身工业强县，为乡村剩余劳动力提供了大量的就业岗位，促进了城乡收入差距的进一步缩小。武义县招商引资的主要做法可以概括为以下五大方面。

第一，完善基础设施，搭建工业园区平台。基础设施建设是园区发展的基础。武义县一方面抓好各工业园区的规划工作，完善工业功能区城市功能、居住功能、商务功能和服务功能，合理谋划布局商业综合体、人才公寓、卫生服务中心、学校等配套服务设施，增强生产、生活、生态的良性互动。另一方面采取切实有效措施，千方百计加大投入，高标准做好道路提升改造、园区绿化亮化、停车位增设等园区基础设施配套工作，做到公共服务设施、绿化建设与基础设施建设同步进行。工业园区的开发建设为发达地区实施产业转移提供了广阔天地，为外来企业实现低成本扩张和二次创业创造了条件。武义县工业园区开发建设刚一起步，就受到了周边发达县市企业的强烈关注。创办伊始就吸引了来自永康市等周边发达地区的大量企业，为武义县经济的发展注入了新生力量。

第二，制定优惠政策，打造投资创业"洼地"。优惠政策是欠发达地区吸引外来企业、资金、人才等生产要素的重要驱动力。武义县充分利用山区县、革命老区、省级经济开发区的政策空间，先后制定出台了相关优惠政策，涉及工商管理、收费优惠、金融服务、鼓励参与企业改革、招商引资奖励政策、税收优惠、扶持外向型企业发展等各个方面，努力营造外来企业低门槛引进、低成本运作的发展环境，大胆让利招商。工业固定资产投资始终在高位运行，增速一直高于金华全市平均水平，许多时候是列全市首位。

第三，创新招商方式，拓宽招商引资渠道。成立县招商引资工作领导小组，加强对招商引资工作的统一领导。设立招商办公室，同时成立专职工作班子，抽调精干力量专门从事招商引资工作。县财政每年提供一定经费，专项用于县级招商引资工作。开发区和重点乡镇、街道根据自身情况建立相应的领导机构和工作队伍。建立县领导重点项目联系制度，实行招商引资目标责任制。落实招商引资考核激励机制，对县领导、有关部门、乡镇街道下达年度招商引资目标任务，并视完成情况给予奖励。形成了"白天搞三讲，晚上跑永康"的千军万马搞招商、谋发展的喜人局面。

除了以周边发达县市为重点做好招商工作，武义县进一步强化县招商办、经济开发区及重点乡镇的招商职能，积极组织企业参加广交会、浙洽会等全国和省、市的集中招商引资活动。同时，积极采用以情招商、以商引商、云招商、"请进来，走出去"等多种方式，加大招商引资力度，做好招商联络工作，邀请企业家来武义县考察投资环境。充分发挥在外地的武义县人士、友好人士、港澳台同胞及县政府驻外办事机构的窗口作用，提高招商引资的针对性、实效性。

第四，简化办事程序，优化服务管理水平。武义县持续深化改革、促进制度创新，将营商环境优化落实到日常工作的方方面面，努力打造流程最少、效率最高、服务最好、环境最优的一流营商环境。着力抓好三个方面：一是切实转变观念，强调机遇靠抢不靠等，强调软环境优先，服务是第一资源，强调事事都是招商主体、人人都是发展环境。二是理顺工业园区管理体制，提高园区管理水平，努力把园区建设成为"无收费、无赞助、无摊派"的最佳税外无费投资区和社会秩序良好的经济特区。从项目审批到企业竣工投产所有事项都由园区管委会全程代理，为企业提供保姆式服务。浙江美特金属制品有限公司、浙江武义骆驼九龙砖茶有限公司等许多企业从签订招商协议到开工生产，只需3个多月时间。三是建立经济发展环境投诉中心、便民办事中心等机构，以"最多跑一次"改革为引领，全面推行"一窗受理、集成服务"，提升代办服务效能，千方百计为企业排忧解难，推动企业稳步发展。

第五，关心尊重企业家，营造亲商爱企氛围。围绕厚植企业家成长土壤、激发企业创新活力，武义县主要做好五件事：一是持续加大对民营企业家宣传力度，让民营企业家真正感受到群众的认可和社会的尊重。二是在国家政策范围内同等条件下优先推荐优秀企业家作为"两代表一委员"候选人或中央、省、市荣誉称号候选人，优先推荐担任各类行业协会商会职务，提高企业家政治地位和社会荣誉感。三是把企业家"请上来"，设立"亲清茶室"，每月召开政企恳谈会，集中力量研究解决企业家反映强烈的政策、成本、维权、执法等方面的突出问题，着力破解影响营商环境的痛点、难点、堵点。四是大力强化法治保障，严格执行《企业法》，严厉打击影响企业生产的违法行为，维护企业家合法权益。五是给予企业家子女入学、税收、贷款等政策倾斜，对于优秀企业经营管理人才列入"武义县高层次人才目录"给予津贴奖励，为企业家创造良好的政策环境，让企业家在政治上有荣誉，社会上受尊重，生活上享关怀。

（3）谋划"一中心两翼"工业经济发展格局，通过园区集聚引领高质量发展。

作为欠发达地区，武义县加快经济社会发展的关键在工业，发展工业的关键在园区。为避免走发达地区"村村点火、乡乡冒烟"先污染后治理的老路，相继建成凤凰山—茆角—王山头工业园区、浙江省武义县文教旅游用品工业园区、浙江省武义县五金机械工业园区等9个具有一定规模的工业园区，形成"一中心两翼"的工业经济发展格局，即以武义县城和武义县经济开发区为中心，以毗邻永康市的桐琴镇、泉溪镇和靠近高速公路互通口的履坦镇、杨家镇为两翼。工业经济呈现高质量发展态势。

浙江省武义县经济开发区成立于20世纪90年代中期，是浙江省文教旅游休闲用品重点专业工业园区，也是全省首批省级经济开发区之一。历经20多年的发展，开发区逐渐形成了电动工具、门业、汽摩配、食品接触容器、旅游休闲用品、新材料、健康生物医药、印刷包装等多元产业，产业链较为完备，配套能力较强。

桐琴镇凤凰山工业园区是继武义县经济开发区之后武义县第一个真正意义上的工业园区。凤凰山工业园区位于永武公路边，首期规划面积为2.47万平方米，距武义县城、永康市区各12千米，交通便捷，具有较为优越的区位优势。凤凰山工业园区的建设成为武义县工业园区发展的突破口。1998年开始，武义县确定县域东北部地区为个私经济发展重点区域，以乡镇工业小区为依托，大力兴建工业园区，大力招商引资，迎来了武义县工业园区快速发展的时期。

2003年6月13日，习近平同志考察了五金机械工业园区、凤凰山工业园区等地，充分肯定了武义县的工业经济发展。他指出，"武义县主动接受周边发达地区辐射，采取梯度推进的发展战略，发展特色产业，发展的势头很好，潜力很大，发展工业的路子是符合规律的。①"

（4）创新用好"三大效应"，激活工业发展的制胜密码。

武义县工业取得了突飞猛进的发展，"三大效应"是其中的制胜密码，对武义县完成精准脱贫后的社会经济发展起到了关键性作用。

一是洼地效应。"水往低处流"是一个物理现象。我们可以把发达区域的一部分产业转移到欠发达区域的经济运动称为洼地效应。投资者选择"洼地"的依据是实现生产要素的最优化组合。一方面，在产出既定时使成本最小化，即使生产要素的组合具有最低成本；另一方面，在成本既定时产出最大化，即使生产要素的组合具有最高的产出。

武义县确定"一中心两翼"区域工业布局的框架，就是按照洼地效应的规律构建的。一方面，武义县民间资本缺乏，难以自发形成规模化产业。充分利用洼地效应引进企业是撬动工业经济的第一杠杆。在构建"一中心两翼"模式的基础上，武义县充分发挥土地使用费低、劳动力价格低的优势（与周边发达地区相比，武义县土地使用权出让金仅为发达县市的1/4到1/3，劳动力价格仅为发达县市的1/2到2/3），吸引周边企业投资武义县；另一方面，通过创造有利的政策空间和优质的服务环境，增加投资洼地的吸引力。

---

① 武义县人民政府. 实施"工业强县"战略，挺起经济高质量发展脊梁［N/OL］.（2023 - 04 - 28）［2023 - 05 - 10］. https：//www. zjwy. gov. cn/art/2023/4/28/art_1229184764_59289265. html.

在洼地效应的推动下，大批资本从四面八方流入武义县。2002年，位于桐琴镇的五金机械工业园，在短短3天内，就被18家外地企业购地约66.67公顷，每家投资千万元以上。外来企业已成为武义县工业发展的主力军。目前，武义县五大支柱产业中有40%是从外地引进的，大部分五金机械行业都是外地企业占领的，这种洼地效应带来了双赢的结果：武义县周边发达地区的企业落户，不仅推动了武义县的快速工业化，也为发达地区新产业、新经济的发展让路，有利于发达地区产业升级。

二是鲶鱼效应。所谓的鲶鱼效应就是通过主动引入外部压力，激发内部要素的活力，来达到组织发展进步的目的。对于武义县来说，通过吸引大批外来企业的进驻，不仅增强了武义县的经济实力，同时还增强了本地企业的危机感和紧迫感，激发了本地企业主创业的动力，推动了本地企业的发展。鲶鱼效应最典型的一个例子就是武义恒友机电有限公司（以下简称"恒友公司"）的发展。该公司创立于1994年，20世纪90年代中期，年销售额在2000万元左右。武义海阔工具有限公司、武义工力电器有限公司等一大批外来大型高端企业落户武义县，恒友公司感觉到越来越大的压力。2000年，恒友公司购买土地4万平方米，投资750万元建厂，扩大生产规模。当年实现销售收入5300万元，是上一年的2倍。目前恒友公司已成为全国最大的电锤生产和出口基地。武义县不少民营企业也纷纷抓住机遇转型升级，提升企业档次。如浙江精力工具有限公司大力实施"机器换人"，同时致力于创新研发，每年都推出18~20款新产品，近年来公司产值每年增幅都保持在30%~40%。如张氏包装引进多条国外先进生产线及设备，先后获得中国包装百强企业、中国纸制品包装五十强企业、国家级高新技术企业等荣誉，2021年实现产值6.3亿元，纳税2402万元。

三是蛟龙效应。产业的提升与发展，离不开优势龙头企业的带动与支撑。在洼地效应和鲶鱼效应的推动下，武义县一大批小型巨人企业脱颖而出，成为产业发展的龙头企业，形成了蛟龙效应。恒友、宏马、海阔、工力、保康、张氏包装等重点工业企业绝大多数分布在几个重点工业园区内。在此基础上，武义县进一步采取措施，加大对优势企业的扶持力度，使他们的"龙头"作用得到充分发挥。这些企业的发展壮大，又孵化出一大批相关的中小企业，带动了整个工业经济和园区建设的快速发展，促进了相应产业的迅速集聚和本地中小企业扩大规模、提升档次，增强了县域工业经济的"造血"功能。以寿仙谷为龙头的健康生物医药产业，建立育种、栽培、深加工、销售为一体的中药全产业链。目前，县域名贵珍稀药材产业集群初步形成，中药材种植基地超 0.17 万公顷，中医药产业年产值达 20 亿元。以三美化工为龙头的氟化工产业，形成氟新材料产业集群。2021 年，武义县 141b（一氟二氯乙烷）、无水氟化氢及制冷剂类产品产销量居全国前三位。以浙江恒友机电、浙江博来工具、浙江华丽电器制造等企业为龙头的电动工具业等优势产业迅速崛起。电动工具产品占全国市场份额近 1/3，其中电锤产量和出口量占全国七成以上，稳居全国县（市、区）首位。在新兴产业上，武义县引入全球最尖端的高聚光纤链主企业，打造 5G 光电产业集群，成为高聚光纤国际高峰论坛永久会址。

洼地效应、鲶鱼效应、蛟龙效应，使武义县工业经济快速实现了量的扩张和质的提高。2021 年，武义县地区生产总值跨上 300 亿元台阶，达 313.25 亿元。规上工业总产值成功突破 700 亿元大关，在金华市排第四位。2000 万元产值以上的规上工业企业数增加到 779 家，在金华市排第三位。全县亿元以上企业达到 165 家，实现财政总收入 49.27 亿元。嘉益股份、雅艺科技成功上市，上市企业增至 4 家，税收千万元以上企业在金华市排第二位，企业亩均效益居全市第三位，主要工业经济指标都超过了当年的学习对象浦江县、兰溪市。研发（R&D）占比、科技创新指数领跑全市和山区共 26 县。拥有电动工具、食品接触容器、门业、旅游休闲产品、文教用品、扑克牌六个国家级制造（出口）基地，产品远销欧美地区，出口"一带一路"沿线 62 个国家。

（五）构建促进乡村可持续发展的保障条件

1. 创新基层治理制度保障脱贫攻坚的正确方向

改革开放推动了中国经济社会结构的不断变化，原来的利益群体出现分化，社会分层明显且出现相对固化趋势，整个社会呈现价值观的多元化和多样性特征。这种变化产生了对传统基层治理模式、治理理念和治理方式的严峻挑战。人们越来越关注自身利益，个人主义、利己主义获得了正当性共识，而作为传统基层治理基础的集体主义思想在一定程度上慢慢淡出了人们的日常生活。因此，新的社会环境已经与传统乡村基层治理的观念和方式不再相互适应。为了更好地保证农村脱贫攻坚工作的持续推进，打赢脱贫攻坚战，实现全面小康社会，武义县对乡村基层治理机制进行了大胆的探索和创新，形成了独特的"后陈经验"，这一制度创新不仅保证了武义县农村相对贫困治理的持续推进，为乡村全面振兴提供机制保障，还得到了党中央的充分认可，并在全国加以推广。

武义县基层治理制度改革的原因是为解决工业化、城市化快速发展所带来的一些工业园区和城镇周边的村子大量土地被征用，相关行政村干部手中掌握的权力和资源越来越多，进而造成部分村干部违法乱纪，侵犯村民权益，捞取个人好处所导致的村民集体上访事件持续增多，严重影响了农村的社会稳定和经济发展等问题。改革的重点是在试点村（后陈村）建立"一个机构、两项制度"的基层治理基本框架。

"一个机构"，即村务监督委员会（以下简称村监委会）。由村民代表会议表决产生，经村代表会议授权实施村务监督，主要负责监督村干部落实党的方针政策情况，列席重要村务会议，审核财务公开清单和报销凭证，对不按制度作出的决定或决策提出废止建议，协助对村干部进行述职考评等。

"两项制度"，即《村务管理制度》和《村务监督制度》，《村务管理制度》即对集体资产、农民建房、村干部报酬、财务收支、土地征用款分配等作出明确具体的规定。这是规范村务管理行为的实体性制度。《村务监督制度》即根据权力公开透明的原则，对村务监督委员会和村民代表会议的性质、地位、职责、权利、义务、纠错、罢免的途径和程序作了详细的规定。这是约束村干部权力的程序性制度。

这一改革从 2004 年 6 月 18 日在后陈村正式挂牌成立全国首个村务监督委员会开始，2008 年浙江省在全省范围内推广"后陈经验"，截至 2009 年 11 月，全省所有行政村均建立了村监委会，覆盖面积达 100%。2013 年以后，武义县的基层治理体制改革不断探索和深化，加入了新的内容，诸如推动村务监督标准化建设、完善"一肩挑"背景下村级组织监督机制（构建"制度监督制度"、选派监督新角色——农村第一书记）、推行"三个三"信访全链条工作法等。2020 年以来，武义县累计化解信访积案 141 件，其中省级以上信访积案化解率达 100%，进京信访由 2017 年的 71 人次递减至"零进京"。基层治理体制的创新改革和持续深化，为武义县农村相对贫困治理工作提供了充分的制度保证。

2. 建设完善的交通体系支撑乡村全面发展

要致富，先修路。武义县委县政府和武义人民深刻理解交通对于区域经济发展的基础保障作用，因此在实施下山脱贫工作的同时，开展交通设施建设。在整个农村相对贫困治理过程中，进行了三次重点交通规划和建设。

第一次是 1996 年。浙江省委、省政府为推进山区扶贫工作，提出到 2000 年全省农村基本实现村村通简易公路的奋斗目标。到 2020 年，武义全县公路通车总里程为831.74千米，虽然公路通过总里程增速很快，但总体而言，简易公路多、砂石路多、公路技术等级低、路面硬化率低，最终没有实现村村通简易公路的目标。

第二次是2003年6月。浙江省委、省政府作出了实施乡村"康庄工程"的重大决策，并把它列为全省建设小康社会，实现现代化的重要目标之一来部署。为贯彻落实浙江省委、省政府这一决策，各级地方政府纷纷出台相关政策。武义县政府出台了《武义县乡村公路建设管理办法》，同时印发《武义县人民政府关于建立交通建设投资融资体制的实施意见》。截至2007年底，武义县顺利实现了等级公路通村率100%，通村等级公路硬化率100%的"双百"目标。

第三次是2018年。党的十九大提出了"乡村振兴"发展战略，武义县出台《创建"四好农村路"示范县和建设万里美丽经济交通走廊的实施方案》《关于贯彻高水平建设"四好农村路"的实施意见》，以及加快推进《农村公路改造提升工程实施管理办法》。按照"景区公路优先，人员密集交通量大的优先，行政村未通公交班车的线路优质，临水临崖路段优先，乡镇村积极性高的优先"原则，武义县一大批"美丽公路""通景公路""四好公路"得以提升改造，有力推进了乡村文旅产业发展和美丽乡村建设。

截至2018年，武义县全县公路共建成401条，其中高速公路1条25.93千米，国道2条79.37千米，省道2条28.84千米，专用公路3条8.50千米，县道36条470.13千米；金温铁路、金丽温高速公路、国道G330穿越县域；省道S312、S220贯穿全县。到2020年底，全县已建成公路通车总里程达到1445千米。武义县已建成"一高两纵五横"的公路网。等级公路网密度达到86.98千米/百平方千米，居金华市第四位①。全县公路布局合理、结构优化、四通八达的公路交通网络

---

① 资料来源：武义县交通运输局（提供）。

已基本成型,为武义县社会经济的跨越式发展提供了强有力的支撑。

3. 持续推进新型城镇化助推城乡协调发展

武义县新型城镇化之路是从县城总体规划与县城改造相结合开始的。20 世纪 80 年代以来,武义县先后进行了 4 次县城总体规划和多次修编。与此同时,武义县的镇村规划也在全县铺开并得以实施。

第一次发展规划实施(1983~1992 年)后,武义县城拓宽和延伸了解放街,改造了熟溪北路,新建环城南路、溪南街、城脚路等城区主干道路。调整了城区的工业布局,建设了江山新村等新居民点。增加和改善了公共设施、商业网点。

第二次发展规划实施(1993~1998 年)后,武义县城东北新区(商贸住宅区)框架建设基本完成;武阳路、东升路、温泉路及沿街建设完成,县前片、壶山下街拆迁及回建工程完成;城市基础设施建设,如液化气、自来水、供电、电信、广播电视等明显加强;一批现代化商住区及商业区建成使用。城区新建 3 座桥梁;武义县火车站及站前广场建成并投入使用,金温铁路全线通车,构成武义县对外交通新的体系。

第三次发展规划实施(1999~2005 年)后,武义县城发展取得了新进展:温泉南路拓宽改造、双路亭入城口,以及温泉北路(北岭新区)、南门街拆迁,城西入城口等建设项目相继完成;解放街第二次拆建,俞源街沿线地块旧城改造、紫金五圣、宏马时代广场、五金一条街、锦绣华都等一大批商业中心相继崛起。象龙小区、塔山小区、南湖花苑、栖霞花苑等居民区建成;滨江广场、梅郎山公园、湖畔公园、壶山公园相继建成投入使用;建成熟溪桥至白洋渡沿岸的堤防工程;完成污水处理工程(一期)、壶山自来水厂工程;温泉山庄、清水湾温泉度假村等建成投入;百花山工业园区、文教旅游工业功能区、东南工业园区建设取得更大进展;北岭新区城市设施建设迈开一大步,框架道路和给排水工程基本建成。

第四次旧城改造始于 2017 年。这一次改造被称为武义县城有史以来最大规模的旧城改造。这项旧城改造项目包括城西三期、程王处、下王宅鸣阳、壶山下街、溪南五大区块城中村（棚户区）改造和古城保护建设。合计红线面积 60.6 万平方米，共涉及 4200 多户，需投入资金近 100 亿元①。目前，这个项目即将全面完成。

经过近 40 年的发展，武义县新型城镇化取得了巨大进步。40 年前，城市人口只有 2.2 万人，建成城区面积只有 2.07 平方千米。截至 2019 年底，武义县城市人口已经达到 34.55 万人，农村人口达到 20.16 万人，建成区面积达到 19.93 平方千米②，城市化率进一步提升。"十三五"末期，武义县建成区绿地率达到 39.5%，绿化覆盖率 43.57%，人均公园绿地面积达 14.70 平方米/人③。不久的将来，一个以"温泉康养名城"为底色，集国家生态文明建设示范县、国家森林城市、国家园林县城于一体的江南美丽县城就会呈现在我们眼前。

三、本章研究结论与启示

（一）武义县农村相对贫困治理研究基本结论

1. 基础条件很重要

武义县在完成农村精准脱贫后，能在较短时间内实现跨越式发展，

---

① 朱跃军．投入资金近百亿元，武义旧城改造已经进入"攻坚阶段"［N］．金华日报，2018 - 03 - 26．

② 武义县统计局．2020 年武义统计年鉴［EB/OL］．（2020 - 11 - 30）［2023 - 01 - 02］．http：//www. zwjy. gov. cn/art/2020/11/30/art_1229423545_3707084. html.

③ 武义县发改局．基于七个维度主要指标判断武义方位——武义与金华兄弟县市比较分析报告［EB/OL］．（2021 - 12 - 20）［2023 - 01 - 02］．http：//www. zjwy. gov. cn/art/2021/12/20/art_1229185111_59251380. html.

使农村相对贫困问题得到较好的解决，城乡居民收入差距逐年缩小，县域整体发展进入区域（金华市）前列，同时又防止了农村脱贫农户大面积返贫情况的发生，除了前述一系列政策和路径的科学和有效外，其县域自身所拥有的基础资源条件也非常重要。

（1）具备比较优势的区位条件。总体来说，武义县的区位条件没有明显优势，但有比较优势。武义县是地处浙江省金华市南部的山区县，曾长期处于交通"盲点"，之前唯一一条过境国道——330国道从最北部的茭道乡（今茭道镇）擦边而过。境内仅有两条省道永武线和上松线，公路等级也偏低。金温铁路、金丽温和杭金衢高速公路开通后，武义县大大缩短了与发达地区的时空距离，摆脱了交通闭塞的格局，具备了经济跨越式发展的比较优势。

（2）相对丰富的自然资源①。武义县城内群山连绵，生态环境相对良好，全县森林面积11.58万公顷，森林覆盖率74%。野生动植物资源丰富，有野生动物265种，其中国家Ⅰ级保护动物4种，Ⅱ级保护动物32种；野生植物656种，珍稀濒危植物24种，其中国家二级以上保护植物11种。土地资源在南方特别是浙江省来说，相对比较丰富，全县地貌可划分为中山、低山、高丘、低丘、平畈、平原6大类型（见表8-8）。全县土地总面积15.69万公顷，其中，人均耕地不足0.07公顷。特色资源一个是萤石，另一个是温泉。萤石储量曾经占全国的1/3，现在武义县萤石已基本开采完毕。温泉是20世纪70年代开采萤石时发现的，因当时影响作业就埋了回去。在武义县发展旅游经济规划时又从300米的地底下找出来。现在武义县是原国土资源部命名的浙江省首个、迄今唯一的"中国温泉之城"，目前发现温泉13处，日出水量2.4万吨，水温常年保持在36℃~45℃，富含20多种对人体有益的矿物质和微量元素，号称"浙江第一、华东一流"。

---

① 金中梁.浙江武义—从下山脱贫到乡村振兴［M］.北京：经济科学出版社，2022.

表8-8   武义县地貌类型面积及构成

地貌类型	平原	平畈	低丘	高丘	低山	中山	合计
海拔（米）	<100	100~150	150~250	250~500	500~1000	1000~2000	/
面积（公顷）	5793	8013	25714	30984	68725	17692	156921
构成（%）	3.69	5.11	16.39	19.74	43.80	11.27	100.00

资料来源：笔者根据《武义县气象灾害防御规划（2010—2020）》整理。

2. 透彻分析三大县情是相对贫困治理取得成效的基本前提

精准和透彻分析武义县经济社会发展现状，是相对贫困治理取得成效的基本前提。武义县在发展的起步阶段，通过全面调查、深入分析，发现了县域三大特征比较明显，即后发型特征、外力支撑型特征、环境差异型特征，正是精准抓住了三大县情，才能适时出台切实可行的、有利于农村相对贫困治理的政策措施。

后发型特征是指武义县在完成农村精准脱贫，进入工业化初期，进行相对贫困治理阶段时，作为后发展地区，原本因经济基础薄弱导致的一些"劣势"和沉睡的资源随着条件的变化会转变成为"优势"。比如，区位随着金温铁路、金丽温高速公路的开通，武义县至金华市仅20多分钟车程，至杭州市现在高铁不到1小时，到上海市只要2个小时车程，便利度上对企业和投资者就不再有太多障碍。再比如，土地方面，人少地多，具有较大的发展空间。比如劳动力资源（见表8-9），武义县的农村剩余劳动力丰富，劳动力价格与发达地区相比较为低廉。丰富的农村劳动力资源加上较低的劳动力价格，为外来企业的低成本扩张创造了条件。生态方面，境内山清水秀，拥有得天独厚的温泉资源和众多保存完好的古生态、古建筑，旅游业开发就业前景向好。这些后发优势的充分利用得好，增大了武义县发展的巨大潜力。

表8-9　　　　　　　2000年武义县农村劳动力资源构成情况　　　　　单位：万人

序号	统计指标		数值
1	农林牧渔业	农业	7.58
		林业	0.45
		牧业	1.87
		渔业	0.10
		合计	10.00
2	工业		3.94
3	建筑业		0.58
4	交通运输业及邮电通信业		1.45
5	批发零售贸易业、餐饮业		0.66
6	其他非农行业		2.26
7	乡村实有劳动力合计		17.89

资料来源：笔者根据2001年《武义县统计年鉴》整理。

　　外力支撑型特征是指因为武义县人才、资金要素不足，科技支撑力量不够，技术创新能力较弱，要实现跨越式发展需要各种外来要素力量支持的状态。1995年，武义县全县存、贷款余额分别为8.2亿元、7.7亿元。2000年，全县具有高级职称的科技人员仅有141人，与全县人口之比是1∶2275。由于本地经济主体资本原始积累不足，发展中最缺少的就是资金和人才，因此必须借助外力求发展。而当时周边的永康市、义乌市等地的企业已进入二次创业阶段，寻求新的发展空间的欲望强烈，一些企业和产品向欠发达地区转移，这为通过外力支撑实现武义县经济的快速发展，以及武义县战略规划的顺利实施提供了良好的契机。

　　环境差异型特征是指武义县南北环境存在明显差异，如何认识差异、承认差异，因地制宜、分类指导，是制定出适合各区域经济发展战略和对策的关键。

一是土地与人口的差异。武义县北部的武义盆地向东开口与永康盆地衔接，地势低平，发展空间广阔。而中部、南部地区群山连绵、森林茂密，旅游资源丰富，生态环境完好。1995 年，武阳镇、履坦镇、桐琴镇、泉溪镇、王宅镇、邵宅镇、桃溪滩乡 7 个乡镇土地面积为 5.57 万公顷，占全县的 34.43%，人口则达 17.5 万人，占全县的 53.49%，这 7 个乡镇的人口密度为 314 人/平方公里，为全县人口密度 209 人/平方公里的 1.5 倍。全县人口密度最高的桐琴镇为 463 人/平方公里，全县人口密度最低的南部山区西联乡仅为 60 人/平方公里，高低之比为 7.72：1。

二是交通区位与传统习俗的差异。从地理位置上看，东北部的桐琴镇、茭道镇等乡镇接壤永康市、义乌市等经济发达地区，而且地势平坦、交通便捷，距县城和永康市区均只需 10 多分钟车程。而处于西南部的柳城镇、大溪口乡、三港乡、西联乡等乡镇，与丽水市、松阳县、遂昌县等欠发达地区相连，重峦叠嶂，交通不便。如三港乡离县城达 60 多千米，需一个半小时车程。由于受自然条件与地理位置等影响，武义县东北部地区与西南部山区群众在思想观念和传统习俗上也存在明显差异。桐琴镇、泉溪镇等东北部地区由于受永康市等地市场经济发展迅猛的影响，当地群众市场观念较强，经商办企业，发展个私经济在当地具有良好的氛围。而大溪口乡、西联乡等南部山区群众由于受地理环境的限制，长期以来，当地农民习惯于靠山吃山，习惯于"日出而作，日落而息"，安于守住几亩山地过清苦的日子，适应市场变化的能力较弱。

三是经济基础上存在的差异。东北部地区如桐琴镇、泉溪镇、履坦镇、茭道镇等乡镇因为毗邻县城或永康市，交通便捷，发展环境相对较好，发展速度也较快。2001 年，桐琴镇全镇已有工业企业 406 家，实现工业产值 8.6 亿元，已进入工业化初期向工业化中期转变的新阶段。而位于西南部的大溪口乡、西联乡等乡镇，由于交通不便，发展条件差，发展速度相对较慢。

3. 制定三大发展战略确保武义县经济实现跨越式发展的路径与方向不转向

在摸清县情的基础上，如何保证经济社会发展不偏向、可持续？武义县委县政府于 2001 年，明确提出了"十五"期间的三大发展战略——工业强县、开放兴县、生态立县。

所谓工业强县战略主要是着力于量的扩张，主攻第二产业，加速工业化进程。伴随着武义县下山脱贫工作的推进，工业强县政策也在同步执行。据统计，到 1998 年，第一产业比重首次降到 20% 以下，一二三产业比重为 18.97：53.18：27.85（见表 8 – 10）。这一阶段，是第二产业需要迅速扩张和产业结构需要不断升级的阶段。由此可见，武义县经济综合实力较弱，工业化程度低、工业基础薄弱。武义县城市化发展缓慢，其主要原因也因为缺少工业产业的支撑。因此，在相当长的时间内，武义县首先要在产业建设中优先发展工业，将工业作为经济发展的主攻点，加速工业化进程，只有这样才能为相对贫困的治理提供扎实的产业支撑。

表 8 – 10 　　　　　　　　1995 ~ 2000 年武义县生产总值构成 　　　　　　单位：%

年份	第一产业	第二产业	第三产业
1995	23.36	52.02	24.60
1996	21.61	53.39	26.00
1997	20.17	52.82	27.90
1998	18.97	53.18	27.85
1999	18.30	53.00	28.70
2000	17.19	51.70	31.00

资料来源：笔者根据《2021 年武义统计年鉴》整理。

开放兴县战略的核心内容是主动接受发达地区辐射，以大开放促进大发展。在经济全球化、市场一体化的大背景下，行政区域对一个地区的经济影响正在不断削弱，而经济区域对一个地区经济的影响却是与日俱增。不仅一个地区的经济增长对另一地区的经济增长不断产生影响，而且一个地区要实现经济增长也要依赖于生产要素的区际流动和其他地区经济的增长。这种区域之间紧密的经济联系，使任何一个地区都不可能在孤立的、封闭的状态下实现其经济增长，尤其是欠发达地区，更不可能在孤立、封闭的状态下实现经济起飞，促进经济的快速增长。开放者兴，封闭者衰，这是现代经济增长的一条规律。实施开放兴县战略，其核心是要求武义县在经济发展初期必须走以外力推动为主的发展路子。长期以来，资金、人才、技术等要素严重短缺，困扰着武义县经济的发展，并使其工业徘徊不前。在这种情况下，企图凭借内在的力量获取经济的跨越式发展，无疑是无源之水、无本之木。因此，武义县的发展绝不能局限于利用县域内的资金、人才、技术，必须跳出武义县，眼光向外，借助外力求发展。从周边区域看，中心城市和周边地区迅速兴起，资本的跨区域流动加速，专业市场的辐射半径加大，为武义县接受辐射和产业转移、加速工业化提供了契机。当时义乌市、永康市、东阳市等周边发达县市已逐步进入工业化中期的加速发展时期，初级市场正在向着现代化市场转变，这一转变过程中一些企业将"走出去"寻找低成本再创业的空间。武义县只要筑好巢，营造"低成本投入、高效益产出"的投资环境，主动接受发达县市辐射，就可以吸引发达地区"过剩"的资金、"溢出"的产业及先进的生产技术和管理经验源源不断流入，实现经济的超常规发展。

生态立县战略就是要求武义县走经济发展和环境保护有机结合的可持续发展道路。生态环境是人类赖以生存和发展的基础。在寻求经济快速增长的同时，如何利用和保护好生态环境，使经济发展与环境保护相协调，不仅是先发达地区必须解决的课题，也是欠发达地区必须面对的问题。欠发达地区实施追赶战略容易犯的一种通病是把经济增长作为唯一的目标，片面追求高速度，没有或较少顾及高速发展所带来的对生态环境的破坏和污染。这种发展模式的结果是经济虽然得到短期的快速增长，但天变灰了、水变黑了、山变秃了，环境的破坏又反过来长期制约和影响当地经济的发展，又必须花大力气治理环境。以牺牲生态环境为代价的"高速"发展，实际上是对资源的最大浪费和破坏，是对可持续发展的最大制约，是一种得不偿失的发展途径。武义县委县政府认识到，优越的生态环境是武义县经济社会发展潜在的最大的优势之一，是实现经济可持续发展的基础和前提。要保持这种优势，就要求武义县在推进工业化、城市化，进行经济开发建设的过程中，全面实施"生态立县"战略，摒弃以牺牲生态为代价、"先发展，后治理"的老路，找准工业发展与生态保护的结合点，正确处理当前利益和长远利益、经济发展和环境保护的关系，尽量以最小的环境代价，获取最大的经济发展，使生态优势转化为招商引资的吸引力和富一方经济的生产力。

工业强县、开放兴县、生态立县是相互联系、不可分割的有机整体。工业强县解决的是发展主攻点问题，唯有工业发展了，才能为城市化和城乡一体化提供有力的产业支撑，从而推进经济社会跨越式发展；开放兴县解决的是发展途径和动力问题，唯有实施大开放，才能较为迅速地扩大产业规模，促进企业和产品上档升级，做大县域经济的"蛋糕"；生态立县解决的是可持续发展问题，唯有做好生态文章，才能保持经济发展后劲。

4. 通过构筑"三大布局"实施差异化发展完成不同区域协调发展目标

由于武义县域内各生产要素的区域分布不同，有些甚至相去甚远，在发展过程中必须注重经济区域的合理布局，以获得效益的最大化。因此，武义县提出要有条件发展的先发展、快发展，因地制宜，扬长避短，区域突破，梯度推进，构筑经济发展三大区域布局，即东北部地区机声隆隆，重点发展工业；中部地区车水马龙，重点发展旅游业和效益农业；西南部山区满目葱茏，重点生态保护和发展生态旅游。

东北部地区机声隆隆是指充分发挥武义县东北部地区交通便捷、紧邻发达地区、工业基础较好等优势，着力构建"一中心两翼"，即以县城为中心，以永武线的桐琴镇、泉溪镇和靠近高速公路互通口的茭道镇、履坦镇为两翼的工业集聚区域。依托义乌市的中国小商品城、永康市的科技五金城的发展优势，增强开放意识，强化招商引资，主动接受发达地区辐射，努力实现产业集聚和人口集聚。

中部地区车水马龙是指充分发挥武义县中部地区旅游资源丰富、生态环境良好的优势，以溪里村温泉为龙头，以俞源村太极星象村、郭洞村古生态村为重点，以大红岩、清风寨、寿仙谷、延福寺、熟溪桥等一批景区和名胜古迹为依托，大力发展温泉养生、人文生态旅游。

西南部山区满目葱茏是在把生态环境保护好的基础上，打通绿水青山就是金山银山的通道，开发牛头山、十里荷花等生态旅游，大力发展有机农业。

5. 推进三大接轨策略实现精准借船出海的经济发展目标

由于武义县经济是"外力推动型"经济，就要融入到周边经济圈中，把武义县看成是周边经济圈的一部分。武义县根据周边发展环境和不同区域特色，进一步提出了利用外部产业、市场、公共服务辐射三大接轨，即产业接轨永康市、市场接轨义乌市、城市接轨金华市。产业接轨永康市，积极融入到永康市的小五金产业链中去，与永康市联手打造国内最大的小五金制造业基地；市场接轨义乌市，大力发展来料加工业，建成中国小商品城一个重要的生产基地；城市接轨金华市，从金华市中心城市卫星城的角度，主动融入金华市区谋发展，把武义县建设成宜业宜居的生态型现代化城市。

6. 激活三大效应引领武义县经济的跨越式发展

改革开放后，武义县逐渐从农业社会进入到工业化初期阶段，及时调整了工作思路，创办了工业园区，引发了洼地效应、鲇鱼效应和蛟龙效应，促进了武义县经济实现跨越式发展。首先，利用周边永康市、义乌市等发达地区产业结构调整和转移，制造资本、产业、人才溢出所带来的机遇，主动接受永康市的五金工业辐射来发展工业，构成了具有武义县特色的"洼地效应"。外来企业进入之后，增强了本地企业的危机感和紧迫感，从而产生创业冲动，加快二次创业步伐，由此产生"鲇鱼效应"，推动武义县工业良性竞争、快速发展。在洼地效应、鲇鱼效应的推动下，武义县一大批"小巨人"企业脱颖而出，成为产业发展龙头企业，形成了"蛟龙效应"。

近 20 年来，武义县通过实施一系列发展路径与政策"组合拳"，取得了巨大的成就。一方面，突破了以前狭窄的发展视野，跳出武义县来谋划其发展；另一方面，按照经济规律、结合自身实际找准发展路径，实现了相对贫困治理的政策目标。

（二）武义县农村相对贫困治理探索的若干启示

从 21 世纪初开始的 20 多年时间里，武义县通过规划实施四大产业集群，实现追赶发展、跨越发展，达到了农民收入持续增长、城乡居民收入差距逐渐缩小、农村居民生活质量普遍提高、城乡差异逐步缩小等农村相对贫困治理目标。2020 年，武义县实现地区生产总值 271.3 亿元，完成财政总收入 44.7 亿元，城乡居民收入分别为 44759 元和 21076 元，城镇化率超过 68%，县域经济综合竞争力全国排名 172 位[①]。武义

---

① 资料来源：《2021 年武义统计年鉴》。

县通过培育产业集群达到农村相对贫困治理的实践探索，可以为国家制定和完善相对贫困治理政策提供启示。

1. 以县域为支点谋划农村相对贫困治理更容易取得成效

绝对贫困治理的谋划是全国一盘棋，而相对贫困因为是一种比较贫困，情况更为复杂，区域差异更大。社会比较理论告诉我们，社会比较具有普遍性，社会比较的实质是帮助人们认识自身，激发自己的行为动机，无论是个人还是组织，在进行比较时与自己类似的人对评价自己的意义和能力更为有用，容易被选作比较对象。基于这一理论，县域内部各区域、城乡、个体之间，因为地理相连、文化相近而更容易成为相互比较的对象。因此，以县域为支点，整合资源、统一谋划农村相对贫困路径与政策，以解决三大差距问题，更容易取得成效。武义县的实践也证明了，在一个县域内更容易精准把握资源要素，进行资源要素重组，相关政策与战略发展规划更易契合实际，并保证实施的连续性。

2. 共富联合体是农村治理相对贫困的有效组织形式

武义县在完成县域精准脱贫任务后，进一步发展的基础条件并没有特别的优势，武义县委县政府敏锐地发现，按照原来的发展策略，要进一步解决武义县的城乡差别、区域差别等相对贫困问题，必须创新思路，找到适合武义县自己特点的发展道路。在此背景下，武义县委县政府在全面调查研究的基础上，从武义县实际出发，统一谋划，通过整合资源，规划出了四大产业集群，即生态农业集群、"超市经济"集群、乡村旅游业集群和工业产业集群（园区）。这些产业集群内部有共同的规范性要求，又各自独立经营，集群内的主体既有企业、村庄，也有农户个体，其中生态农业集群、乡村旅游产业集群内以龙头企业为中心集聚大量分散农户，产业集群的整体发展带动和确保了个体农户的持续增收；超市经济集群通过互帮模式，使有商业头脑的农户获得了超额收益，提高了生活质量，摆脱了贫困；工业产业集群为周边剩余劳动力提供了丰富的就业机会，成为摆脱贫困的重要路径。产业联合体的最大效益是全面整合相应资源，提高个体抵御市场风险的能力，带动联合体内各个主体的共同发展，为降低城乡差别、区域差别、行业差别作出巨大贡献。因此，这种产业联合体也可以被称为是共富联合体，可以被复制到其他地域作为治理相对贫困的组织形式。

3. 不忘初心坚持不断创新发展路径与政策是农村相对贫困治理的有效保障

（1）治理政策制定必须始终坚守以人民为中心的发展理念。一切为了人民，一切向着人民，一切为了实现人民的共同富裕。把人民拥护不拥护、赞成不赞成、高兴不高兴，作为一切工作的出发点和立足点。树立正确的政绩观、牢固的群众观、科学的发展观，不断实现人民对美好生活的向往。

武义县农村相对贫困治理"文章"写得很出彩，体现了武义人高超的"创作水平"。但是，其动力的源头还是来自中国共产党的领导，来自武义县委的领导。中国共产党始终坚持的根本宗旨是全心全意为人民服务，共产党员尤其是党员领导干部不忘初心，牢记使命。让武义县山区群众早日脱贫奔小康，让老百姓有更多的获得感、幸福感，这就是武义县历届县委班子努力扛起的责任和使命。

只有讲政治，有信仰和理想，树立正确的"三观"，才有正确的"政绩观"，才不会做表面文章，才不会好大喜功，才能力戒形式主义、官僚主义，才能把高超的"创作水平"用对方向。

（2）治贫发展路径选择必须与县域实际相结合。只有精准把握发展大势，科学认识县情实情，正确研判一个区域的历史文化、发展阶段、资源禀赋、产业结构和风土人情，才能在优势劣势的比较中，找准发展突破口，因地制宜、实事求是确定工作重点和政策举措的基础。

20 年前，制约武义城市发展的因素比比皆是。无论是当时的城市人口、建成面积、财政收入，还是交通基础建设等，其中每一项的指标都让人怀疑"城市接轨金华"的可行性。面对眼前诸多困难和干扰，且短期内又无法做出政绩，可武义县委还是鼓起勇气，提出并着手实施"城市接轨金华"战略。

20 年后的今天，当金武快速路建成通车，并与温泉北路无缝相接时，那些过去曾经质疑的人忽然醒悟：提出"城市接轨金华"战略的确是远见卓识。20 年前开始建造仅 200 米长的温泉隧道，看似小工程，其实却是"革命工程"。穿越北岭的温泉路就是武义县城市发展的"点睛之笔"。

（3）治贫模式创新必须从实际出发，保持产业发展战略的连续性。找到一条求实情、管长远、顾全局的发展思路不容易，能够长期坚持、持之以恒的更是难能可贵。不管是"温州模式""苏南模式"，还是"义乌模式"，其发展思路的连续性不可或缺，而武义县的发展实践再次印证了这种连续性的重大价值。"武义模式"之所以能打造成形，就是得益于武义县委县政府在大量深入调研基础上，准确把握县情和周边发展环境，逐步厘清符合经济社会发展基本规律又切合武义县具体实际的发展思路。武义县委学习继承毛主席"没有调查就没有发言权"[1]的科学论断，做深做实做足调查功课，三大县情、三大战略、三大效应、三大接轨、三大布局等由此产生，为武义县实现跨越式发展指引方向。

要有"抓铁有痕、踏石留印"的坚毅，"功成不必在我"的胸襟，"不为一切困难所吓倒，而能克服一切困难"的勇气，敢于担当、善于作为，坚持一个思路抓到底、一种声音喊到底、一种力气用到底，才能

---

[1] 中共中央毛泽东选集出版委员会. 毛泽东选集（第一卷）[M]. 北京：人民出版社，1991.

事倍功半，创造让人民群众得到长远利益的政绩。讲不讲团结事关能否形成统一意志、统一号令，事关决策能否兑现落地，事关事业发展能否加速前进，事关事业的成败。一个县域讲团结，首先是县委书记、县长讲团结，只有县委、县政府整个班子精诚团结，才能把全县干部群众的积极性、创造性调动起来、凝聚起来。

尊重前届县委县政府确定的战略布局，"一张蓝图绘到底"是另一种意义上的团结。武义县委县政府继续深化"三篇文章"，既尊重往届领导的付出和劳动，又不局限于原来的战略思维和既有成效，既继往又开来。

（4）治理机制构建需要协调好政府与市场的关系。在现代社会中，没有开放的理念，没有法治的思维，不善于运用"市场"的力量，是万万行不通的。同时，必须善于运用行政的手段，借助"政府"的力量，才能顺势而为、借势发展。千百年来，实践反复证明，鱼与熊掌难以兼得。其实，鱼与熊掌的关系就是舍与得的关系，选取与放弃的关系。武义县近30年通过跨越式发展治理农村相对贫困问题的经验赋予鱼与熊掌这对矛盾以新的内涵。武义县发展工业避免了先发达地区以牺牲生态环境为代价先发展后治理的老路，开创了"北部机声隆隆，南部满目葱茏"的"武义模式"，即后发达地区发展工业。近年来，武义县正确处理经济发展、城市建设、乡村振兴等各种矛盾，克服各种困难，取得许多骄人业绩。在固定资产投资增长值、规上工业增加值、低收入农户人均可支配收入增幅等指标均居金华市级前列。抓到鱼，是本事；抓到熊掌，那是大本事。鱼与熊掌兼而得之，那是艺术。

（5）善于抢机遇，用足上位政策红利。机遇面前人人平等。武义跨越式发展之路就是抓住全党、全国打赢脱贫攻坚战全面建成小康社会的机遇、中华民族伟大复兴带来的机遇、中国崛起的机遇，以及时代所赋予的机遇。武义没有错失机遇，以武义县交通发展为例，近20年，武义县抓住了"三次机遇"，提升了"三个台阶"。其中，以"十五"期间，抓住第三次机遇最为出彩。第三次机遇就是在时任浙江省委书记习近平同志提出的"八八战略"① 指引下，浙江省委、省政府作出"康庄工程"建设重大决策。武义县用足了政策红利，实现交通建设特别是乡村公路大发展，为有效治理农村相对贫困，促进乡村全面振兴，最终实现共同富裕，打通了七经八脉。

---

① 习近平. 干在实处走在前列——推进浙江新发展的思考与实践［M］. 北京：中共中央党校出版社，2006.

第九章

精准脱贫后农村相对贫困
治理路径与政策思考

本章从保障民生福祉、促进社会公平与公正、增强社会稳定性、推进农村社会的全面发展、缩小城乡差距、提升农民获得感、实现共同富裕和助力乡村振兴八个方面阐述了农村相对贫困治理的必要性；从三个方面汇总提出了10条可供选择的开展农村相对贫困治理的路径；创新性地提出了构建"共同富裕联合体"、开展相对贫困治理立法等五大方面十余条适合推进农村相对贫困治理常态化的政策建议。

一、农村相对贫困治理的必要性

（一）保障民生福祉

习近平总书记在党的二十大报告中指出，必须坚持在发展中保障和改善民生，鼓励共同奋斗创造美好生活，不断实现人民对美好生活的向往①。农村地区的相对贫困问题直接关系到广大农民的基本生活水平和福祉。治理农村相对贫困，可以确保农民享有基本的生活保障，包括教育、医疗、社会保障等多个方面，从而提高他们的生活质量。

教育是培养人才和推动社会进步的重要途径，为农村居民提供优质的教育资源是民生保障的核心之一。通过提供良好的教育条件和公平的受教育的机会，人们获得知识和技能的机会被公平地分配，使每个人都能实现自身价值和社会贡献。这不仅有助于提高整个国家的人口素质，也有助于缩小贫富差距，实现社会和谐与持续发展。

人们追求幸福生活的基础是健康，健康的身体依赖于医疗的普及。因此，提供可及性、公平性和高质量的医疗服务是民生保障的重要方面。通过建立全面的医疗体系、加强农村基层医疗机构建设和全面推广医疗保险制度，可以保障农村居民能够获得及时有效的医疗服务。这不仅对农民个人的身体健康有重大意义，也对维护社会稳定和乡村经济发展有着积极的影响。

社会保障是保障公民基本生活权益的重要手段，也是构建公平和谐社会的重要保障。通过建立健全社会保障体系，确保每个人，包括农村居民在内，都能享受基本的养老、医疗、失业和住房等福利权益，这不仅可以进一步提高社会的公平程度，减少社会不平等现象的发生，还能进一步增强人们对社会发展的信心和归属感。

总之，民生福祉关乎人民群众的基本生活需求，包括衣、食、住、行等各个方面。只有满足这些基本需求，人民才能过上健康、快乐的生活。保障民生福祉是提高人民生活质量的关键，民生福祉是实现社会公平正义的重要途径。它确保每个人都能够平等地享受基本权益和福利，无论其社会地位、财富状况如何。这有助于缩小社会差距，促进社会公

---

① 张帅祯，郭玥，等. 党的二十大代表热议——在发展中保障和改善民生［N］. 人民日报，2022 - 10 - 21（4）.

平与正义。民生福祉不仅关注当前人民的生活需求，还着眼于未来社会的可持续发展。通过提高人民的生活质量和幸福感，为长期的社会发展提供坚实的基础。同时，这也符合可持续发展的理念，既满足当前需求的同时不损害未来世代的需求。

（二）促进社会公平与公正

公平与公正是当代社会发展的基石，对人们的生活、工作以及社会秩序的维护起着关键性的作用。在一个社会中，公平与公正的维护是确保社会和谐稳定的基础。当社会出现贫富不均，资源分配不公正的情况时，将会引发社会冲突与不满情绪，甚至可能导致社会动荡。而只有确保资源公平分配、制度公正执行，才能维护社会的稳定发展。公平的资源分配意味着各个群体获得机会均等，享受公共资源的利益也应该相对平衡。当一个社会中的资源分配偏向某一部分人群时，势必会导致社会不公平现象的出现。因此，确保公平的资源分配是维护社会公平与公正的关键，尤其是在教育、就业和医疗等领域。

农村相对贫困的存在会加剧社会的不公平现象。治理农村相对贫困，有助于缩小贫富差距，促进社会资源的公平分配，维护社会公平正义，增强社会的整体和谐。公平公正的经济发展环境能够激发农村市场活力和农村社会创造力，为乡村经济发展提供持久动力。在公平公正的环境中，每个人的努力都能得到相应的回报，从而激发他们的工作热情和创新精神，推动乡村经济持续健康发展。

（三）增强社会稳定性

贫困容易引发社会矛盾和诱发不稳定因素。首先，农村相对贫困问题会导致社会不公平现象加剧。由于资源分配不均衡，农村居民与城市居民相比，普遍缺乏平等享有教育、医疗、就业等基本权益的机会。与城市居民相比，他们面临的发展机遇和条件也极不平等。这种不公平现象容易引发不满情绪，并在社会中造成不稳定因素，甚至可能引发社会动荡。其次，严重的农村相对贫困问题容易导致社会治安状况恶化。由于相对贫困地区的居民生活比较困难，一些人为了谋生可能走上违法犯罪的道路。盗窃、抢劫等犯罪行为的增加不仅威胁了农村社会的安全，也会对城市地区的安宁产生负面影响。最后，农村相对贫困问题还会对青少年的成长产生消极影响。由于家庭条件限制，一些相对贫困家庭的孩子可能无法获得良好的受教育和培训机会。这会导致他们的知识水平和专业技能水平较低，难以适应竞争日益激烈的社会环境。这不仅会造成农村青少年人口素质的整体下降，也会增加社会的不稳定性。

农村相对贫困的有效治理将对维护社会稳定产生深远的影响。一是可以减少社会矛盾和冲突的发生。农村相对贫困治理有助于减少社会矛盾和冲突。当农村地区的相对贫困问题得到有效解决时，农民的生活水平会有极大提高，他们对社会的不满和抱怨会减少，从而减少了社会矛盾和冲突的可能性。二是农村相对贫困治理有助于促进社会和谐。通过改善农村基础设施、提高农民技能、增加就业机会等措施，贫困治理能够使农民获得更好的生活条件和更多的发展机会，这有助于增强农民对社会的认同感和归属感，促进社会和谐。三是农村相对贫困治理有助于提高政府公信力。当政府能够有效解决农村贫困问题时，农民会对政府的工作表示认可和信任，这有助于提高政府的公信力和形象。四是农村相对贫困治理能够促进农村经济发展。当农村地区的贫困问题得到有效解决时，农民的消费能力和购买力会提高，这将有效刺激农村市场的发展和扩大，促进农村经济的繁荣和发展。

总之，通过治理农村相对贫困，可以减少因贫困而产生的社会不满和冲突，增强社会的稳定性，为社会的长期发展创造良好的环境。通过减少社会矛盾、促进社会和谐、提高政府公信力及促进经济发展等方式，农村相对贫困治理有助于维护社会稳定和促进社会进步。当人民的生活水平得到明显提高时，人民的满足感和幸福感也会相应提升，这将为国家带来稳定和和谐的社会环境。反之，如果民生问题得不到有效解决，可能会引发社会矛盾和冲突，影响社会稳定。

（四）推进农村社会的全面发展

农村相对贫困治理不仅是对当前贫困状况的应对之策，更是对农村长远发展的投资。本书第五章的研究发现，农村相对贫困形成的原因是多方面的，既有户主及家庭特征、经济状况、人力资本及社会资本、区位特征和产业发展状况因素，也有宏观环境原因。因此，农村相对贫困的治理实质上是对农村基础设施进行持续改善，进一步提升农民生存发展技能，大力发展农村产业等，达到全面推动农村的持续健康发展。农村相对贫困治理具体涉及的内容包括许多方面，一是通过政府加大对农村基础设施建设的投入，特别是对那些基础设施薄弱的地区，优先安排资金支持，进而达到加强农村基础设施建设，提高农村生产和生活条件的目的，促进农村发展。二是通过政府加大对农业科技创新的支持力度，推动农业产业升级和转型，提高农业生产效益和农民收入水平，推进农业现代化的实现。农业是农村经济的主体，推进农业现代化是提高农村经济发展水平的关键。三是政府通过加强对农村人才的培养和引进，鼓励大学生、农民工等人才返乡创业和发展，提高农村人才的素质和水平，集聚推动农村发展的重要智力支撑力量。四是通过政府鼓励农村发展多种产业，推动农村产业多元化，提高农村经济的韧性和抗风险能力，解决制约农村发展的农村产业单一化因素。五是通过加强政府对农村社会治理的持续投入，完善农村社会管理体系，提高农村社会治理水平、构建农村社会稳定重要保障机制。

总之，通过政府、社会各界的共同努力，从多个方面入手，加强政策支持、资金投入、人才培养等方面的工作，逐步解决农村相对贫困问题，进一步推动农村经济持续健康发展，推进农村社会的全面进步。

（五）缩小城乡差距

由前文研究可知，随着中国精准脱贫任务的完成，经济社会的快速发展，城乡差距问题逐渐凸显。城乡发展不平衡是中国农村相对贫困的一个主要方面，也是农村相对贫困治理面临的一个重要问题。城乡差别主要表现在教育资源均衡分配、基础设施建设、公共服务体系完善、就业机会与创业支持、城乡规划与空间布局、社会保障体系覆盖、生态环境与绿色发展等方面。

教育资源分配的不均衡是导致城乡差距的重要原因之一。在很长的时期内，政府在农村教育投入，改善农村学校设施条件，提高农村教师待遇，吸引更多优秀教师到农村任教等方面实行了城市优先发展的政策倾斜，实施城乡教育资源分离政策，造成了城乡教育的非均衡发展。农村基础设施建设包括交通、水利、电力、通信等方面，这些设施是提高农村生产生活条件的关键；但优先城市化的政策导向使政府对农村基础设施建设的投入力度长期不足，与城市相比，农村基础设施短板明显，因而抑制了农村的发展水平。农村公共服务体系，包括医疗、文化、体育等方面，这些设施是提高农民整体生活质量的重要途径。但多年来，由于多重原因导致政府对农村公共服务体系的投入力度不足，农村基本公共服务水平不能满足农村居民发展需求，城乡公共服务差距较大。中国长期实施的城乡二元发展格局和快速城镇化导向，导致资源要素不断向城市集聚，造成农村投资兴业的机会减少，农村就地就业机会更少，极大影响了农村居民的低成本增收机会。国内外相对贫困治理经验显示，城乡一体化、统一的城乡规划与空间布局是缩小城乡差距的重要手段，但针对农村地区的规划引导，推动农村地区有序发展的策略一直未被重视。农村社会保障体系是保障农民基本生活权益的重要举措，也是农村相对贫困治理的一项重要内容；当前政府虽然对农村社会保障投入力度持续提升，提高了农村社会保障水平，初步确立了农民在养老、医疗、救助等方面享有一些基本保障，但与城乡社会保障体系的有效衔接和整合仍然任重道远，城乡差距有待进一步缩小。农村生态资源的开发利用，可以极大地促进农村经济与生态环境协调发展，增加农村居民收入，但目前的保护、治理和开发的力度、技术、观念还远远不能满足农村全面发展需要，还有待政府加大政策支持力度。

综上所述，治理农村相对贫困，可以推动农村与城市的协调发展，缩小城乡差距，实现城乡一体化发展。农村相对贫困治理与缩小城乡差距是一项长期而艰巨的任务。需要政府、社会各界共同努力，从多个方面入手，制定并实施综合性措施。通过政策扶持、教育资源均衡分配、基础设施建设、公共服务体系完善、就业机会与创业支持、城乡规划与空间布局、社会保障体系覆盖、生态环境与绿色发展等方面的努力，推动农村经济持续健康发展，缩小城乡差距，实现共同富裕。

（六）提升农民获得感

中国作为一个农业大国，农村的发展和农民的生活水平直接关系到国家的整体繁荣和稳定。贫困一直是困扰中国社会发展的一大难题，其中农民是受贫困影响最直接和最严重的群体之一。贫困地区农民的幸福感和获得感一直较低，他们面临着生活贫困、教育医疗资源不足、基础设施滞后等多重困境。精准脱贫虽然解决了物质贫困问题，但农村地区仍然存在相对贫困问题。这些问题不仅仅体现在经济层面，更体现在农民的精神获得感上。

农民获得感低缘于农民收入增长缓慢、基础设施落后、教育资源匮乏等诸多方面因素。导致这些问题的原因是多方面的，包括历史遗留问题、政策倾斜不足、市场机制不完善等。这些问题的解决与相对贫困的治理内容基本一致，不仅影响了农民的生活质量，也制约了农村经济的发展。

总之，农民是农村相对贫困治理的主体。通过治理农村相对贫困，可以提高农民的生活水平，增强他们的获得感和幸福感，激发他们参与农村建设的积极性和创造力。

（七）实现共同富裕

共同富裕是社会主义的本质要求。治理农村相对贫困，有助于推动农村实现共同富裕，让广大农民共享改革发展的成果，增强社会主义的凝聚力和向心力。因此，农村相对贫困治理是实现中国共同富裕的关键内容。精准脱贫的胜利恰逢中国从"全面小康"向"全面现代化"转换的关键时期。在"全面现代化"的建设进程中，共同富裕是重要内容和本质特征，而从中国的国情来看，要实现共同富裕，农村相对贫困的治理是关键的一个环节。

在中国共产党建党百年之际，完成全面建成小康社会的底线任务就是打赢脱贫攻坚"战役"。中国全面消除绝对贫困问题，使人民的物质生活水平获得极大提高，精神文化生活也更加丰富多彩，为第二个百年奋斗目标的实现奠定了坚实的物质基础。在完成底线目标任务后，中国的发展战略目标转为建设社会主义现代化国家，因此国家治贫的重心也随之转移到巩固脱贫成果、显著缩小发展差距、收入差距和公共服务差距等方面。"相对贫困进一步缓解""共同富裕取得更为明显的实质性进展""共同富裕迈出坚实的步伐""到2050年基本实现共同富裕的目标"，成为第二个百年奋斗目标发展的路线图和时间表。

共同富裕是全面现代化的一个本质特征。现代化的实现是一个过程，与小康社会相比，全面现代化的发展水平更高、更全、更协调。要实现全面现代化最根本的是全体人的现代化，人的素质、思想、生活满意度、全面发展性是衡量现代化的重要指标。因此，实现人的现代化是一个多维概念，而不是单一标准，其中居民收入增长是基本前提，物质水平与精神状态提升、区域差异缩小、城乡差别消除、人民群众共享发展成果是主要目标，因而全面现代化实际上是全民的现代化、全中国的现代化、城乡共同的现代化，共同富裕实际上是"全面现代化"的重要内容和基本特征，马克思主义者所追求的发展目标，也是社会主义本质的基本要求。

治理相对贫困和实现共同富裕，一个是任务，一个是目标，是一个事物的两个方面。相对贫困的治理是全面实现共同富裕的主要内容之一，相对贫困治理的重点在于农村相对贫困的治理。由此，在中国要实现共同富裕，解决农村的相对贫困问题成为非常关键的一个环节。共同富裕不仅是表达一种生活和发展状态，也是反映全面、多维、全民的富裕程度与全面的发展性。相对贫困则是在基本生存需求满足基础上，对高一层级的全面发展性需求与自身以外状态进行比较后产生的不足状态的感知，反映的是一种发展性的不充分、不均衡、不平等问题。因此，共同富裕和相对贫困都关乎如何解决发展问题和分配问题。当前，中国社会面临的主要矛盾是人民日益增长的美好生活需要和不平衡不充分的发展之间的矛盾，这一矛盾的主要方面，即发展的不平衡和不充分问题，这也是实现全面现代化，达到共同富裕需要解决的核心问题。综上，解决相对贫困的问题实际上也是实现共同富裕的重要内容之一。

中国的相对贫困问题主要体现在农村相对贫困问题上，表现为城乡、区域间的不均衡发展，而农村的不充分发展、城乡的不均衡发展尤为明显，解决农村相对贫困问题成为实现共同富裕的最艰巨任务。因此，农村相对贫困问题是实现共同富裕的关键抓手，解决农村相对贫困问题，意义重大，影响深远。

（八）助力乡村振兴

乡村振兴战略是中国当前和未来一段时间内的重要发展战略。治理农村相对贫困，可以为乡村振兴提供坚实的基础和保障，推动农村实现产业兴旺、生态宜居、乡风文明、治理有效、生活富裕的全面振兴。相对贫困治理在助力乡村振兴方面发挥着重要作用。通过有效的统筹规划和治理，相对贫困治理不仅可以巩固精准脱贫取得的成果，还可以促进乡村的全面振兴。农村相对贫困治理助力乡村振兴体现在很多方面。

第一，为了确保脱贫不脱政策、不脱责任、不脱帮扶、不脱监管，需要建立巩固脱贫攻坚成果的长效机制，包括延续政策保障机制、建立多维测度体系、返贫动态监测体系及返贫预警机制等。这些机制的实施将有助于及时发现和解决相对贫困问题，为乡村振兴提供有力支持。第二，为了更精准地识别农村相对贫困群体，可以采用收支法和比例法等方法。通过这些方法，可以划定欠发达地区和贫困群体，为后续的扶贫工作提供明确的目标。同时，也有助于将贫困治理与乡村振兴进行有效衔接，推动乡村的全面振兴。第三，在相对贫困治理过程中，注重农村产业培育和市场开拓。通过培育壮大特色产业、培育新型经营主体、加强品牌建设和市场营销等措施，可以促进农村经济的持续发展，提高贫困群众的增收致富能力。第四，相对贫困治理不仅要关注农村内部的发展，还要注重城乡融合发展。通过加强城乡基础设施建设、推动公共服务均等化、促进城乡要素自由流动等措施，可以打破城乡二元结构，推动城乡经济社会的协调发展。第五，为了确保农村相对贫困治理与乡村振兴的有效衔接和统筹推进，必须加强组织领导和统筹协调，包括建立健全领导体制和工作机制、明确各部门职责和任务分工、加强督促检查和考核评价等措施。通过这些措施的实施，可以形成工作合力，推动乡村的全面振兴。总之，相对贫困治理在助力乡村振兴方面具有重要作用。通过建立健全长效机制、划定贫困区域和识别贫困群体、加强产业培育和市场开拓、推动城乡融合发展及加强组织领导和统筹协调等措施的实施，可以促进乡村的全面振兴，推动中国特色社会主义事业的发展。

综上所述，农村相对贫困治理的必要性体现在多个方面，它不仅关系着农民的基本生活和社会公平，也影响着农村的发展和社会的稳定。因此，必须高度重视农村相对贫困治理工作，选择适合的治理路径，采取有效的政策措施，推动农村的持续健康发展。

二、构建农村相对贫困治理的路径与机制

（一）树立相对贫困长效治理观念

相对贫困是一种长期的社会状态，因此必须要在保持脱贫攻坚工作总体稳定的基础上，尽快树立长效治理相对贫困的基本观念，明确新时期相对贫困的划定标准和依据。在锁定相对贫困关键群体和重点人群的基础上，更加注重政策制定及实施的公平性、普惠性，以公共服务均等化和要素市场化为核心，形成常规性的减贫机制和具有针对性的政策举措。同时，要与乡村振兴战略，共同富裕建设目标有机衔接。乡村振兴作为新时代"三农"工作的总抓手，从全局和战略角度统筹与缓解相对贫困的关系，在保证农业农村现代化实现的同时，为解决相对贫困提供力量支撑。即在农村相对贫困治理阶段，将短期内无法解决的问题和难点，纳入乡村振兴框架，做好规划、统筹考虑、逐步实现；在设计乡村振兴相关体制机制和政策体系时，要把农村相对贫困人口列入重点关

注对象，确保城乡差距、地区差距和居民的收入和生活质量差距进一步缩小；防止出现乡村振兴阶段忽略对农村相对贫困的治理，有效衔接乡村振兴和相对贫困治理战略，相互补充、共同推进，建立新型反贫困战略部署。此外，要发挥好浙江省领先发展数字经济的优势，为缓解农村相对贫困提供"数字＋"支持。

（二）构建相对贫困治理的体制机制

1. 建立城乡融合的综合治理体制

当前的扶贫模式仍旧是城乡分设的管理格局，实行二元的贫困标准和福利制度。相对贫困的产生已跨越城乡区域的界限，以往基于农村实际设计的扶贫管理模式和体制已逐渐无法适应目前相对贫困带来的挑战，应逐步实现动态的评定标准与福利资源的跨区整合，使农村居民享受与城镇居民相同的救助标准，这是建立综合治理体制的前提。同时，综合性的贫困治理需要更为整体和全面的资源投入。以往的碎片化资源和项目投入，不仅会造成相关资源的浪费和滥用，也不适应解决相对贫困的要求。应不断加强整合城乡公共服务和资源，强化统筹安排，利用现代化、数字化的手段明确城乡脱贫需求，确保资源与服务高质量、高效率地投入到减贫过程中。这是建立综合治理体制的必要条件。城乡一体化的综合治理体制必将在增强治理普惠性的同时，以全面化、综合化的优势，在解决相对贫困中发挥重要作用。

2. 巩固防范脱贫再返贫的预警机制

要做好防范脱贫再返贫工作，就要强化建立预警机制。习近平总书记强调："脱贫既要看数量，更要看质量，不能到时候都说完成了脱贫任务，过一两年又大规模返贫。①"要多管齐下提高脱贫质量，巩固脱贫成果。要严把贫困退出关，严格执行退出的标准和程序，确保脱真贫、真脱贫。要把防止返贫摆在重要位置，适时组织对脱贫人口开展"回头看"，对返贫人口和新发生贫困人口及时予以帮扶。为此，要做好三点：一是稳固现有扶贫政策，做到力度不减、领导不变、队伍不撤，并做到政策预警，对发现的返贫人群进行关注和追踪，确保脱贫成果；二是注入扶贫动力，加强扶志和扶智教育，加强思想预警。让"等、靠、要"这三种思想严重的劳动力尽快摆脱懒人思维，掌握谋生技能；三是注重培育"造血"机制，提升扶贫产业质量，增强可持续造血功能。相对贫困的产生大多来源于贫困群体缺乏劳动技能，生产经营能力较弱，风险承受能力不足。贫困地区贫困人口在产业选择上尤其要慎重。要全面提升产业扶贫工作质量，加强产业风险防范，强化科技精准帮扶，抓好产销衔接，稳定销售渠道，采取有效措施抵御市场风险和自然风险，确保贫困群体通过产业扶贫长效增收、稳定脱贫。

3. 完善扶贫政策实施中的监督机制

首先，应设立专门的扶贫监督考核部门，统一脱贫攻坚考核评估规范，建立综合性考核指标，杜绝以非实质的"数字脱贫"乱象顶替脱贫的实质结果。其次，积极引入相关社会力量进行第三方监督，监督政府部门脱贫政策的实施及脱贫效果的考核。再次，将贫困群体纳入绩效考核主体范围内，充分发挥贫困群众的发言权和脱贫考核的参与权，进而保证脱贫工作的有力开展和有效进行。最后，充分发挥新时期互联网和数字经济发展作用，积极进行线上沟通和监督，确保扶贫政策落到实处。

---

① 习近平. 在解决"两不愁三保障"突出问题座谈会上的讲话 [J]. 求是，2019（16）：10 - 15.

4. 形成防贫困代际传递的隔断机制

贫困一旦生成就可能会出现代际传递的现象，尤其是相对落后地区的贫困人口，一旦形成贫困状态，就会演化成相对固定的贫困群体和阶层，甚至会传递给下一代，从而造成贫困的固化。应加大对相对落后地区贫困人口的帮扶力度，推动党和政府、社会各界的共同协作，由内而外瓦解贫困固化所造成的代际传递现象。一方面，从内部加强贫困人口的心理疏导和沟通，提振脱贫信心；另一方面，从外部加强政策扶持和资金支持，打破贫困群体的阶层固化现状。对于积极开展脱贫行动的个人和集体进行补助和奖励，激励贫困群体积极投身追求生产发展和生活富裕的目标。隔断贫困代际传递的路径和可能性，在当代脱贫的前提下，奠定后代发展的基础。

5. 发展可消除贫困心理的情感干预机制

农村相对贫困问题一定程度上来源于贫困群体的主观感受（基于第四章的研究）。要着力消除贫困群体的贫困心理，也需从情感上出发，使"要我脱贫"转化为"我要脱贫"。消除"等、靠、要"等消极思想的影响，激发脱贫致富的内在动力。一是要加强对贫困群体的劳动思想教育，帮助他们树立起正确的劳动价值观，提升相对贫困群众脱贫致富的斗志和决心。二是要充分发挥榜样的带头示范作用，树立先进脱贫典型，营造脱贫的良好氛围。三是要增强贫困群众的获得感，加强群众的幸福感、满足感教育和引导，使他们充分体验到脱贫致富带来的利好之处，进而产生自身激励，并化为脱贫的内生动力。

（三）构建相对贫困治理长效机制

1. 构建基于大数据的多维相对贫困动态识别机制

精准识别是精准施策、精准治理的基础。首先，需要基于已有贫困数据库根据相对贫困多维标准制定一个具有参考意义的相对贫困基线。其次，根据相对贫困人口的分散性和高流动性特征，利用大数据、"互联网＋"等技术在建档立卡基础上对相对贫困人口实行动态监测。最后，从国家层面把城市与农村、东中西部地区的农村相对贫困治理进行统一谋划，展开整体布局与施策。

2. 构建促进农村居民可持续增收的常态化相对贫困治理机制

精准扶贫时期的"给予式"帮扶方法不再适用农村相对贫困的治理。从经济视角看，相对贫困治理的关键在于激发和增强农村相对贫困人口的内生动力。因此，培育发展适合乡村的产业是根本出路，这就要求：第一，在政策上重视新型经营主体的引进和培育，做好产业培育、升级，发挥区域在资源环境、特色产业等方面的优势，壮大乡村产业。第二，进一步完善推动农村集体经济的发展、金融帮扶、建立乡村就业信息系统、脱贫户就业技能培训、脱贫户自主创业支持等相关政策，达成从根本上激发农村相对贫困人口的内生发展动力，谋求长远发展。第三，建立能够促进城乡产业互联互动健康发展的有效载体，持续扩大城乡经济健康有机融合发展空间，推进城乡一体化。

3. 构建破除"贫困文化"的宣传教育机制

通过精准脱贫虽然使原来贫困地区的绝对贫困问题得以解决，但不思进取、得过且过的贫困文化还在一部分相对贫困人口的思想中存留。因此，针对这种状况必须出台相应政策，专门开展"贫困耻辱文化"建设。首先，要加强制度建设，构建相应的文化组织，大力宣扬勤劳致富等价值观念，破除遗留的贫困文化，剪断贫困的代际传递链条。其次，要建设社会心理服务机制。甘愿居于相对贫困之中不愿跨越，与个体的不安全感有密切关系，因此需要强化心理疏导，增强贫困群体的获得感，使其感受人文关怀的利好，建立正确的社会比较，加强心理沟通，调解社会心态，消除相对贫困群体中普遍存在的心理落差和失衡感。最后，要健全收入分配制度，特别是初次分配的不公平状态。因财富初次分配失调，极易导致相对贫困人员在比较中产生"被剥夺"感和无奈感。因此，要健全收入分配制度，避免初次分配不公平现象的发生。

4. 构建农村相对贫困治理与乡村振兴一体化衔接机制

乡村振兴战略的实施有利于农村相对贫困问题的有效治理，两者衔接的重点问题是如何保持扶贫政策与乡村振兴政策之间的连续性和融合性。首先，精准脱贫后时代，原则上应该退出的所有扶贫政策和机制，要在一定时期内保持总体相对稳定的基础上陆续退出。其次，要积极探索精准扶贫政策措施与乡村振兴战略方针的有效结合点，充分用活用足用好两方面相关政策，根据各地乡村振兴战略推进的情况和当地群众的实际需求情况，在适当的时候进行工作重心调整，并出台与之相应的新发展政策。最后，积极挖掘利用好乡村振兴战略中的产业发展项目、基础设施建设项目和乡村基本公共服务建设项目、人居环境整治项目等项目建设，进一步优化相对贫困人口的基本生产生活条件改善。

三、农村相对贫困治理政策创新探索与思考

（一）创新现行农村相对贫困治理政策内容

1. 修正现有农村相对贫困识别与动态调整政策与机制

根据第四章对浙江省相对贫困识别与政策动态调整的研究发现，该

政策在实际执行过程中存在以下缺陷。

(1) 资格申请不精准。按照现有政策规定，是否进入或退出相对贫困的管理系统，第一步是申请人自主申请，而这种自主申请的前提是基于自我评估。这种自我评估虽然理论上是有标准可依的，但实际上申请者不一定能精准评估自己是否符合，这就会带来两个结果，一是估计过低，一旦进入审核流程，最终未能通过认定，造成公共资源浪费；二是估计过高或相对贫困边缘农户碍于面子等心理因素的制约，没有申请而造成漏报，就会带来公平失衡问题，从而不利于社会稳定与和谐。

(2) 审核权限和认定方式存在不足可能造成审核不精准问题。根据现行政策规定，相对贫困农户作为申请人提出申请后，镇政府必须先行受理，然后按照多维贫困标准维度进行综合经济状况核查。但是扶贫对象的认定需要人工逐个核实，同时按照我国现行相关法律法规的规定，乡镇没有权力去银行及住建等部门核实信息，导致乡镇政府的权限不足以调查所有与农户相关的个人情况，如农户个人的银行存款、个人财产、个人合法条件下的交易等，乡镇政府相关部门只能根据申请者基于道德约束的自主申报情况进行核实，这就不可避免无意或故意漏报的情况，进而造成审核偏差，由此会对政府在民众中的公信力带来负面影响，认定方式存在不足。

综上所述，现行政策规定的农村相对贫困识别与动态调整机制，运行重点是农户自主申报机制，基于政府视角看本质上属于被动识别机制，这种机制实施的结果必然会给民众带来不公平的感受。因此，我们认为为进一步提升政府的良好形象，提升农村相对贫困治理的成效，必须改善原有政策内容，在已有的识别机制中增加主动识别的政策内容，构建被动识别与主动识别相结合的动态识别调整机制（见图 9-1）。

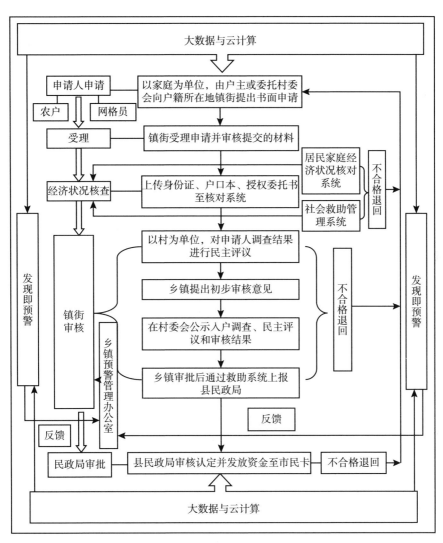

图 9 – 1　修正的农村相对贫困识别、认定与预警模型

资料来源：笔者绘制。

（1）把网格化管理机制纳入农村相对贫困识别机制。网格化管理的核心是运用地理编码技术、信息技术、现代通信技术等手段把不同乡村社区划分为若干网格，再把农村社区的人、事、资源、组织等要素放在对应的网格单元内。网格化治理机制中的网格员负责一个社区的网格化管理组织工作，主要负责社区内的巡查、核实、上报、处置市政工程（公用）设施、市容环境、社会管理事务等各方面的问题，并对相关信息进行采集、分析和处置。因此，网格员对自己管辖社区内的村民的基本信息和状况非常熟悉，赋予网格员申报职责，可以弥补农户自主申报时可能发生的遗漏。

（2）把农村相对贫困识别机制置于大数据与云计算系统场景，建立实时用户收益变动预警机制。众所周知，现代大数据云计算技术具有强大的运算功能，理论上可以随时监控每个个体的所有信息，且准确性极高。把农村相对贫困识别机制置于大数据云计算场景中，把已建档入卡户和预申请农户总体收益测算的指标纳入监控范围，构建收益变动检测机制，一旦农户发生交易行为，并且其收益结果超过边界值，即向管理者发出预警。这样，既可以提高识别的精准度，维护公平性，也可以降低乡镇工作人员的核实压力，提高功效率，减少公共资源的浪费。

2. 扩张农村相对贫困治理政策的适用范围，提升政策的公平性和政策绩效

笔者在第四章对浙江省农村相对贫困治理相关政策的分析中发现，大部分扶贫政策都存在"一刀切"的问题。无论是农村相对贫困管理类政策，还是农村相对贫困治理计划类政策，又或是农村相对贫困治理资金类政策，绝大部分都是针对浙江省原 26 个贫困县设计出台的。但实际上笔者的研究发现，相对贫困农户虽然在原 26 个贫困县分布较多，但事实上其他非贫困县也有分布，因此这样带有明显偏重性的治理政策设计对其他相对贫困农户来说是不公平的，违反了社会主义公平原则。同时，这些政策实施的效果也存在缺陷，表现为管理粗放、政策效率不高、"资出多门"、产业扶贫同质化和固定化严重等。比如，产业扶贫是推动相对贫困农户持续稳定增收的长久之策，但其同质化发展带来的市场风险，会让一些基层干部心存顾虑，对应农户无所适从，最终影响政策效率。因此，在颁布新的农村相对贫困治理政策时，在坚持原有适用目标县的基础上，依据设定的条件，适当扩大政策的适用范围，从原来的贫困县扩张到有需求的县域、乡镇及有需求的特殊村域，使这些县域、乡镇、村域享受与原 26 县相同的政策支持辐射，体现扶贫政策的公平性。

（二）制定并推出"共同富裕联合体"建设促进政策

本书第五章的研究显示，农村相对贫困的影响因素是多元的，涉及家庭、经济、就业、教育、区位、社会资本等方面，相对贫困农户在这些方面基本处于劣势；第六章的研究表明，从家庭层面看，劳动参与状况和家庭结构变动推进了相对贫困的形成，劳动参与能力弱，家庭结构特殊容易陷入相对贫困。换句话说，农村相对贫困农户无论从外部特征上看，还是从内部特征上观察，都没有稳定、坚实的自我脱贫的内生能力。而在精准脱贫后，由于大规模、成片性的贫困问题不再存在，政府不再会采取原来运动式的集中和精准扶贫。因此，农村相对贫困的治理必须借助除政府以外的其他外部力量，在政府支持下通过市场来加以解决，本书第七章的研究显示，构建"共同富裕联合体"是一条行之有效的途径。

共同富裕联合体可以解释为由多个具有互补、互促、互联、互动等条件的社会和市场主体，围绕缩小三大差距（区域差距、城乡差距、收入差距），实现共同富裕目标，通过组织共建、资源共用、产业共谋、设施共享等方式推动形成可持续有效的主体利益联结机制，最终达成全体成员共同奋斗、共同富裕的社会生产有机体。共同富裕联合体必须具备三个核心要件，即完整的组织构架、明确的功能定位和高效可持续的利益联结机制。

共同富裕要解决的核心问题是缩小直至消除"三大差距"，而农村相对贫困治理的核心问题也是缩小"三大差距",两者的目标一致,但相对贫困农户依靠自身力量,绝大部分农户不可能完成相对贫困治理任务,因此需要借用外力,但同时因为农户个体资源要素的弱质性,很难吸引市场力量和资本力量的关注,而单靠政府力量只能在宏观导向上给予引导,因为相对贫困的复杂性使政府难以精准施策,故而把相对贫困农户结合到共同富裕联合体内部,成为农村相对贫困治理的最佳选择。因此,抓紧制定并推出"共同富裕联合体"建设促进政策是历史的必然选择。

(三) 开展农村相对贫困治理的立法工作

绝对贫困治理任务的完成和相对贫困治理的开始,标志着中国的贫困治理开始了质态转轨,相对贫困治理的目标、主体、范式、策略等各方面都需要实行新的转变,以便适应新时代的贫困治理需要,为实现共同富裕创造条件。前文的研究结果表明,农村相对贫困治理是一个长期的动态演变过程,为了确保农村相对贫困治理的可持续推进,确保不发生政策转向,迫切需要把相对贫困治理的相关内容上升到法律层面加以确认。

1. 依法明确"防贫+治贫"为农村相对贫困治理目标

贫困治理是一个长期过程,精准脱贫不是终点,而是治理贫困新的开始。在新的历史时期,农村相对贫困的治理是为了防止新的返贫和增贫,治是对应相对贫困。如前所述,精准脱贫后农村相对贫困治理的核心是解决"三大差距"问题,这"三大差距"的本质是解决相对贫困农户的发展性问题,而发展性问题具有长期性、复杂性、艰巨性和脆弱性等鲜明特征。与绝对贫困相比,农村相对贫困的空间、主体和样态已随之发生了质的改变。因此,在贫困治理的体制机制转化时,有必要充分考量农村相对贫困的各种特征，坚守普惠性与特惠性的统一，要努力消除碎片化治理思路，确保从整体性出发，强化反贫困主体的相互协同，做到相对贫困治理的常态化、制度化，这必然要求治理目标的法治化。

2. 锚定"多元共治"治理主体

在全面完成精准脱贫任务后，打造共建共治共享的和谐社会治理格局成为国家建设的重要目标，这就需要持续推进社会各部门之间的横向协同，全方位发挥社会各方面主体的主动性和积极性，进一步放宽基层治理的自主权。因此，精准脱贫后时代的农村相对贫困治理也要从协调优化党政内部治理关系、统合各部门和各层级资源要素，形成优势互补、协同治理、利益整合的治理态势。多元共治各个主体要做的相互协调，必须明确各自必须承担的责任、应尽的义务、清晰的工作边界、资源配置的权限等，这些都必须以法律的形式加以锚定，才能保证相对贫困治理的长久实行。

首先，必须依法锚定党政统合的内部贫困治理主体之间的协同关系。长期以来人们已习惯自上而下和条块分割的治理模式，这种基层治理模式的最大缺点是容易陷入自主性被掣肘、治理碎片化和部门间配合度不高等治理困境。在相对贫困治理长期化的时代，传统的基层治理模式必然受到挑战，从而影响治理的效果。因此，要持续推进农村相对贫困的有效治理，实现共同富裕，必须通过立法的方式，进一步强化县级及以下农村相对贫困治理的主体职责，扩大治贫权限，构建基层政府在统筹、促进条块协作和部门联动，以及分层落实的工作机制。从纵向看，要从法制上处理好中央和地方的关系，中央负责相对贫困治理的顶层设计和价值引领，同时给予地方政府一定的自由裁量权，依法规定地方实行差异化施策的权限、边界。从横向看，要依法构建国家同级政府部门之间，国家地方政府之间的协同机制，政府各部门之间的协同机制，如医疗、社保、教育等部门之间的通力配合和协同治理机制，从而确保实现农村相对贫困治理的利益组合最大化目标。

其次，依法构建基于利益联结的内外治贫主体协同关系。绝对贫困治理阶段，脱贫主要依赖于政府主导，市场和社会力量是基于道德性的被动参与。然而，随着以治贫长期性为特征的相对贫困治理阶段的到来，依赖道德性的贫困治理思路必然不能满足相对贫困治理的长期性和常规性的要求。因此，为了应对新时期的相对贫困治理需求，急需推进治贫主体由政府主导转向"多元共治"，依法明确各治贫主体的优势职能、权责界限及相互之间的权责利关系，实现主体权责均衡，强化市场治贫主体的责任意识，明确社会组织的治理和监督双重作用，树立共建、共治、共享理念，打造农村相对贫困复合治理共同体。

3. 规范"常态化"治理范式

绝对贫困治理阶段，贫困治理范式带有明显的"运动式"特征，诸如"集中作战""百日攻坚"等，是一种典型的"政策性扶贫"。但在精准脱贫后时代，相对贫困治理由于其治理的长期性，治理范式已转向常态化推进、制度性治贫。

要保证农村相对贫困治理的"常态化推进"，必须避免原来刚性政治目标和国家强制力加持下的"超常规"治贫范式，防止带有明显工具性和官僚性的治理范式容易导致行政空转、精心应付等弊端的发生，从而杜绝扶贫资源浪费、运动目标偏离现象。因此，保证常态化扶贫必须通过立法来构建相对贫困治理的制度体系，将相对贫困治理纳入乡村振兴、共同富裕建设的统筹中推进，纳入地方政府日常性工作和部门职责中，以实现"长效治理"目的。

要确保农村相对贫困治理的常态化，必须建立相对稳定的制度作为保障。浙江省相对贫困治理实践证明，继续沿用绝对贫困治理的范式，强制推进扶贫政策，会产生许多弊端，降低政策效率，如产业扶贫、就业扶贫等政策的实施，容易导致扶贫项目简单化，缺乏竞争力，而非政策覆盖区的相对贫困农户则可能因为得不到政策支持而重新陷入贫困。因此，农村相对贫困治理不仅要构建一个长效治理机制，更要在此基础上通过立法来明确治理目标、理念、内容等，进而将贫困治理制度优势转化为治理效能。

（四）在县域重建相对贫困治理专门机构，统筹管理扶贫资源

武义县农村相对贫困治理案例研究表明，以县域为支点开展农村相对贫困治理具有更大的优势，诸如县情、民情更容易精准把握，政策更有针对性，县域各管理部门之间协调更为容易，发展战略规划更容易实施等；但也存在明显不足，如扶贫资源短缺更为明显，与农村相对贫困治理相关的部门对域外资源的动员能力较低等。

从政府层面看，全国精准脱贫任务完成后，从中央到地方对于脱贫后农户（实质上也构成农村相对贫困的主体）的返贫风险预防和推动其可持续发展的资源和政策的配置仍然秉承原有路径，由此造成条块分割、低效率、资源浪费，以及帮扶分散化不能形成合力，缺乏统一规划等特征明显。在绝对贫困治理阶段，因为存在专门的管理机构——各级扶贫办公室，行使监督和协调功能，设置了完整的追责否决机制，上述缺陷在一定程度上被抑制甚至掩盖。但精准脱贫后各级扶贫办公室在事实上被撤并到其他部门中去，其协调和监督功能已经名存实亡。

笔者在调查中也发现，浙江省从 2016 年开始进入相对贫困治理以来的实践证明，农村相对贫困治理过程中相关政策政出多门的情况导致缺乏统一规划、扶贫指向发生偏差情况时有发生。例如，有 A、B 两个部门都有扶贫资源和扶贫职责，同时有 C、D 两个扶贫对象，但两个部门所拥有的资源实力不同，假定 A＞B，两个扶贫对象需求（或者贫困

深度）不同，假定 C > D。按照现在公平帮扶的原则扶贫资源不能重复覆盖同一个对象，在实际操作中可能发生 A 帮扶了 D，而需求更大的 C 却只能得到 B 的帮扶，从而发生所谓"锦上添花"式的帮扶，而无法做到"雪中送炭"，结果可能侵害政府在百姓中的良好形象。另外，与扶贫相关的各部门对农村贫困治理效果的评价也存在差异。

综上所述，统一谋划实效性强的扶贫路径和战略，协调配置各类扶贫资源，确保农村相对贫困治理的长期有效，最终实现共同富裕目标，迫切需要在县域层面重建相对贫困治理专门机构，并依法赋予该机构统筹扶贫资源的权限，划归地方政府一级权力的领导和监督。

（五）科学设计相对贫困治理的保障政策体系

1. 推进治理体系现代化，为解决相对贫困提供制度保障

相对贫困不仅是社会现象，更是亟待解决的经济问题。浙江省扶贫减贫取得的巨大成就，得益于优厚经济基础上的强大制度优势。随着社会经济的发展，对相关制度和机制将提出新的更高要求。相对贫困问题的解决需要科学、完备和规范的制度支撑，更需要高水平的治理能力和治理效率支撑。推进治理体系的现代化，不仅是政府自身治理能力的体现，更需要社会整体协作。在提高质量与确保效率的前提下，充分发挥政府、企业、非营利组织等的作用。同时，积极围绕乡村振兴战略的总要求，完善促进农村经济、政治、文化等各方面协调发展的相应制度，统筹推进产业、人才、文化、生态、组织"五大振兴"，全面提高相对贫困人口的共享发展水平。

2. 深化市场经济体制改革，为解决相对贫困提供平台保障

贫困人口贫困的主要原因是自身劳动能力不足和技能缺失。而提升

贫困人口能力和技能的重点，是营造具有包容性与益贫性的就业环境，提高区域内部发展能力，强化产业和就业扶持，着重增加就业以提高收入。而增加就业、提高就业质量的关键在于充分发挥市场经济的灵活性、有效性。要不断深化市场经济体制改革，正确处理好政府与市场的关系，强化市场在资源配置中的主导地位。加快推进要素资源的市场化配置，实现要素自由流动。将劳动力市场改革作为重点，以保障劳动者平等就业的权利，并打破城乡、地域、行业分割和身份、性别歧视，使有能力在城镇稳定就业和生活的农民工有序实现市民化，以及农村居民就业稳定化。

3. 进一步完善社保体系建设，为解决相对贫困提供兜底保障

社会保障体系建设是解决相对贫困的重点和难点。首先，要加大基本公共服务投入力度，向相对贫困严重地区、薄弱环节、重点贫困人群倾斜；提供更多的劳动保护和福利、更充分的社会保险，切实发挥社会保障的收入再分配功能；建立更为及时的社会救助响应机制，从而为低收入贫困群体搭建更为完善的兜底保障网，提高落入相对贫困陷阱的抵抗能力，增强贫困地区人口的自行脱"困"能力和基础发展能力。其次，构建多层次的社会保障体制，覆盖城乡不同的相对贫困主体，减轻贫困群体负担；提供更充分更完善的综合性服务，满足其衣食住行的基本要求，并实行有针对性的差异化保障，为不同贫困群体提供相应保护。再次，加强社会保障的关键在于织密兜牢兜底保障网，提高贫困群体的抗风险能力。建立以市场与社会相互依托的补充保障机制，实现多层次的社会保障，通过城镇化建设使医疗、保险等基本公共服务不断拓展延伸，降低贫困地区的脆弱性。最后，完善社会保障的管理体制与运行机制，加强对社会保障具体政策措施落实到位的监督和管理，积极与乡村振兴战略有效衔接，进一步优化行政管理职能，实现适度集中、权责一致、高效协同。

4. 深化教育体制改革，为解决相对贫困提供智力保障

教育不仅能为人们提供知识和技能，提高人们的生存能力和生活质量，更会带来思想观念的改变和文化素养的提升。要紧密结合乡村振兴战略，全面深化教育体制改革。首先，以促进公平和提高质量为导向，深化义务教育改革，推进义务教育城乡和区域均衡化。适度增加农村教育经费支出，为农村地区引进更高质量、更高水平的教育师资力量，缩小城乡教育差距，确保教育公平和质量提升。其次，强化新发展理念，进一步完善职业培训体系和技能培训体系，通过政府与企业合力，为农户提供有关农业生产和农民创业的新技术、新本领，以达到扶持农民、发展农民的目的，进而造就更多新型职业农民。再次，要做好与乡村振兴战略的衔接，通过"内育"和"外引"，补足农村人才短板，培育出懂科技、懂管理、懂市场、懂法律的"新农人"，为乡村振兴提供人才支撑，为脱贫注入活力和动力。尤其要注重普及到相对贫困群体，鼓励他们积极参与技能学习、职业培训等，以增强自身水平和就业能力，为解决相对贫困提供智力支撑。

5. 加快数字乡村建设，为解决相对贫困提供技术保障

数字经济是浙江省高质量发展的"一号工程"和"第一动能"。2019 年浙江省数字经济总量达 2.7 万亿元，占 GDP 比重达 43.3%[①]。数字经济日益成为浙江省经济增长的主引擎、转型升级的主动能和创业创新的主阵地。而数字乡村战略则是实现乡村振兴的有力抓手，也是解决相对贫困的重要保障。有效衔接乡村振兴战略相关数字化建设规划，分类指导，梯次推进。数字乡村发展将为浙江省解决相对贫困提供坚实

---

① 资料来源：浙江省新型基础设施建设三年行动计划新闻发布会（https://www.zj.gov.cn/art/2020/7/9/art_1229630150_886.html.）。

的"数字＋"技术支撑，也将是浙江省在解决相对贫困方式上的新亮点。从浙江省的成功经验看，治理相对贫困，可以从以下方面设计具体政策，为相对贫困治理提供技术保障。

首先，要进一步推动数字化技术和产品进入乡村，实现农村数字产业化、产业数字化和治理数字化升级，实现乡村数字化振兴。以县级政府为例，加快相对落后地区农业物联网应用推广，提升农业信息化水平，加快智慧农业云平台、农产品网络销售和农村物流体系建设，推动农村电子商务发展迈上新台阶。

其次，完善数字化动态监测系统。脱贫群体由于病灾等偶发因素使脱贫效果不稳定，导致返贫风险较大，尤其以因病返贫最为明显。应通过云计算、大数据、人工智能方式，动态监测农业农村贫困群体现状及其变化，为解决相对贫困问题提供先导性指引。

最后，为贫困群体择业、就业提供更加丰富的数字化就业信息和就业渠道，包括引导他们积极参与相应的技能培训等，避免因贫困群体失业而导致返贫。

第十章 /

结论与展望

本章从七大方面简要总结了本项目研究的主要结论，阐述了值得进一步研究的两大问题：一是"共同富裕联合体"建设研究；二是如何推进相对贫困治理的立法研究。

一、主要研究结论

（一）相对贫困的实质是一种收入分配不均衡基础上的比较贫困

文献研究表明，相对贫困是伴随绝对贫困而存在的一种贫困状态，它不是一种生存贫困，它是个体或家庭的收入低于社会平均水平所表现出来一种贫困状态，具有一定的非经济视角性和主观性。相对贫困更多地表现为对自己生活状态不满的心理感受状态。相对贫困必定是长期存在和难以彻底消除的，具有动态性特征。我们针对浙江省农村的抽样调查研究也表明，农村相对贫困存在于每一个不同的地区。浙江省不同地区经济发达程度虽然各不相同，但各地区样本中认为自己仍然属于贫困的比例基本相近。因此，我们认为农村相对贫困本质上是一种收入分配不均衡基础上的比较贫困，具体表现为以自身对舒适生活状态的认知标准为依据，将现时自身的生活状态与自身的过去生活状态进行纵向比较和与生活区域内的他人生活状态进行横向比较，如果达不到认知标准，则认为自己处于贫困状态。

（二）相对贫困治理是一个长期的历史过程

一方面，由于农村相对贫困是一种比较贫困，具有"参照性"和"比较性"特征，而这种特征会随着经济社会的发展和个体认知水平的改变而发生变化，因此农村相对贫困现象将会长期存在；另一方面，根据文献研究和对浙江省样本的研究发现，农村相对贫困群体具有扶贫对象多元化、区域分布差异化、致贫因素复杂化、治理任务高标化、相对贫困人口分散化和高流动性、内生发展动力不足等特征，这些特征也给相对贫困治理带来了巨大的困难。

（三）相对贫困的成因是多元的且各地的表现方式有明显差异性

相对贫困与绝对贫困的成因既有相同性又有差异性，精准脱贫在一定意义上把绝对贫困群体转化成了相对贫困群体，城乡一体化使大量农村相对贫困人口分散分布，容易成为相对贫困治理的"盲区"。文献研究表明，相对贫困的类别至少表现为六种，即收入型、能力型、资源型、权利型、精神型和机遇型相对贫困；相对贫困产生原因既有与绝对贫困相似的交换权利的恶化、社会剥夺、知识性贫困、制度结构等因素，也有中国特色的特殊成因，如脆弱的生态环境、薄弱的农业基础设施、不够健全的特色产业体系、区域政策、社会因素，以及由思想素质和自身条件等构成的个人因素等；各地相对贫困的形成机理也各有差异。

对浙江省样本的调查研究表明，户主个体及家庭特征、经济状况及物质资本、人力资本及社会资本维度、乡村区位及产业发展状况对浙江省农村相对贫困有不同影响，其中户主年龄与相对贫困发生率之间呈现正向关系，而户主年龄的平方与相对贫困发生率呈现负向关系；家庭人口规模与相对贫困的发生率之间呈现正向关系；物质资本固定资产的拥有量与农村家庭陷入相对贫困的概率之间呈现正向关系；收入主要来自农业的家庭要比收入主要来自非农业的家庭更易陷入相对贫困；农村劳动力的非农就业对降低农村家庭贫困发生率有积极作用；户主自评的健康状况不好、受教育程度较低且家庭中没有具备专业技能的劳动力更容易陷入贫困；非党员或乡村干部家庭比党员或乡村干部家庭陷入相对贫困的概率更高；没有重要社会关系的家庭要比具有重要社会关系的家庭更容易陷入相对贫困；农村居民家庭距乡镇政府的距离与家庭陷入相对贫困的概率呈现正相关关系等。

（四）农村相对贫困的识别是一个复杂的系统工程

农村相对贫困的主观性、比较性、长期性和表现的差异性，农村相对贫困产生原因的多样性和影响因素的复杂性，相对贫困测度方法的多样性、测度指标的多维性，以及农村相对贫困线确定的艰难性等多重因素，决定了农村相对贫困的识别将是一个复杂的系统工程。识别系统构建的复杂性还体现在系统构建的基础条件不够完备，如缺乏相关的支持政策和文件、城乡二元结构还未彻底消除、相对贫困群体的整体内生动力不足等。

（五）政府与市场、社会力量共同努力是解决农村相对贫困的关键

中国于 2020 年底完成精准脱贫工作，最根本的原因是得益于数十年的扶贫工作中始终贯彻政府为主导、社会力量共同参与的扶贫机制，其中政府主导起着关键作用。在相对贫困治理过程中，政府是否依然是农村相对贫困治理的主导力量？本项目的县域样本案例研究表明，在农村相对贫困治理过程中，政府与市场可以共同努力，治理效果会更好。在现代社会中，作为社会管理者必须具备开放的理念和法制的思维，要善于运用"市场"和其他社会力量，才能把工作做得更好。在农村相对贫困治理过程中，既要善于运用行政的手段，借助"政府"的力量，顺势而为、借势发展，又要善于发挥市场和其他社会力量的作用，合理配置资源，提高资源效率，避开先发地区工业发展带来的负面结果。武义县正是用好了"两只手"，正确处理了经济发展、城市建设、乡村振兴等各种矛盾，克服各种困难，取得许多骄人业绩，为农民持续增收奠定了坚实的经济基础。

（六）产业振兴始终是农村相对贫困治理的最根本路径

相对贫困治理与绝对贫困治理的共同之处是要想方设法增加贫困人口的经济收入。一方面，对于有工作能力的贫困人口而言，收入的获取不能完全依靠国家的分配，而要让贫困人口有可以充分就业的岗位；另一方面，国家财政收入的增加也需要以实体经济发展作为支撑。因此，只有产业振兴才是治理相对贫困的根本路径。本项目研究的县域案例也充分证明了产业振兴对于武义县精准脱贫后相对贫困治理取得成就的原因。武义县在完成精准脱贫后，用了将近 20 年的时

间专心培育和发展适合武义县实际的产业，这些产业包括工业园区、乡村旅游产业、超市经济和生态农业产业。正是这些产业的振兴，确保了武义县农村经济的持续发展、农村居民收入的快速增长、城乡居民收入差距的局部缩小。

（七）农村相对贫困治理与实现共同富裕之间存在共通性

我们认为农村相对贫困实质上是一种发展基础上的比较贫困，这种比较有多个方面，其中最主要的是区域比较差异、城乡比较差异和收入比较差异，农村相对贫困治理的主要任务就是通过各种路径促进农村经济发展，带动乡村全方位的进步，最终实现乡村现代化来缩小"三大差距"；而实现共同富裕目标，最根本的任务之一也是缩小甚至消除"三大差距"。因此，农村相对贫困治理与实现共同富裕之间存在目标交集，有了共通性，在一定意义上两大任务可以同时推进。

二、进一步研究展望

本项目研究虽然取得了一定的研究成果，但中国社会经济的快速发展，不断提出新的课题。由于我们的研究能力所限，很多问题未能进行很深刻地探讨，颇为遗憾。在未来的相关研究中至少有以下问题值得进一步深入探讨。

（一）"共同富裕联合体"建设研究

从短期来看，农村相对贫困治理的重点是如何快速提高处于发展弱势地位的农村相对贫困农户的收入水平，首先完成缩小农户的城乡收入差距目标。适逢中国在浙江省开展了共同富裕社会建设试点，浙江省各地在实践上探索的"共同富裕联合体"（以下简称共富联合体）模式在一定程度上可以起到共富的目的，但对于共富联合体的相关研究，诸如共富联合体的内涵、相关理论支撑、构成要件、特征、组织模式、运行机制、保障条件等方面还比较欠缺。因此，这是一个值得进一步探讨的方向。

（二）如何推进相对贫困治理的立法

相对贫困的治理是一个长期和动态发展的过程，本书仅重点探讨精准脱贫后的农村相对贫困问题，但实际上随着城镇化的快速推进，农村的相对贫困农户已经大量转移到城镇之中，事实上已经构成了城镇相对贫困的主要部分之一。因此，从长期来看，中国相对贫困的治理将更为复杂、时间更长，过去运动式贫困治理方法将无法应对新的局面，相对贫困治理必须是规范化、制度化的治理。所以，如何通过立法来规范相对贫困治理的路径、政策，确保相对贫困治理的长期性、有效性、连续性、制度性，是一个值得进一步探讨的问题。

附录 1

浙江省乡村社会调研

尊敬的居民朋友：

　　您好！我们是浙江师范大学社会实践调研团队，为了更加全面了解浙江省农村居民的相对贫困状况，我们组织了这次对浙江省农村居民的大型调查。该问卷数据不用填写姓名，仅用于统计分析，您可以根据自己的实际情况如实填写。恳请得到您的支持与协助。

浙江师范大学社会实践调研团队
2019 年 7 月

一、个人及家庭基本特征

A1. 被调查者来自浙江省哪个市的农村地区？

□ 杭州　　□ 宁波　　□ 温州　　□ 嘉兴　　□ 湖州　　□ 绍兴
□ 金华　　□ 衢州　　□ 舟山　　□ 台州　　□ 丽水

A2. 户主年龄：_____

A3. 户主婚姻状况：

□ 已有配偶　　　　　□ 无配偶（丧偶、离婚、未婚）

A4. 家庭人口规模（不包括已经成家单独独立出去的子女）：

□ 1 人　　□ 2 人　　□ 3 人　　□ 4 人　　□ 5 人　　□ 6 人

□ 6 人以上

A5. 子女数量：

□ 无　　　□ 1 人　　　□ 2 人　　　□ 3 人　　　□ 4 人　　　□ 5 人

□ 6 人　　　□ 6 人以上

A6. 劳动力数量：

□ 无　　　□ 1 人　　　□ 2 人　　　□ 3 人　　　□ 4 人　　　□ 5 人

□ 6 人　　　□ 6 人以上

A7. 家庭年总收入：

□ 3 万元以下　　　　　□ 3 万～5 万元　　　　　□ 5 万～7 万元

□ 7 万～10 万元　　　　□ 10 万元以上

A8. 家庭年总消费支出：

□ 2 万元以下　　　　　□ 2 万～3.5 万元　　　　□ 3.5 万～5 万元

□ 5 万～7 万元　　　　□ 7 万元以上

A9. 家庭是否有固定资产（包括汽车、除自住以外的其他房产、可供出租的仓库、大型农业机械及其他与生产经营有关的设备、器具等）：

□ 是　　　　　　　　　□ 否

A10. 家庭收入来源：

□ 纯农（90% 以上的收入来自农业）

□ 以农业为主（涉农收入在［50%～90%］）

□ 以非农业为主（非农收入在［50%～90%］）

□ 纯非农（90% 以上的收入来自非农）

A11. 家庭成员是否都有医疗保险或养老保险：

□ 是　　　　　　　　　□ 否

A12. 户主自评健康状况：

□ 很健康　　　　　　　　　　　□ 比较健康，无大病

□ 患病，但可独自外出　　　　　□ 病情较重，行动不便

二、受教育状况及社会关系

B1. 户主受教育程度：

☐ 文盲半文盲　　　　☐ 小学　　　　　　☐ 初中

☐ 高中/中专　　　　☐ 大专及以上

B2. 家中是否有专业技能的劳动力：

☐ 是　　　☐ 否

B3. 家中是否有接受过职业教育包括职业技能培训的劳动力：

☐ 是　　　☐ 否

B4. 是否是党员或乡村干部家庭：

☐ 是　　　☐ 否

B5. 家庭是否存在具有重要社会关系的成员（具有较强的社会动员能力或较广泛的社会人脉关系）：

☐ 是　　　☐ 否

B6. 户主自评所在家庭在当地的社会地位（等级为 1~5 分，分数越高，社会地位越高）：

☐ 1　　　☐ 2　　　☐ 3　　　☐ 4　　　☐ 5

三、乡村区位及产业发展状况

C1. 距乡镇政府驻地的距离：

☐ ≤5 千米　　　　☐ 5~10 千米　　　　☐ ≥10 千米

C2. 距县城的距离：

☐ ≤20 千米　　　　☐ >20 千米

C3. 是否参加特色产业合作社：

☐ 是　　　☐ 否

C4. 当地是否开展乡村旅游：

☐ 是　　　☐ 否

四、家庭生活条件

D1. 饮用水源是否有污染或饮水困难（不能饮用自来水、水厂水或不能饮用地下水小于 5 米者均视为饮水困难）：

□ 是　　　　□ 否

D2. 是否使用室内或室外冲水厕所：

□ 是　　　　□ 否

D3. 主要炊用能源是否为液化气、天然气、电等清洁能源：

□ 是　　　　□ 否

D4. 家中是否都有彩电、洗衣机、冰箱、空调中的任意三样：

□ 是　　　　□ 否

D5. 家庭年总收入（必填）：＿＿＿＿＿＿＿＿＿＿元

D6. 家庭年总消费支出（必填）：＿＿＿＿＿＿＿＿＿＿元

附录 2

浙江省农村居民相对贫困状况调查

尊敬的居民朋友：

您好！我们是浙江师范大学"精准脱贫后相对贫困的识别与治理研究"课题组调研团队，为了更加深入了解浙江省农村居民的相对贫困状况，我们组织了这次针对浙江省农村居民户的大型调查。问卷采用匿名填写形式，数据仅用于统计分析，您可以根据实际情况如实填写。万分感谢您的支持与帮助！

浙江师范大学课题组调研团队

2020 年 7 月

A1. 被调查者来自浙江省哪个市的农村地区？

□ 杭州　　□ 嘉兴　　□ 湖州　　□ 绍兴　　□ 宁波　　□ 台州

□ 舟山　　□ 温州　　□ 金华　　□ 衢州　　□ 丽水

A2. 家庭户主年龄？_____岁。

1. 您家中共有几口人（指同居共食的家庭成员人数）？_____人。

2. 您家中有几代人（指同居共食的家庭成员代数）？_____代。

3. 您家中 0 ~ 6 岁小孩个数？_____个。

4. 您家中 65 岁以上老人几人？_____人。

5. 您家中正接受高中及以上教育的学生人数？_____人。

6. 您家中过去一年从事农业生产经营活动超过 10 天的成员人数？
_____人。

7. 您家中上周工作（包括挣工资工作、从事个体、私营经济活动或不拿工资为家庭经营活动帮工）至少 1 小时的成员人数？ _____人。

8. 过去一年中，您家中从事农业生产经营活动的成员是否兼职非农工作（非农工作指挣工资工作、从事个体、私营经济活动或不拿工资为家庭经营活动帮工）？

A. 是 　　　　　　　　B. 否

9. 您家中是否由祖辈帮助照料孙子女（或外孙子女）？

A. 是 　　　　　　　　B. 否

10. 您家中因生病或受伤无法正常工作、上学和生活的成员人数？
_____人。

11. 您家中上一年度人均纯收入是否低于 12000 元？

A. 是 　　　　　　　　B. 否

12. 您家中劳动力受教育程度最低的成员是否完成小学阶段教育（劳动力指第 6 题、第 7 题统计的家庭成员）？

A. 是 　　　　　　　　B. 否

13. 您家中是否有 15～22 岁青少年未入学（不在读书）的情况？

A. 是 　　　　　　　　B. 否

14. 您家中是否有一个及以上成员未购买任何一种医疗保险［医疗保险指商业医疗、公费医疗、城镇职工（居民）基本医疗保险、城乡居民基本医疗保险］？

A. 是 　　　　　　　　B. 否

15. 您家中是否至少有一台可以上网的计算机？

A. 是 　　　　　　　　B. 否

16. 您家中是否平均至少每人 1 部可以上网的移动电话？

A. 是 　　　　　　　　B. 否

17. 您家中家庭成员人均住房面积是否低于 30 平方米（住房包括自有产权房、公/廉租房）?

A. 是   B. 否

18. 您家中家庭成员名下是否至少有一辆生活用机动车辆（包括家用汽车、摩托车）?

A. 是   B. 否

19. 您家中是否拥有全部的日常家用电器（包括彩电、冰箱、洗衣机、热水器、空调五种，如果没有其中任何一种，请选择"否"）

A. 是   B. 否

20. 您家所在的村，是否有生活垃圾分类?

A. 是   B. 否

参 考 文 献

[1] 阿马蒂亚·森. 贫困与饥荒—论权利与剥夺 [M]. 北京: 商务印书馆, 2001.

[2] 阿马蒂亚·森. 以自由看待发展 [M]. 北京: 中国人民大学出版社, 2002.

[3] 鲍莹莹. 健康冲击、劳动参与对农村家庭福利水平的影响——基于中国家庭收入调查 (CHIP) 2013 年数据的实证分析 [J]. 经济经纬, 2020, 37 (2): 44 –51.

[4] 蔡玲. 论清除绝对贫困减少相对贫困——基于实证的角度提出政策化建议 [J]. 现代商贸工业, 2013 (6): 35 –36.

[5] 曹晨, 甄峰, 汪侠, 等. 基于结构方程模型的南京市就业者通勤行为特征对健康的影响研究 [J]. 地理科学进展, 2020, 39 (12): 2043 –2053.

[6] 车四方, 谢家智, 姚领. 社会资本、农村劳动力流动与农户家庭多维贫困 [J]. 西南大学学报 (社会科学版), 2019, 45 (2): 61 –73.

[7] 陈芳妹, 龙志和. 相对贫困对农村劳动力迁移决策的影响研究——来自江西的经验分析 [J]. 南方经济, 2006 (10): 62 –68.

[8] 陈书. "增长性贫困" 与收入分配差异研究 [D]. 重庆: 重庆大学, 2012.

[9] 陈志钢, 毕洁颖, 吴国宝, 等. 中国扶贫现状与演进以及 2020 年后的扶贫愿景和战略重点 [J]. 中国农村经济, 2019 (1): 2 –

16.

　　[10] 陈宗胜, 沈扬扬, 周云波. 中国农村贫困状况的绝对与相对变动——兼论相对贫困线的设定 [J]. 管理世界, 2013 (1): 67 – 75.

　　[11] 丁赛. 农村家庭特征对收入贫困标准的影响——基于主观贫困的研究视角 [J]. 中央民族大学学报 (哲学社会科学版), 2019, 46 (1): 77 – 85.

　　[12] 董金鹏. 多维视角下我国相对贫困的测度与分析 [D]. 南昌: 江西财经大学, 2021.

　　[13] 董晓波, 袁媛, 杨立雄. 英国贫困线发展研究 [J]. 世界农业, 2016 (9): 174 – 178.

　　[14] 董志勇, 韩旭, 黄迈. 家庭结构、生产活动与农户储蓄行为 [J]. 经济科学, 2011 (6): 103 – 116.

　　[15] 杜鹏, 李永萍. 新三代家庭: 农民家庭的市场嵌入与转型路径——兼论中国农村的发展型结构 [J]. 中共杭州市委党校学报, 2018 (1): 56 – 67.

　　[16] 方迎风, 周少驰. 多维相对贫困测度研究 [J] 统计与信息论坛, 2021 (6): 21 – 30.

　　[17] 斐欧娜·戴佳恩. 美国和英国的社会阶级 [M]. 姜辉, 译. 重庆: 重庆出版社, 2010.

　　[18] 费孝通. 论中国家庭结构的变动 [J]. 天津社会科学, 1982 (3): 2 – 6.

　　[19] 费孝通. 三论中国家庭结构的变动 [J]. 北京大学学报 (哲学社会科学版), 1986 (3): 3 – 7.

　　[20] 冯素杰, 陈朔. 论经济高速增长中的相对贫困 [J]. 现代财经 (天津财经大学学报), 2006 (1): 78 – 81.

　　[21] 付琳赟. 相对剥夺感视角下的三峡库区城镇移民生存状态研究——云阳县莲花市场和水库路的个案分析 [J]. 科技与企业, 2012

(21)：230 – 231.

[22] 高明. 什么样的农户更容易贫困——家庭结构视角下的多维贫困精准识别研究 [J]. 现代经济探讨，2018（2）：100 – 107.

[23] 高强，孔祥智. 论相对贫困的内涵、特点难点及应对之策 [J]. 新疆师范大学学报（哲学社会科学版），2020，41（3）：120 – 128，2.

[24] 高艳云，马瑜. 多维贫困测度方法比较及其展望 [J]. 兰州商学院学报，2014，30（4）：108 – 113.

[25] 龚华. 从单维到多维视角下我国农村相对贫困测度与比较研究 [D]. 南京：南京财经大学，2019.

[26] 郭君平，谭清香，曲颂. 进城农民工家庭贫困的测量与分析——基于“收入—消费—多维”视角 [J]. 中国农村经济，2018（9）：94 – 109.

[27] 郭庆方. 中国相对贫困农户脱贫机制及其政策选择 [J]. 中国社会科学院研究生院学报，2007（1）：35 – 39.

[28] 郭熙保. 论贫困概念的内涵 [J]. 山东社会科学，2005（12）：49 – 54，19.

[29] 何莉琼. 共同富裕目标下农村相对贫困治理的三重逻辑 [J]. 北方论丛，2024（3）：23 – 32.

[30] 何思好. 家庭结构视角下移民贫困脆弱性及后期扶持益贫性优化研究——基于长江上游库区 386 户农村移民实地调查 [J]. 软科学，2019，33（10）：139 – 144.

[31] 贺立龙，杨祥辉，朱方明. 异质农户脱贫生计选择的城乡偏向——一个信息视角 [J]. 财经科学，2020（5）：106 – 118.

[32] 洪华喜，马骏. 中国区域经济运行·模式·比较 [M]. 昆明：云南大学出版社，1996.

[33] 胡春丽. 乡村旅游扶贫的实践依据和驱动机制 [J]. 农业经

济，2018（3）：76 - 77.

[34] 黄金玲，廖娟. 残疾与贫困：基于等价尺度的再分析 [J].
人口与发展，2018，24（6）：95 - 108.

[35] 黄征学，高国力，滕飞，等. 中国长期减贫，路在何
方？——2020 年脱贫攻坚完成后的减贫战略前瞻 [J]. 中国农村经济，
2019（9）：2 - 14.

[36] 黄忠晶."绝对贫困与相对贫困"辨析 [J]. 天府新论，2004
（2）：76 - 77.

[37] 霍艳丽，童正容. 从制度因素视角分析我国的相对贫困现象
[J]. 技术与市场，2005（4）：41 - 42.

[38] 霍增辉，张玫，吴海涛. 基于项目反应理论的农户相对贫困
测度研究——来自浙江农村的经验证据 [J]. 农业经济问题，2020
（7）：57 - 66.

[39] 纪德尚. 世纪之交中国经济增长与社会发展的问题研究
[M]. 西安：陕西人民出版社，1998.

[40] 纪永茂. 富裕村里相对贫困户的现状及其帮贫赶富对策 [J].
中国农村观察，1995（4）：57 - 59.

[41] 江克忠，刘生龙. 收入结构、收入不平等与农村家庭贫困
[J]. 中国农村经济，2017（8）：75 - 90.

[42] 姜辉. 美国和英国的社会阶级 [M]. 重庆：重庆出版社，
2010.

[43] 蒋南平，郑万军. 中国农村人口贫困变动研究——基于多维
脱贫指数测度 [J]. 经济理论与经济管理，2019（2）：78 - 88.

[44] 蒋南平，郑万军. 中国农民工多维返贫测度问题 [J]. 中国
农村经济，2017（6）：58 - 69.

[45] 金中梁. 浙江武义：从下山脱贫到乡村振兴 [M]. 北京：经
济科学出版社，2022.

[46] 匡远配，肖叶．贫困治理的质态转轨：多元逻辑与现代化进路 [J]．经济学家，2021（9）：69－77．

[47] 雷霆，张浩帆．中国农村多维贫困测算与结构分解——基于 CFPS2018 的实证研究 [J]．社会保障研究，2021（4）：78－86．

[48] 李炳炎，王冲．包容性增长：基于相对贫困视角下的探析 [J]．探索，2012（6）：87－92．

[49] 李超．老龄化、抚幼负担与微观人力资本投资——基于 CFPS 家庭数据的实证研究 [J]．经济学动态，2016（12）：61－74．

[50] 李洪，蒋龙志，何思好．农村相对贫困识别体系与监测预警机制研究——来自四川省×县的数据 [J]．农村经济，2021（11）：69－78．

[51] 李江一．农地确权对农民非农业劳动参与的影响 [J]．经济科学，2020（1）：113－126．

[52] 李强．绝对贫困与相对贫困 [J]．中国社会工作，1996（5）：18－19．

[53] 李青丽．建立健全西北贫困地区文献信息保障机制 [M]．乌鲁木齐：新疆科学技术出版社，2007．

[54] 李权超，陆旭．老年健康促进 [M]．北京：军事医学科学出版社，1999．

[55] 李盛基，吕康银，朱金霞．财政支出、经济增长与农村贫困——基于 1990～2008 年时间序列数据的实证分析 [J]．东北师大学报（哲学社会科学版），2014（3）：100－104．

[56] 李石新．中国经济发展对农村贫困的影响研究 [M]．北京：中国经济出版社，2010．

[57] 李实，沈扬扬．建立扶贫长效机制应稳定实现七个转变 [J]．国家治理，2020，10（3）：45－48．

[58] 李树苗，梁义成，Marcus W Feldman，等．退耕还林政策对

农户生计的影响研究——基于家庭结构视角的可持续生计分析 [J]. 公共管理学报, 2010, 7 (2): 1 - 10, 122.

[59] 李树茁, 王欢. 家庭变迁、家庭政策演进与中国家庭政策构建 [J]. 人口与经济, 2016 (6): 1 - 9.

[60] 李松有. 打赢脱贫攻坚战后农村贫困治理的优化与升级——基于嵌入式农村扶贫实践经验及嵌入行为治理的思考 [J]. 西部论坛, 2020, 30 (3): 27 - 35.

[61] 李小云, 苑军军, 于乐荣. 论 2020 后农村减贫战略与政策: 从 "扶贫" 向 "防贫" 的转变 [J]. 农业经济问题, 2020 (2): 15 - 22.

[62] 李永萍. 功能性家庭: 农民家庭现代性适应的实践形态 [J]. 华南农业大学学报 (社会科学版), 2018, 17 (2): 44 - 60.

[63] 李永萍. 家庭发展能力: 农村家庭策略的比较分析 [J]. 华南农业大学学报 (社会科学版), 2019, 18 (1): 108 - 120.

[64] 李永友, 沈坤荣. 财政支出结构、相对贫困与经济增长 [J]. 管理世界, 2007 (11): 14 - 26.

[65] 李月, 成前, 闫晓. 女性劳动参与降低了生育意愿吗? ——基于子女照护需要视角的研究 [J]. 人口与社会, 2020, 36 (2): 90 - 99.

[66] 李祯. 甘肃农村地区相对贫困人口精准识别及长效治理机制研究——基于定西市安定区的调查 [J]. 甘肃理论学刊, 2021, 9 (5): 19 - 29.

[67] 厉以宁. 厉以宁经济史文集工业化和制度调整西欧经济史研究 [M]. 北京: 商务印书馆, 2015.

[68] 梁土坤. 反贫困政策、家庭结构与家庭消费能力——基于六省城乡低收入家庭调查微观数据的实证分析 [J]. 贵州社会科学, 2019 (6): 158 - 168.

[69] 林卡. 绝对贫困、相对贫困以及社会排斥 [J]. 中国社会保障, 2006 (2): 25 - 26.

［70］林闽钢，张瑞利．农村贫困家庭代际传递研究——基于 CHNS 数据的分析［J］．农业技术经济，2012（1）：29－35.

［71］林擎国．社会和人口统计分析概论［M］．北京：中国统计出版社，1994.

［72］刘欢．从绝对到相对转变视域下的中国农村脱贫新探析——基于精准扶贫背景的分析［J］．软科学，2017（5）：11－15.

［73］刘建华．贫困问题的社会制度分析［J］．当代经济研究，2005（10）：14－17.

［74］刘建华，张云松．节约型社会辞典［M］．北京：中国财政经济出版社，2006.

［75］刘升．家庭结构视角下的“半工半耕”及其功能［J］．北京社会科学，2015（3）：75－81.

［76］刘魏，王小华．农地流转的多维减贫效应及其异质性研究［J］．宏观质量研究，2019，7（3）：51－65.

［77］刘一伟，刁力．社会资本、非农就业与农村居民贫困［J］．华南农业大学学报（社会科学版），2018，17（2）：61－71.

［78］刘愿理，廖和平，李靖，等．后 2020 时期农户相对贫困测度及机理分析——以重庆市长寿区为例［J］．地理科学进展，2020（6）：960－971.

［79］刘宗飞，姚顺波，渠美．吴起农户相对贫困的动态演化：1998～2011［J］．中国人口·资源与环境，2013（3）：56－62.

［80］刘宗飞，赵伟峰．农户资源禀赋对相对贫困的影响［J］．安徽科技学院学报，2016，30（4）：79－86.

［81］龙莹，袁嫚．隔代照料对中老年人劳动参与的影响——基于中国健康与养老追踪调查的实证分析［J］．南京财经大学学报，2019（4）：58－67.

［82］卢洪友，余锦亮，杜亦譞．老年父母照料家庭与成年子女劳

动供给——基于 CFPS 微观数据的分析［J］. 财经研究，2017，43（12）：4 - 16.

［83］卢黎歌，武星星. 后扶贫时期推进脱贫攻坚与乡村振兴有机衔接的学理阐释［J］. 当代世界与社会主义，2020（2）：89 - 96.

［84］陆汉文，杨永伟. 从脱贫攻坚到相对贫困治理：变化与创新［J］. 新疆师范大学学报（哲学社会科学版），2020，41（5）：86 - 94，2.

［85］吕秀芬，麦强盛，李谦，等. 相对贫困治理研究的一个方向：农户生计资本分形研究［J］. 科学与管理，2019，39（3）：16 - 23.

［86］栾文敬，欧淑玲. 相对贫困精准识别中的社会工作介入：优势、困境与优化［J］. 华北电力大学学报（社会科学版），2021（6）：1 - 9.

［87］罗秀秀. 中国农村居民家庭贫困的多维模糊测度及代际性原因研究［D］. 安徽：安徽财经大学，2016.

［88］罗震东，夏璐，耿磊. 家庭视角乡村人口城镇化迁居决策特征与机制——基于武汉的调研［J］. 城市规划，2016，40（7）：38 - 47，56.

［89］骆祚炎. 利用线性支出系统 ELES 测定贫困线的实证分析——兼比较几种贫困标准［J］. 当代财经，2006（3）：5 - 10.

［90］马莉，王广斌. 多维相对贫困测度及反贫长效机制研究——以沁水县为例［J］. 江西农业学报，2021，33（8）：118 - 124.

［91］马莉，王广斌. 乡村振兴战略背景下相对贫困长效治理机制构建研究［J］. 湖北农业科学，2021，60（18）：212 - 216.

［92］毛广雄. "苏南模式"城市化进程中的农村相对贫困问题［J］. 人口与经济，2004（6）：7 - 11.

［93］默顿. 社会理论和社会结构（2 版）［M］. 南京：译林出版社，2015.

［94］潘允康. 关于家庭和家庭结构研究［J］. 社会，1984（5）：

10 - 14.

［95］彭继权，吴海涛，汪为. 家庭生命周期视角下农户多维贫困测度及分解［J］. 统计与决策，2019，35（12）：45 - 49.

［96］彭争呈，邹红，何庆红. 社会托幼资源、隔代照料与中老年人劳动参与［J］. 财经科学，2019（12）：53 - 66.

［97］秦建军，戎爱萍. 财政支出结构对农村相对贫困的影响分析［J］. 经济问题，2012（11）：95 - 98.

［98］曲延春. 农村相对贫困治理：测度原则与路径选择［J］. 理论学刊，2021（7）：142 - 149.

［99］邵峰. 减缓相对贫困的浙江探索［J］. 今日浙江，2013（18）：28.

［100］沈可，章元，鄢萍. 中国女性劳动参与率下降的新解释：家庭结构变迁的视角［J］. 人口研究，2012，36（5）：15 - 27.

［101］石金群. 家庭代际关系与贫困——基于民族村扶贫实践的实证研究［J］. 中央民族大学学报（哲学社会科学版），2019，46（1）：49 - 57.

［102］世界银行. 2000/2001 年世界发展报告［M］. 北京：中国财政经济出版社，1980.

［103］舒丽瑰. 上海浙江湖北三地农民城市化的不同实践路径［J］. 城市问题，2019（3）：84 - 92.

［104］宋福忠，许鲜苗，赵洪彬. 重庆市相对贫困地区统筹城乡发展困难与措施研究［J］. 重庆大学学报（社会科学版），2010（5）：18 - 24.

［105］宋健，王记文，秦婷婷. 孙子女照料与老年人就业的关系研究［J］. 人口与经济，2018（3）：92 - 103.

［106］苏群，李潇，常雪. 家庭劳动、家庭结构与农村已婚女性劳动参与——基于 CHNS 的面板数据分析［J］. 农林经济管理学报，

2020，19（2）：227 - 234.

　　［107］孙久文，夏添．中国扶贫战略与 2020 年后相对贫困线划定——基于理论、政策和数据的分析［J］．中国农村经济，2019（10）：98 - 113.

　　［108］孙久文，张倩．2020 年后我国相对贫困标准：经验、实践与理论构建［J］．新疆师范大学学报（哲学社会科学版），2021（7）：79 - 91.

　　［109］唐钧．中国城市居民贫困线研究［M］．上海：上海社会科学院出版社，1998.

　　［110］唐任伍，肖彦博，唐常．后精准扶贫时代的贫困治理——制度安排和路径选择［J］．北京师范大学学报（社会科学版），2020（1）：133 - 139.

　　［111］陶婧．多维贫困视角下农村相对贫困的测度研究——基于 CFPS2018 的实证研究［D］．南昌：江西财经大学，2021.

　　［112］田一苗．贫困线的变迁和测量：从绝对贫困到相对贫困［J］．统计与管理，2017（1）：87 - 88.

　　［113］同春芬，张浩．关于相对贫困的研究综述［J］．绥化学院学报，2015，35（8）：14 - 19.

　　［114］童星，林闽钢．我国农村贫困标准线研究［J］．中国社会科学，1994（3）：86 - 98.

　　［115］图特维特．挪威社会工作［M］．北京：中国社会出版社，2009.

　　［116］汪晨，万广华，吴万宗．中国减贫战略转型及其面临的挑战［J］．中国工业经济，2020（1）：5 - 23.

　　［117］汪三贵，胡骏．从生存到发展：新中国七十年反贫困的实践［J］．农业经济问题，2020（2）：4 - 14.

　　［118］汪三贵，曾小溪．后 2020 贫困问题初探［J］．河海大学学

报（哲学社会科学版），2018，4（2）：7－13，89.

[119] 汪燕敏. 居民健康对我国农村相对贫困影响的实证研究
[J]. 卫生软科学，2009（4）：399－401.

[120] 王翠翠，夏春萍，蔡轶，等. 几种贫困线测算方法的比较
分析与选择 [J]. 新疆农垦经济，2018（4）：79－85.

[121] 王国敏，何莉琼. 我国相对贫困的识别标准与协同治理
[J]. 新疆师范大学学报（哲学社会科学版），2021（5）：100－111.

[122] 王国敏，侯守杰. 后小康时代中国相对贫困的特征、难点、
标准识别及应对之策 [J]. 内蒙古社会科学，2021（3）：106－113.

[123] 王来华. "社会排斥"与"社会脱离" [J]. 理论与现代化，
2005（5）：59－64.

[124] 王倩，李建辉. 教育扶贫政策的历史演变、经验启示与未
来接续 [J]. 教育评论，2021（10）：10－17.

[125] 王卫东. 结构方程模型原理与应用 [M]. 北京：中国人民
大学出版社，2010.

[126] 王文略，朱永甜，黄志刚，等. 风险与机会对生态脆弱区
农户多维贫困的影响——基于形成型指标的结构方程模型 [J]. 中国农
村观察，2019（3）：64－80.

[127] 王文涛. 农村社会结构变迁背景下的社会资本转换与农户
收入差距 [D]. 重庆：西南大学，2017.

[128] 王向阳. 劳动力结构、家庭资源配置与农民家庭再生产——
基于农民家庭"积累—消费"结构的分析框架 [J]. 南京农业大学学报
(社会科学版)，2019，19（5）：64－73，156－157.

[129] 王小林，Sabina Alkire. 中国多维贫困测量：估计和政策含
义 [J]. 中国农村经济，2009（12）：4－10，23.

[130] 王小林，冯贺霞. 2020年后中国多维相对贫困标准：国际经
验与政策取向 [J]. 中国农村经济，2020（3）：2－21.

［131］王跃生．中国城乡家庭结构变动分析——基于2010年人口普查数据［J］．中国社会科学，2013（12）：60－77，205－206．

［132］王政武，赵美荣，陈春潮．后脱贫时代构建解决相对贫困长效机制的现实困境与战略转型——基于广西的考察［J］．江苏师范大学学报（哲学社会科学版），2021，9（5）：64－75．

［133］王志标．阿马蒂亚·森的贫困思想述评［J］．北京工业大学学报（社会科学版），2005（3）：5－10．

［134］魏月皎，葛深渭．相对贫困理论及其治理对策的研究进展［J］．贵州师范大学学报（社会科学版），2020（3）：76－86．

［135］魏月皎．精准脱贫后浙江农村相对贫困影响因素分析［D］．金华：浙江师范大学，2020．

［136］文雁兵．包容性增长减贫策略研究［J］．经济学家，2015（4）：82－90．

［137］乌德亚·瓦格尔，刘亚秋．贫困再思考：定义和衡量［J］．国际社会科学杂志（中文版），2003（1）：146－155．

［138］吴海涛．贫困动态性理论与实证［M］．武汉：武汉大学出版社，2013．

［139］吴靖南．乡村旅游精准扶贫实现路径研究［J］．农村经济，2017（3）：99－103．

［140］吴振磊，王莉．我国相对贫困的内涵特点、现状研判与治理重点［J］．西北大学学报（哲学社会科学版），2020（4）：16－25．

［141］习近平．在全国脱贫攻坚总结表彰大会上的讲话［N］．人民日报，2021－02－26（1）．

［142］席雪红．河南省农村居民相对贫困动态演化的实证研究［J］．安徽农业科学，2012（18）：9933－9935．

［143］向德平，向凯．多元与发展：相对贫困的内涵及治理［J］．华中科技大学学报（社会科学版），2020，34（2）：31－38．

［144］解安，侯启缘.中国相对贫困多维指标建构——基于国际比较视角［J］.河北学刊，2021（1）：133－139.

［145］解垩.农村家庭的资产与贫困陷阱［J］.中国人口科学，2014（6）：71－83，127－128.

［146］辛秋水.辛秋水文集（上卷）［M］.北京：中国科学社会出版社，2013.

［147］辛远.促进农村居民走向共同富裕：重大意义、现实挑战和实现路径［J］.河北农业大学学报（社会科学版），2024（1）：9－18.

［148］胥爱贵.探索建立缓解相对贫困的长效机制［J］.江苏农村经济，2017（11）：4－6.

［149］徐安琪.对家庭结构的社会学与人口学的考察［J］.浙江学刊，1995（1）：72－76.

［150］徐藜丹，邓祥征，姜群鸥，等.中国县域多维贫困与相对贫困识别及扶贫路径研究［J］.地理学报，2021（6）：1456－1470.

［151］徐志刚，宁可，钟甫宁，等.新农保与农地转出：制度性养老能替代土地养老吗？——基于家庭人口结构和流动性约束的视角［J］.管理世界，2018，34（5）：86－97，180.

［152］徐志明.沿海发达地区农村相对贫困治理的实践探索与理论创新［J］.江海学刊，2021（5）：138－145.

［153］许敏波，李实.中国城镇劳动参与率的结构和趋势——基于家庭微观调查的证据［J］.安徽师范大学学报（人文社会科学版），2019，47（1）：116－125.

［154］杨冬民，孙小娜.贫困理论中若干问题的国际比较与启示［J］.西安电子科技大学学报（社会科学版），2004（4）：33－36，62.

［155］杨帆，杨成钢.家庭结构和代际交换对养老意愿的影响［J］.社会科学文摘，2016（2）：69－70.

［156］杨帆，庄天慧.父辈禀赋对新生代农民工相对贫困的影响

及其异质性［J］. 农村经济，2018（12）：115 – 122.

［157］杨晶，邓大松，申云. 人力资本、社会保障与中国居民收入不平等——基于个体相对剥夺视角［J］. 保险研究，2019（6）：111 – 124.

［158］杨磊. "合力式家庭城市化"的过程和影响研究——基于68个第一代农民工家庭的分析［J］. 北京社会科学，2019（5）：28 – 37.

［159］杨立雄，谢丹丹. "绝对的相对"，抑或"相对的绝对"——汤森和森的贫困理论比较［J］. 财经科学，2007（1）：59 – 66.

［160］杨庆云，朱占荣. "十四五"时期甘肃省乡村相对贫困人口识别与化解对策研究［J］. 社会与公益，2021（3）：33 – 34.

［161］杨旭，李竣. 减缓相对贫困对缩小城乡差距的影响——基于浙江省"低收入农户奔小康工程"的实证分析［J］. 农业部管理干部学院学报，2016（3）：90 – 96.

［162］杨艳琳，付晨玉. 中国农村普惠金融发展对农村劳动年龄人口多维贫困的改善效应分析［J］. 中国农村经济，2019（3）：19 – 35.

［163］杨迎亚，汪为. 城乡基本公共服务均等化的减贫效应研究［J］. 华中科技大学学报（社会科学版），2020，34（2）：75 – 82，140.

［164］姚兆余，陈日胜，蒋浩君. 家庭类型、代际关系与农村老年人居家养老服务需求［J］. 南京大学学报（哲学·人文科学·社会科学），2018，55（6）：34 – 42，155 – 156.

［165］袁江辉. 黄河流域相对贫困测度及其对策研究［D］. 西安：西北大学，2021.

［166］袁媛，薛德升，许学强. 转型时期我国城市贫困研究述评［J］. 人文地理，2006（1）：93 – 99.

［167］曾晨晨. 农村居民健康对我国农村人口相对贫困的影响——以我国中西部地区为例［J］. 农村经济，2010（9）：87 – 91.

［168］张殿发，王世杰. 贵州反贫困系统工程［M］. 贵阳：贵州

人民出版社，2003.

[169] 张辉，雒佩丽. 河南省黄淮四市相对贫困问题成因与对策[J]. 江西农业学报，2012（11）：145-148.

[170] 张辉，田建民，李长法，等. 河南省粮食主产区相对贫困问题的成因与对策[J]. 河南农业科学，2009（11）：5-8.

[171] 张民省. 新编社会保障学[M]. 太原：山西人民出版社，2015.

[172] 张萍. 家庭结构、劳动参与对相对贫困的影响研究[D]. 金华：浙江师范大学，2022.

[173] 张茜. 多维贫困视角下中国农村贫困家庭的识别研究[D]. 北京：首都经济贸易大学，2018.

[174] 张青. 相对贫困标准及相对贫困人口比率[J]. 统计与决策，2012（6）：87-88.

[175] 张清霞. 浙江农村相对贫困：演变趋势、结构特征及影响因素[D]. 杭州：浙江大学，2007.

[176] 张文武，欧习，徐嘉婕. 家庭视角下的劳动参与和多维贫困——来自CHNS连续追踪面板的证据[J]. 当代经济科学，2019（12）：1-19.

[177] 张雪霖. 城市化背景下的农村新三代家庭结构分析[J]. 西北农林科技大学学报（社会科学版），2015，15（5）：120-126.

[178] 张岩松. 发展与中国农村反贫困[M]. 北京：中国财政经济出版社，2004.

[179] 张彦，孙帅. 论构建"相对贫困"伦理关怀的可能性及其路径[J]. 云南社会科学，2016（3）：7-13.

[180] 张永丽，郭世慧. 农户家庭禀赋、结构制约与劳动力资源配置[J]. 华南农业大学学报（社会科学版），2019，18（3）：67-78.

[181] 张永丽，杨红. 西部贫困地区农户致贫因素分析——基于

农村家庭结构转变视角［J］.社会科学,2018（12）：14－24.

　　［182］张占录,张雅婷,康明明.家庭结构对农地流转意愿的影响——基于结构方程模型的实证分析［J］.中国土地科学,2019,33（10）：74－83.

　　［183］张昭,吴丹萍.多维视角下贫困的识别、追踪及分解研究——基于中国家庭追踪调查（CFPS）数据［J］.华中农业大学学报（社会科学版）,2018（3）：90－99.

　　［184］赵迪,罗慧娟.欧美国家农村相对贫困治理的经验与启示［J］.世界农业,2021（9）：12－23,67,122.

　　［185］赵伦.相对贫困从个体归因到社会剥夺［J］.商业时代,2014（18）：36－37.

　　［186］赵晓峰,孙新华,张建雷.家庭经营的弹性结构与渐进的中国农业现代化实践［J］.西北农林科技大学学报（社会科学版）,2019,19（6）：83－92.

　　［187］郑继承.构建相对贫困治理长效机制的政治经济学研究［J］.经济学家,2020（5）：91－98.

　　［188］钟海,卢芳许.后脱贫攻坚时代相对贫困治理长效机制构建［J］.石河子大学学报（哲学社会科学版）,2021,10（5）,31－37.

　　［189］周晔馨.社会资本是穷人的资本吗?——基于中国农户收入的经验证据［J］.管理世界,2012（7）：83－95.

　　［190］周晔馨,叶静怡.社会资本在减轻农村贫困中的作用:文献述评与研究展望［J］.南方经济,2014（7）：35－57.

　　［191］朱荣皋.农村职业教育反贫困责任问题研究上［M］.海口:海南出版社,2010.

　　［192］朱姝,冯艳芬,王芳,等.粤北山区相对贫困村的脱贫潜力评价及类型划分——以连州市为例［J］.自然资源学报,2018（8）：1304－1316.

［193］左停，苏武峥 . 乡村振兴背景下中国相对贫困治理的战略指向与政策选择［J］. 新疆师范大学学报（哲学社会科学版），2020，41（4）：88 – 96.

［194］左孝凡，陆继霞 . 互联网使用与农民相对贫困：微观证据与影响机制［J］. 电子政务，2020（4）：13 – 24.

［195］Alkire，S. Valuing Freedom'S：Sen'S Capability Approach And Poverty Reduction［M］. Oxford：Oxford University Press，2002.

［196］Christiaensen L，Todo Y. Poverty Reduction During the Rural – Urban Transformation – The Role of the Missing Middle［J］. World Development，2014，63（1）：43 – 58.

［197］Deeminga C. Minimum Income Standards：How Might Budget Standards be Set for the UK?［J］. Journal of Social Policy，2005（4）：619 – 636.

［198］DESAI M. Globalization，Poverty and Inequality. Edited by Susan Collins and Carol Graham. ［J］. Economica，2007（294）：373 – 374.

［199］Fahmy E，Gordon D，Dorling D，et al. Poverty and Place in Britain，1968 – 1999［J］. Environment and Planning A. 2011（3）：594 – 617.

［200］Fahmy E. Poverty［J］. Journal of Social Policy，2005（3）：498 – 499.

［201］Foster，A F Shorrocks. A Poverty Orderings［J］. Econometrica，1998，56（1）：173 – 177.

［202］Kesler Christer. Welfare States and Immigrant Poverty：Germany，Sweden，and the United Kingdom in Comparative Perspective［J］. Acta Sociologica，2015（1）：39 – 61.

［203］Lluch C. The Extended Linear Expenditure System［J］. European Economic Review，1973（1）：21 – 32.

[204] Lluch C, Williams R. Consumer Demand Systems and Aggregate Consumption in the US: An Application of the Extended Linear Expenditure System [J]. Canadian Journal of Economics, 1975 (1): 49 - 66.

[205] Muller Christophe Cmuller Merlin. Fae. Defining Poverty Lines As a Fraction of Central Tendency [J]. Southern Economic Journal, 2006 (3): 720 - 729.

[206] Sen A K. Poor, Relatively Speaking [J]. Oxford Economic Papers, 1983, 35 (2): 153 - 169.

[207] Sen A K. The Standard of Living [M]. Cambridge: Cambridge University Press, 1987.

[208] Townsend P. Poverty In The Kingdom: A Survey of The Household Resource and Living Standard [M]. London: Allen Lane and Penguin Books, 1979.

[209] UNDP. Huan Development Report 1997 [R]. Oxford: Oxford University Press, 1997.